ŒUVRES
COMPLÈTES
DE MARMONTEL.
TOME XVII.

MÉTAPHYSIQUE ET MORALE.

DE L'IMPRIMERIE DE FIRMIN DIDOT,
IMPRIMEUR DU ROI, DE L'INSTITUT ET DE LA MARINE,
RUE JACOB, N° 24.

ŒUVRES

COMPLÈTES

DE MARMONTEL,

DE L'ACADÉMIE FRANÇAISE.

NOUVELLE ÉDITION

ORNÉE DE TRENTE-HUIT GRAVURES.

TOME XVII.

A PARIS,

CHEZ VERDIÈRE, LIBRAIRE-ÉDITEUR,

QUAI DES AUGUSTINS, N° 25.

1819.

LEÇONS

D'UN PÈRE A SES ENFANTS

SUR LA MÉTAPHYSIQUE.

LEÇON PREMIÈRE.

La métaphysique est-elle une science particulière ? Quels en sont les objets ? A-t-elle, comme les sciences exactes, ses définitions, ses axiômes ? Premier principe de la métaphysique. Premières conséquences de ce principe.

CE que Cicéron a dit de l'éloquence, que tous les autres arts ont chacun leurs limites où ils sont renfermés, et qu'elle seule n'en a point, on peut le dire de la métaphysique à l'égard des autres sciences ; car elle les domine toutes ; et il n'en est aucune où elle ne se répande et qu'elle ne pénètre, comme le feu pénètre les autres éléments.

Si cependant on veut assigner un partage à la métaphysique, on peut considérer la sphère des connaissances humaines comme divisée en trois régions ; l'une, inférieure, est ce monde matériel que parcourt la physique, en y cherchant tantôt la cause des effets, et tantôt les effets des causes ; l'autre, supérieure, est un monde intellectuel où la métaphysique s'exerce sur tous les objets concevables qui ne tombent pas sous les sens ; la troisième est comme un espace qui confine avec les deux autres, occupé par celles des sciences qui, d'un côté, tiennent à la physique, de l'autre, à la métaphysique.

Je vous ai fait observer ailleurs quel est ce monde intellectuel que la métaphysique embrasse. Vous avez vu se généraliser, dans l'entendement, les perceptions des objets sensibles, et non-seulement les idées individuelles des choses, mais celles de leurs qualités se simplifier par l'analyse.

Nos facultés intellectuelles ne se bornent pas, vous ai-je dit, à recevoir les impressions qui nous viennent des sens : ces perceptions directes et primitives laissent des souvenirs qui, en l'absence de leurs objets, se reproduisent dans la pensée. Ces souvenirs, qu'on appelle *idées*, se multiplient tellement, que l'esprit se lasse bientôt de se les rappeler avec leurs différences, et n'en retient que ce qu'elles ont de ressemblant et de commun.

Entre mille arbres que vous avez vus, il n'y en avait pas deux de semblables, et leurs différences étaient marquées dans l'impression que chacun avait faite sur vos yeux et sur vos esprits ; mais, dans les souvenirs qui vous en sont restés, ces différences ont disparu; et, de la ressemblance des traits qui vous en sont restés, ont résulté d'abord les idées spécifiques du chêne, du peuplier, de l'ormeau, du noyer, etc., et puis, l'idée encore plus simple de ce genre de plantes que vous appelez arbre. Ainsi, en s'élevant des propriétés individuelles aux généralités abstraites, nos conceptions se détachent des objets physiques des sens et deviennent métaphysiques.

Je vous ai fait remarquer aussi comment, de plusieurs qualités réunies dans un sujet abstraitement conçu, se composait dans la pensée un être purement idéal, accompli, tel, par exemple, que les stoïciens l'imaginaient dans la vertu. Vous avez vu, de même, comment de la liaison de deux ou de plusieurs idées, l'entendement se forme des conceptions qui ne lui sont données par aucun de nos sens. Ces conceptions de l'entendement recueilli en lui-même, n'ont point de modèle dans la nature, et elles n'en auraient pas moins leur vérité dans l'essence des choses, quand même, hors de ma pensée, rien de semblable n'existerait.

Quant aux objets réels dont la métaphysique fait spécialement son étude, il y en a deux; l'un, d'une profondeur infinie et impénétrable, c'est Dieu; l'autre, encore bien confusément connu de nous, quoiqu'en nous-mêmes, c'est notre ame.

« L'homme, nous dit Pascal, sait si peu ce que
« c'est que Dieu, qu'il ne sait pas ce qu'il est lui-
« même; mais autant l'essence d'un Dieu est in-
« compréhensible pour moi, autant son existence
« m'est intimement évidente. La preuve en est en
« moi; et, comme moi, tout homme porte cette
« preuve en lui-même. »

Mais la métaphysique n'est-elle pas, comme on l'a dit souvent, la région des chimères? ou, comme les sciences exactes, a-t-elle ses définitions, ses axiômes, ses principes incontestables et sa chaîne de vérités? a-t-elle enfin son évidence? Oui, mes enfants; mais observez d'abord que l'évidence est personnelle, et que chacun ne l'a que pour soi.

D'abord les vérités de sentiment, celles dont la nature nous a épargné la recherche, n'ont d'évidence que pour nous-mêmes. C'est une lumière intérieure qui n'éclaire que nous. Je vis; je pense; je suis ému de désir ou de crainte; je ressens du plaisir, ou de la douleur, de la joie ou de la tristesse; je trouve bon ce qui me plaît ou ce qui m'est utile, mauvais ce qui me nuit ou ce qui me déplaît; je m'aperçois qu'en moi la vie et la pensée ont une cause qui n'est pas moi : toutes ces vérités, et celles qui en dérivent nécessairement, sont pour moi d'une évidence irrésistible, mais intime, que je ne puis communiquer, et à laquelle un autre n'est obligé de croire, qu'autant qu'il aperçoit et qu'il sent en lui-même ce qui se passe en moi. Si cependant chacun les reconnaît pour soi, ce sont des principes reçus.

Il en est de même des vérités qui résultent du témoignage constant, universel, unanime des sens dans tous les hommes. Elles n'ont d'autre preuve que la conformité apparente ou réelle des perceptions que nous en avons tous; mais, pour des hommes de bonne foi, cette preuve est indubitable, et vous lui allez voir acquérir, en métaphysique, une pleine évidence.

Enfin les vérités, qui sont le produit de la réflexion, le résultat de la pensée, n'ont de même d'autre moyen de se communiquer, que ce principe d'analogie que la nature a mis entre les esprits, et qui fait qu'en réfléchissant à ce que l'un propose, l'autre le retrouve en soi-même. Nous pouvons bien croire docilement sur parole ce que l'on nous enseigne; mais ce n'est jamais que d'après une pleine conception que nous le trouvons évident.

Ne vous étonnez donc pas que des esprits légers, superficiels, incapables d'une méditation profonde, se refusent à ce qui la demande, et traitent de chimères des vérités qu'ils ne veulent pas se donner la peine de concevoir.

Nous, qui voulons nous enrichir de vérités inestimables, ne nous contentons pas d'effleurer la surface de la mine qui les renferme, et suivons-en la veine aussi profondément qu'il est permis à notre faible entendement d'y pénétrer.

Définitions métaphysiques.

Qu'est-ce que l'ame? C'est ce qui pense en nous.

Qu'est-ce que la pensée? C'est la réflexion de l'entendement sur nos premières perceptions.

Quelles sont ces premières perceptions? Nos sensations et nos idées. (Celles-ci vous ont été définies).

Qu'est-ce qu'un axiôme? C'est une vérité évidente par elle-même.

Qu'est-ce qu'un principe? C'est une vérité reconnue, et d'où dépendent d'autres vérités moins connues.

Qu'est-ce qu'une substance? C'est ce qui existe en soi.

Qu'est-ce qu'un attribut? C'est une qualité ou un mode de la substance.

Qu'est-ce que l'essence d'une chose? C'est ce qui la constitue telle qu'elle est en soi, et sans quoi il est impossible de la concevoir.

Qu'est-ce qu'un être simple? C'est un être qui, par essence, est *un* indivisible, et dans lequel il est impossible de concevoir aucune distinction réelle de parties.

Qu'est-ce que la nature? Ce mot, pris dans un sens vague et confus, est le refuge des matérialistes. Il sera leur écueil, s'il est bien défini. C'est, de tous les termes, celui dont l'équivoque tire le plus à conséquence, et qui, dans tous les temps, a fait le plus d'illusion. Soit donc que l'on entende, par la nature, le principe universel des choses, la puissance féconde, l'intelligence active qui préside à l'ordre du monde, qui le gouverne et le maintient; soit qu'on entende cette collection d'êtres qui, réunis, forment ensemble le système de l'univers, dans l'une et dans l'autre acception, ce mot est admis par l'usage; mais il faut prendre garde que l'on n'abuse du double sens qu'il peut avoir, et qu'on ne passe de l'un à l'autre, comme je vous le ferai remarquer dans le langage du matérialisme.

Axiômes de métaphysique.

Il est impossible qu'une chose soit et ne soit pas en même temps.

Les contradictoires sont incompatibles et nécessairement exclusifs l'un de l'autre.

De deux propositions contradictoires, si l'une est évidemment fausse, l'autre est nécessairement vraie, fût-elle incompréhensible.

Un attribut incompatible avec l'essence d'un être en est absolument exclus.

Rien n'est la cause de sa cause.

Rien n'est l'effet de son effet.

Rien ne peut être sa propre cause.

Une première cause est la seule qui n'en a point.

Premier et unique principe de la métaphysique.

Je pense, donc je suis.

Ce principe est pour nous le seul qui soit évident par lui-même. Tous les autres faits, sans l'appui de cette vérité, seraient douteux ou pourraient être mis en doute.

L'homme est-il composé d'une seule ou de deux substances? a-t-il un corps? a-t-il des sens? C'est un problême pour le sceptique; mais, ce qui lui est évident malgré lui, c'est qu'il existe, qu'il vit, qu'il pense, et que sa pensée est le résultat de ce qu'il appelle ses sensations et ses idées. Ce qui lui est évident, c'est que ses sensations, quelle qu'en soit l'origine et la cause, sont, les unes pénibles ou douloureuses, les autres agréables, les autres variables entre la peine et le plaisir; que d'autres sont de simples perceptions sans aucun sentiment de plaisir ni de peine. Ce qui lui est évident, c'est que ses premières idées sont des souvenirs de ses sensations, comme de tel plaisir, de telle peine que son ame a sentie, mais qu'elle ne sent plus, ou de telle autre perception qui, sans avoir été ni agréable, ni pénible, a cependant laissé des traces. Ce qui lui est évident encore, c'est qu'avec ces perceptions, qu'il simplifie par l'analyse, ou qu'il rassemble et recompose, il a le don de se former de nouvelles conceptions. Tout cela, mes enfants, est compris dans le mot, *je pense*.

Mais, réduits à ce seul principe, *je pense, donc je suis*, n'en tirons-nous d'autre certitude que celle de notre existence intellectuelle, et sommes-nous sur tout le reste plongés dans un abyme d'incertitudes ou d'erreurs? Non, mes enfants; ce principe est pour nous comme un point de lumière qui répand sa clarté sur tout ce qu'il nous est important de connaître, et nous suffit pour dissiper les doutes dont on obscurcit la raison.

En métaphysique comme en morale, il est donc vrai que la première et la principale étude de l'homme doit être l'étude de lui-même, selon le conseil de l'oracle, *nosce te ipsum;* et vous serez étonnés, je vous l'annonce, de la prodigieuse fécondité dont sera pour vous l'étude et la méditation de ce qui se passe en vous-mêmes. *Est illud quidem maximum animo ipso animum videre; et nimirùm hanc habet vim præceptum Apollinis, quo monet, ut se quisque noscat.* (Cic. Tusc. l. 1).

Que le pyrrhonien, le sceptique affecte un doute universel; qu'il conteste à ses yeux l'existence de la lumière; et qu'il se conteste à lui-même la réalité de ses yeux, de ses sens, du corps que son esprit anime; qu'il ose démentir toutes les actions de sa vie, qui démontrent en lui la pleine persuasion de ce dont il feint de douter; qu'en un mot, à la vérité qui l'obsède et qui le poursuit, il oppose la plus opiniâtre incrédulité, cet axiôme, *je pense, donc je suis*, sera pour lui un point d'une telle évidence, que le doute même en serait la preuve ; car *douter,* c'est *penser.* Je doute si je pense, je doute si je suis, serait le langage d'un fou. Voilà donc une vérité à laquelle ni le sceptique, ni l'incrédule ne peut se refuser, s'il est dans son bon sens ; or, cette vérité est un point fixe auquel est suspendue une chaîne de conséquences indissolublement liées sur les objets les plus intéressants pour nous.

Le monde existe, donc Dieu existe, est un raisonnement d'une force irrésistible pour des hommes d'un très-grand sens. Le matérialiste lui-même, en affectant de le mépriser, s'efforce en vain de le combattre. Vous allez voir bientôt qu'il en est accablé. Mais le sceptique qui met en doute l'existence du monde, met aussi en problême l'existence d'un Dieu. Quelle en sera pour lui la preuve ? C'est pour lui que je vais former les premiers anneaux de ma chaîne ; et, partant du principe dont il ne peut douter, *je pense, donc je suis,* sur tout le reste je commence par adopter son hypothèse ; je lui accorde ce qu'il demande ; je me mets à sa place ; je me fais sceptique moi-même ; je me suppose seul avec ma pensée, doutant de tout ce qui n'est pas moi, doutant même de l'existence de ce corps, de ces sens qui me semblent m'appartenir, réduit à ce premier et unique axiôme, *je pense, donc je suis,* et résolu à ne rien admettre qui n'en tire son évidence. Vous vous effrayez, mes enfants, de voir que je m'isole ainsi, et vous ne concevez pas comment, de la seule conviction de l'existence de ma pensée, je fais dépendre la certitude de l'existence de Dieu, de l'existence du monde, de l'existence de mon corps. Rassurez-vous, je combats le sceptique, et avec cette massue inévitable vous me l'allez voir accabler.

Je dis donc : il est possible que tout ce qui n'est pas ce *moi*, dont ma pensée m'atteste l'existence, ne soit qu'une apparence vaine. Mes idées, mes sentiments, mes perceptions de toute espèce, m'assurent que je suis, puisque penser et sentir, c'est être. Mais tout cela ne peut-il pas se passer en moi, sans qu'il y ait rien de réel hors de moi ? Ce corps organisé, qui me semble faire partie de moi-même, peut n'être qu'un fantôme; et les impressions que je crois recevoir par l'entremise de mes sens, ne sont peut-être que des modes de ce que j'appelle mon ame. Voilà, je crois, le doute raisonnable poussé aussi loin qu'il peut aller.

Eh bien! c'est de cette hypothèse, où tout me manque, excepté ma pensée et le sentiment de ma propre existence, que je m'élève à la connaissance d'un Dieu, second principe, d'où bientôt résultera l'existence du monde; et de là, celle de deux substances de nature diverse; et de là, une ame spirituelle, ressemblance infiniment faible de l'intelligence infinie, mais de même nature, et destinée par elle à l'immortalité, etc., etc.; car tel est, dans mon plan, la marche des idées métaphysiques ; et je la crois et plus droite et plus ferme que celles qu'on nous a tracées et fait suivre jusqu'à-présent. Avançons.

D'abord, si rien de ce que je crois apercevoir n'existe hors de moi, c'est donc en moi une multitude innombrable de conceptions, d'images, de tableaux sans objets, et qui, formés dans ma pensée, s'y succèdent ou s'y rassemblent quelquefois à mon gré, le plus souvent d'eux-mêmes, et souvent aussi malgré moi.

Ainsi, dans l'hypothèse que tout cela ne soit qu'illusion, le ciel, le soleil, les étoiles, les éléments, la terre et ses productions, les végétaux, les animaux, en un mot, la nature entière, ses phénomènes, ses merveilles, ne seront que des modes accidentels de ma pensée ; et ce ne sont point des images confuses et bizarres, comme celles des songes ; c'est dans un ordre invariable, dans une parfaite harmonie, l'assemblage et l'accord de toutes les parties d'un tout immense et construit sur un plan régulièrement dessiné. Or, qui de nous croira, qui de nous, même sans le croire, osera supposer possible que l'univers, dans son ensemble et dans ses détails infinis, n'existe que dans sa pensée ?

Quoi ! les révolutions des astres, celles des saisons, celles des empires, l'histoire entière du genre humain, les mœurs des nations, leurs lois, tout ce que j'attribue à une longue suite de grands hommes dans tous les genres, les productions du génie et des arts, ne seraient que mes rêves! j'aurais imaginé l'existence d'Athènes, ses écoles et son théâtre; la politique des Romains, leurs vertus, leur génie, leurs guerres, leurs conquêtes! J'aurais rêvé l'*Histoire* de Polybe, les *Décades* de Tite-Live, et les *Annales* de Tacite ; les poëmes d'Homère et de Virgile seraient de mon invention! Certes, celui des hommes qui, dans sa fantaisie, se croirait l'inventeur de tout cela, serait un fou bien glorieux!

Au moins, en supposant possible que rien de ce que j'aperçois, n'ait une existence réelle; que rien de ce que j'imagine n'ait existé; au moins me sera-t-il bien évident que ces perceptions, puisqu'elles se succèdent, ne me sont point innées; que je ne me les donne pas; qu'elles m'arrivent toutes formées; qu'enfin, si, hors de moi, elles n'ont point pour causes les objets qu'elles représentent, et si le monde, qui me semble en être le modèle universel, n'existe pas, une autre cause opère en moi cette espèce de création. Or, quelle peut être la cause d'un effet qui confond la pensée où il est produit?

Tout persuadé que je suis de la réalité de ce que j'aperçois, je ne puis sans étonnement réfléchir au phénomène de la pensée; et, en supposant même qu'il ne s'opère que par l'entremise des sens, et qu'il ait pour causes physiques les impressions des corps qui environnent le mien, je suis forcé encore de reconnaître que cette relation, et les effets qu'elle produit, doivent avoir une cause première, une cause qui donne à ces objets sensibles la puissance d'agir sur moi, et qui me donne à moi la faculté incompréhensible de recevoir cette action en sentiments et en idées. Je vous ai démontré combien, même en ne doutant pas de la réalité des objets de nos perceptions, il est impossible de concevoir un tel prodige sans y reconnaître la loi d'une volonté souveraine à laquelle tout obéit.

Que serait-ce donc, si, en me supposant isolé, seul, environné du néant et du vide, je croyais avoir en moi la représentation mobile et variée du spectacle de l'univers? Serait-ce de lui-même, de sa propre nature, que ce qui pense en moi aurait cette fécondité inépuisable de sentiments, d'images, de tableaux sans modèles? Et ne serait-il pas absurde d'y croire voir un monde de mon invention? Moi, l'inventeur du mécanisme et de l'ordre de l'univers! Ah! loin d'avoir pu l'inventer, j'ai de la peine à le comprendre. Mon imagination, accablée d'étonnement, succombe sous tant de merveilles. Je me croirais une intelligence plus qu'humaine, un génie surnaturel, si j'avais pu seulement inventer l'organisation d'une puce, l'œil ou l'aile d'un moucheron; et, si je suppose un moment que tout ce que je vois n'existe que dans ma pensée, que c'est même sans intention, sans dessein que je l'aperçois; que, sans ma volonté, contre ma volonté souvent, ces prodiges s'opèrent, quelle est donc la puissance qui, dans un si petit espace, avec de si faibles ressorts, produit en moi ces grandes scènes où sont retracés trois mille ans du spectacle du monde, d'un monde physique et moral si étonnamment varié? Une suprême intelligence a pu seule me rendre présent et concevable ce qu'elle seule a d'elle-même la puissance de concevoir. Ainsi, pour tout homme de bon sens et de bonne foi, ces trois premières vérités, *je pense*, donc *je suis*, donc *il y a un Dieu*, sont nécessairement liées.

Mais quel serait-il donc ce Dieu fantasque, ce Dieu moqueur qui, avec tant de puissance de modifier ma pensée, d'agir sur mon entendement, s'amuserait à le remplir d'illusions et de mensonges? Une suprême intelligence qui doit être essentiellement la sagesse et la vérité, se faisant un jeu perpétuel d'abuser de faibles esprits, est une idée si puérilement absurde, qu'il semble qu'on doive rougir d'y donner quelque attention ; et cependant il faut que cela soit ainsi, et que Dieu soit trompeur, ou que le monde existe. L'alternative est inévitable, et, entre l'un et l'autre, il n'y a point de milieu. Voilà donc une quatrième vérité enchaînée aux trois autres, *je pense*, donc *je suis*, donc *il y a un Dieu*, donc *le monde existe*.

Mais, si le monde existe, nous dira l'incrédule, ne peut-il pas être lui-même la cause universelle et le premier principe de tout ce qui se passe en lui, de tout ce qui se passe en nous? Ici nous allons prendre l'inverse du raisonnement que nous avons fait au sceptique ; car, avec le sceptique, il a fallu prouver l'existence d'un Dieu, l'existence du monde, par la seule donnée qu'il admet comme indubitable l'existence de sa pensée. Mais, avec l'incrédule qui reconnaît l'existence du monde sans aucun principe au-delà, c'est de la vérité dont il convient qu'il faut partir, et par l'existence du monde prouver l'existence d'un Dieu, et d'un Dieu qui n'est pas le monde. Réservons pour demain cette grande leçon.

LEÇON DEUXIÈME.

L'existence du monde est une démonstration de l'existence d'un Dieu.

L'homme est à lui-même une preuve évidente de l'existence d'un Dieu. Cette vérité le pénètre par tous les sens; il la respire avec la vie. L'ame et ses facultés, le sentiment et la pensée, le corps humain et son action, sa structure et son mécanisme, le jeu de ses organes, leurs mobiles et leurs ressorts, les fonctions combinées de toutes ses parties, l'équilibre entre les solides et les fluides qui le composent, ses relations avec l'ame, leur union, leur correspondance, sont un prodige si absolument incompréhensible, sans une cause infiniment sage et puissante, que cette seule connaissance forcerait l'homme d'adorer le Dieu qui l'a fait.

Et combien la conviction de cette grande vérité devient plus forte encore et plus irrésistible lorsqu'à l'étude de soi-même, l'homme joint la contemplation de cet univers où, d'un pôle à l'autre, tout est d'accord, tout est ensemble; où, depuis les soleils qui roulent dans les cieux jusqu'à l'insecte qui rampe sur la terre, tout est merveille, tout annonce une puissance inépuisable et une sagesse infinie?

Aussi, par la seule induction de l'ouvrage à l'auteur, des effets à leur cause, l'homme, dans tous les temps, dans tous les lieux du monde, a-t-il eu quelque idée de la Divinité; idée confuse et grossière, mais qui ne laissait pas d'attester l'existence de l'être dont on ressentait le pouvoir. *Nulla gens tam fera*, dit Cicéron, *nemo omnium, tam sit immanis, cujus mentem non imbuerit deorum opinio. Multi de diis prava sentiunt : id enim vitioso more effici solet : omnes tamen esse vim et naturam divinam arbitrantur. Nec verò id collocutio hominum, aut consensus efficit; non institutis opinio est confirmata, non legibus. Omni autem in re consensio omnium gentium lex naturæ putanda est.* (De Natur. Deor.)

Mais, lorsque, dans l'ancienne philosophie, on voulut raisonner l'idée, ou, pour mieux dire, le sentiment de la Divinité, l'on se perdit dans les systêmes.

Tous ces systêmes avaient pour base l'éternité de la matière; mais, lorsqu'il fallait assigner d'où lui venaient ses formes, parmi lesquelles on comprenait la vie, le sentiment et la pensée, c'était là qu'on se divisait; et chacun se piquant d'avoir une opinion à soi, c'était à qui donnerait comme pour enseigne, à son école, l'invention d'un premier principe qui ne fût pas celui d'une autre école.

Les uns, comme Leucipe, croyaient tout expliquer par le plein et le vide; les autres, comme Démocrite, et comme Épicure après lui, par le mouvement des atômes et leurs combinaisons fortuites; un autre (ce fut Pythagore) croyait tout produit par les nombres et par les trois dimensions; d'autres, comme Empédocle, par les quatre éléments vulgairement connus, et d'autres par un seul, mais chacun par le sien. Thalès voulait que ce premier élément fût l'eau; Xénophane, le feu; Anaximène, l'air. Vous sentez, mes enfants, combien ces opinions étaient fantasques et gratuites. Car pourquoi l'eau plutôt que le feu? pourquoi le feu plutôt que l'air? pourquoi l'air plutôt que le feu et que l'eau? et pourquoi l'un des trois plutôt que tous les trois ensemble?

S'il fallait un premier principe, une cause commune et universelle à la formation des corps et à leurs natures diverses, les éléments ayant chacun leur forme, leur nature distincte, ne leur fallait-il pas une cause, un principe de leur diversité? ne leur fallait-il pas encore la puissance d'agir l'un sur l'autre, de se mêler et de se combiner ensemble? D'où leur venait cette puissance? Était-ce un mouvement fortuit et déréglé qui les avait unis, et qui, de leur mélange, faisait éclore l'univers? Mais de qui l'avaient-ils reçu ce mouvement, et qui l'avait déterminé? Qui, par exemple, avait donné aux atômes de Démocrite leurs directions en ligne droite, ou la déclinaison oblique que leur attribuait Épicure? Et de leur rencontre fortuite, ou de celle des corpuscules qui composaient les éléments, voyait-on résulter cet ordre, cet ensemble, ces rapports immuables, ces formes régulières, cette organisation des animaux, des végétaux, ces révolutions des cieux si réglées et si constantes, et ce prodige plus étonnant encore de la vie et de la pensée?

L'impossibilité de concevoir une cause première, un principe unique et universel dans l'un des éléments, dans tous les éléments ensemble, avait déterminé quelques penseurs hardis, Anaximandre et ses disciples, Parménides et Mélissus, à prononcer que la nature était immuable, éternelle; que le *tout* n'était qu'*un*; qu'il était à lui-même son principe et sa cause, ou plutôt qu'il n'en avait point. Mais comment concevoir l'unité absolue, l'identité réelle dans un tout continu, dans un ensemble composé de parties physiquement distinctes, existantes chacune en soi, et non-seulement différentes, mais variables et susceptibles de changements perpétuels?

L'Être éternel est immuable; il est essentiellement tout ce qu'il a été; son existence et son essence ne sont qu'un. Rien ne peut le changer; il est indépendant et nécessaire. Il ne peut se changer lui-même; car, ne s'étant pas donné l'existence, tout ce qu'il est, il l'est de soi, et il lui est impossible de se donner ce qu'il n'a pas. Un mode accidentel dans un être incréé implique contradiction. C'est ce que n'avait pas bien compris Xénophane, en disant que le tout matériel n'était qu'un, qu'il était éternel, mais que les parties en avaient été façonnées et mises dans l'ordre où nous les voyons par une intelligence divine : *A mente diviná.*

Le système d'une ame unie à la matière, comme l'ame de l'homme est unie à son corps, fut aussi l'erreur d'Anaxagore, et, depuis, celle de Zénon, qui, comme Anaxagore, faisait du monde un Dieu. Cette influence d'un esprit divin répandu dans la nature, principe universel du mouvement dans la matière, de la vie et de l'ame dans tout ce qui respire, est la doctrine que Virgile a exprimée dans ces beaux vers :

> *Principio cœlum, ac terras, camposque liquentes,*
> *Lucentemque globum lunæ, Titaniaque astra,*
> *Spiritus intùs alit : totamque, infusa per artus,*
> *Mens agitat molem, et magno se corpore miscet.*
> *Indè hominum pecudumque genus, vitæque volantûm,*
> *Et quæ marmoreo fert monstra sub æquore pontus.*
> *Igneus est ollis vigor, et cœlestis origo*
> *Seminibus.* (Æneid. lib. 6.)

Mais ce système, si favorable à la poésie, n'était guère conforme à la saine raison ; car, comment supposer et comment concevoir l'identité individuelle d'un même esprit dans l'homme et dans la brute, dans le tigre et dans la brebis, dans la colombe et dans le vautour, dans celui qui dévore et dans celui qui est dévoré?

Enfin Platon, en distinguant une suprême intelligence qui présidait à l'univers, avait enseigné que la matière étant susceptible de toutes les formes, Dieu en avait construit le monde. Mais il tenait encore lui-même à la commune erreur, de l'éternité de la matière; et Aristote, son disciple, en était imbu comme lui.

Celui-ci cependant, ne pouvant concevoir que, de deux êtres coéternels, l'un reçût la forme de l'autre, avait tranché la difficulté, en décidant « que l'univers existait par lui-même, de tous « les temps, tel qu'il était; qu'un si beau méca- « nisme n'avait point eu de commencement; qu'il « était si parfaitement joint, si étroitement lié « dans toutes ses parties, qu'aucune force n'en « pouvait interrompre les mouvements, ni bri- « ser les ressorts, et que, dans la durée des « siècles, il n'y avait point de vétusté qui pût « jamais en dégrader la structure et les orne- « ments. »

Mais ce même Aristote ne laissait pas ailleurs de tenir un autre langage : « Que des hommes, « disait-il, eussent toujours vécu enfermés dans « des souterrains, n'ayant de la Divinité que quel- « ques notions confuses, et que, transportés tout- « à-coup de ces demeures ténébreuses dans les « lieux que nous habitons, on leur fît voir la « terre, la mer, le ciel et ce soleil dans sa gran-

« deur, sa beauté, sa magnificence; certainement,
« en voyant ces merveilles, ils y reconnaîtraient
« la puissance des dieux, et croiraient y voir leur
« ouvrage. » *Hæc cùm viderent, profectò et esse
deos, et hæc tanta opera deorum esse arbitra-
rentur.* (Cic. de Nat. Deor.) Ce passage s'accorde
mal avec le précédent : *Neque enim ortum esse
mundum : quod nulla fuerit tam præclari operis
inceptio.* (Id. Lucull.) Et les stoïciens n'étaient
pas mieux d'accord avec eux-mêmes, lorsque après
avoir placé l'ame du monde, les uns dans l'éther,
les autres dans le soleil, ils se faisaient encore
des dieux des planètes et des étoiles.

Tel était, sur l'article d'une première cause et
d'un principe universel, le chemin que la philosophie avait fait dans la Grèce, depuis Thalès
jusqu'à Platon, dans l'espace de deux cents ans.

Cent ans après, lorsque Zénon abandonna l'académie, pour aller fonder au portique son école
stoïcienne, il recula, plutôt que d'avancer dans
la doctrine de ses maîtres. Il reconnut, comme
Platon, une intelligence suprême; mais il voulait que ce fût le monde qui fût doué de cette
intelligence; et, comme Xénophane, il en faisait
un dieu, et un dieu de figure ronde. Si Épicure,
son rival, se moquait de ce dieu rond et roulant sur lui-même, *volubilis et rotundus deus*,
Zénon répondait gravement qu'il n'y avait point
de figure plus parfaite ni plus polie que la figure
ronde, et que Dieu devant être ce qu'il y avait

de mieux, il devait être rond. *Quid enim pulchrius eâ figurâ, quæ sola omnes alias figuras complexa continet, quæque nihil asperitatis habere, nihil offensionis potest, nihil incisum angulis, nihil anfractibus, nihil eminens, nihil lacunosum! Cùmque duæ formæ præstantes sint, ex solidis globus, ex planis autem circulus, his duabus formis contingit solis, ut omnes earum partes sint inter se simillimæ, à medioque tantùm absit extremum, quantùm idem à summo.*

C'est une chose curieuse de voir sur quels raisonnements les stoïciens fondaient leur doctrine de la divinité du monde. Assurément ce n'était pas sans raison qu'on leur reprochait d'avoir négligé la logique : « Le monde est, disaient-ils, ce « qu'il y a de meilleur. Or, il est meilleur d'être « doué de raison, d'être sage, d'être heureux, « d'être éternel, d'être Dieu, que de ne l'être pas; « donc le monde est doué de raison, de sagesse; « donc il est heureux, donc il est éternel, donc « il est Dieu. » — « Ce qui n'est pas, en soi, doué « de sensibilité, ne peut avoir que des parties « aussi insensibles que lui. Or, quelques parties « du monde ont de la sensibilité; donc il est « sensible lui-même. » — « Ce qui est privé d'ame « et de raison ne peut engendrer des choses ani- « mées et raisonnables. Or, le monde engendre « des choses animées et raisonnables; donc le « monde n'est pas sans ame et sans raison. » — « Si une olive produisait des flûtes qui, d'elles-

« mêmes, joueraient des airs, douteriez-vous, de-
« mandait Zénon, que cette olive n'eût elle-même
« quelque connaissance de la musique? » D'où il
concluait que, puisque le monde produisait des
orateurs, des poëtes, des peintres, etc., il avait
en lui le génie de l'éloquence, de la poésie, de
la peinture, etc.

Oui, mais le monde ne produit que ce qu'un
Dieu lui fait produire. Il reçoit tout lui-même,
et il ne donne rien. L'intelligence qui l'a formé
l'embrasse, le pénètre; mais lui est-elle unie
comme l'ame de l'homme est unie à son corps?
et, parce qu'un Dieu l'a formé le mieux possible,
est-ce lui qui est ce Dieu intelligent et sage?
L'édifice est-il l'architecte? et fallait-il, en admirant l'ouvrage, le confondre avec l'ouvrier?

Voilà pourtant où en était encore la métaphysique, plus de cent ans après la fondation de
l'école stoïcienne; car la nouvelle académie, en
disputant de tout et en doutant de tout, n'avait
rien éclairci.

Ce qui approchait le plus de la vérité sur la
question d'une première cause et d'un principe
universel, c'était la doctrine de Platon; mais un
coup de lumière manquait à son génie, et ce
coup de lumière était l'idée de la création.

Appliquez ici, mes enfants, toute votre attention à cette vérité sublime : c'est comme le soleil de la philosophie. En son absence, tout est
pour nous dans les ténèbres; à sa présence, tout
s'éclaire et se développe à nos yeux.

Que l'être éternel, d'un seul acte de sa volonté, ait pu produire l'univers, c'est une action qui étonne la pensée; et cette idée de création absolue, sans être contraire à la raison, était si transcendante, que peut-être jamais l'homme n'eût-il osé la concevoir, si elle ne lui fût pas venue du ciel dans tout l'éclat de sa lumière.

Mais cette vérité reconnue, tout s'explique, tout, dans la nature, a sa cause, son origine, son principe; et rien, sans cette idée, ne peut se concevoir. Point de Dieu, s'il n'est créateur; point de monde, s'il n'est créé. C'est là ce qui, pour les anciens, faisait de la métaphysique un obscur labyrinthe d'où ils ne pouvaient se tirer; c'est là ce qui fait encore, pour les matérialistes, de leur système de la nature, un abyme d'absurdités.

Oui, mes enfants, j'ose le dire, l'action même d'un Dieu sur les corps, sur les ames, sur l'univers, serait une chimère, si ce Dieu n'était pas le créateur de l'être sur lequel il agit.

La matière n'a pu se donner le mouvement à elle-même; les corps n'ont pu se donner la forme; l'esprit n'a pu se donner la pensée. Cependant nul effet sans cause; et ces modes sont des effets. Il y a donc eu pour eux une cause distincte du sujet qui les a reçus. Or, si cette cause n'était pas celle aussi et de la substance mobile, et de la substance pensante, elle n'aurait sur elles aucun moyen d'agir. Vous avez déja vu que tous les êtres incréés seraient également inaltérables par essence, qu'ils n'auraient rien à se communiquer, rien à se donner à eux-mêmes. Leur changement d'existence suppose un être dont ils soient dépendants, et nul être ne peut réellement dépendre que de l'être qui l'a créé. Céder à l'action du mouvement, c'est obéir; c'est obéir aussi que recevoir l'impression du sentiment ou de l'idée; et ce rapport d'obéissance et de domination ne peut se concevoir que de l'être créé à l'être créateur. Celui-là seul a pu commander la pensée et le mouvement, qui a pu commander l'existence à l'être pensant ou mobile; et les modes et les substances émanent de la même source de puissance et de volonté.

Quelle est la domination, l'influence, l'action de l'être par essence sur les êtres qu'il a créés? C'est ce qui n'est pas difficile à concevoir, même pour nos faibles esprits. Rien de plus naturel que la docilité de la créature sous la main de son créateur. Que ne reçoit-on pas de celui dont on a reçu l'existence?

Mais il n'en serait pas de même entre deux êtres coéternels, et qui, tous les deux incréés et tous les deux indépendants, seraient l'un à l'autre, dans leur durée, comme deux lignes parallèles, qui, prolongées à l'infini, ne se rencontreraient jamais. Entre eux, je le répète, nulle correspondance, nulle action réciproque, nulle domination, nulle espèce de dépendance. La puissance de briser, de remuer un grain de sable, n'appartient qu'à son créateur; et, si un être créé l'exerce, c'est qu'elle lui est communiquée. Sans la loi prescrite au grain de sable d'obéir à la vague, la vague aurait beau s'agiter, le grain de sable resterait immobile. Ce n'est qu'au suprême législateur et au moteur universel que le grain de sable obéit. Or, cette puissance motrice, cette force de volonté prend sa source dans l'acte de la création, seul titre de domination, seul principe de dépendance.

Ce que vous venez d'entendre, mes enfants, ne vous semble-t-il pas d'une évidence irrésistible? et croyez-vous possible de concevoir entre deux êtres incréés aucun moyen d'action ni de réaction? Non, dès que l'on suppose la matière éternelle, Dieu même n'a pu la mouvoir ni la modifier; et le *mens divina* d'Anaxagore, de Xénophane et de Platon, ne pouvait rien sur l'univers. Si la matière est incréé, chaque partie de cette masse est aussi incréée; et les atômes qui la composent doivent, chacun dans leur indépendance, jouir d'une éternelle immutabilité. Quelque irrégulier que fût donc le mouvement dans la matière, et n'y eût-il d'autre phénomène que ce mouvement déréglé, il prouverait lui seul qu'elle a été créée, puisqu'il prouve qu'elle obéit. Que sera-ce donc, s'il est vrai que le mouvement est soumis à des lois universelles et constantes que rien n'altère, et dont rien n'arrête le cours?

On ne laisse pas d'opposer au dogme de la création des difficultés imposantes; et je ne prétends pas vous les dissimuler. « Rien n'est tiré de « rien, rien ne peut rien produire, » nous disent les matérialistes; et je le dis comme eux, mais non pas dans le même sens.

L'éduction du néant absolu est impossible, je l'avoue. Mais le néant absolu n'est pas celui d'où le monde est tiré; car l'effet existait virtuellement dans sa cause; et c'est par une cause essentiellement féconde que le monde a été produit. L'être par excellence et par essence, en créant le monde, n'a fait que lui communiquer ce qu'il possède éminemment.

Il vous sera démontré dans la suite que le mouvement, la vie, la pensée, sont émanés de cette source. Or, il n'est pas plus inconcevable qu'elle ait pu donner l'existence, qu'il ne l'est qu'elle ait pu donner la pensée et le mouvement.

Celui qui a dit à la lumière, *sois*, ou qui l'a dit en moi au mouvement du cœur ou du poumon, ou qui l'a dit à ma pensée, n'est ni moins absolu, ni moins étonnant, lorsqu'il est obéi, que celui qui l'a dit, ou à l'ame, ou à la matière. Sa puissance s'exerce d'une manière incompréhensible, soit qu'il donne l'être aux substances, soit qu'il leur communique une force et des facultés qui n'étaient point en elles, et dont le principe est en lui. Ce sont toutes émanations d'une volonté créatrice, et tous prodiges d'un même ordre. Il faut avoir créé des mondes, pour mouvoir des atômes ou pour les animer.

On croit communément que, pour façonner la matière, il a fallu moins de puissance que pour lui donner l'être; soit parce que l'une de ces actions est au pouvoir de l'homme, et que l'autre n'y est pas; soit parce qu'il est plus aisé de se figurer la formation simple que la création. Mais cette manière d'assimiler Dieu avec l'homme est puérile. Il faut de l'argile au sculpteur pour façonner un vase; mais, à Dieu, pour créer des mondes, il n'a fallu que sa volonté. Ce n'est donc pas du néant absolu que le monde a été tiré; mais d'une cause en qui réside la plénitude de l'existence : *le monde n'était pas; Dieu a voulu qu'il fût; et le monde a été.* Voilà le dogme de la création dans son énoncé le plus simple; et il n'y a rien là qui répugne. Mais on y fait encore une objection pressante.

« Quel instant, dans l'éternité, Dieu aurait-il
« choisi pour créer le monde? Pourquoi, jusque
« là, sa puissance serait-elle restée oisive? Et au-
« paravant qu'a-t-il fait? Comment celui qui, dans
« un instant, aura produit tant de merveilles, a-
« t-il été stérile toute une éternité? »

Cette difficulté qu'on fait sonner si haut dans les écoles du matérialisme, n'a plus aucune force dès qu'on fait attention que ce n'est qu'un abus de mots employés pour une fausse assimilation du fini avec l'infini.

L'éternité est indivisible et immobile comme l'espace. Demander dans quel temps Dieu a créé le monde, c'est comme demander dans quel lieu sa main l'a placé. Hors du monde, il n'y a point de lieu; avant le monde, il n'y a point de temps. Le lieu et le temps sont des mesures et des limites de l'existence. L'infini ne les connaît pas; l'éternité, l'immensité ne correspondent à aucun terme, et ne sont susceptibles ni des calculs, ni des comparaisons qui déterminent les grandeurs et les quantités relatives. Aucun point de l'éternité, aucun point de l'immensité n'est ni plus près ni plus loin du temps et du lieu de notre existence; et, si par la pensée nous y supposons des rapports de distance ou de proximité, ces rapports ne sont que fictifs. L'infini exclut toute idée de relation et de coïncidence avec les dimensions et les successions de ce qui commence et finit. Les deux termes où le fini commence et cesse d'être, ces deux termes sont en lui-même : ils sont les deux extrémités de son étendue ou de sa durée. Il n'est pas limité par tel point de l'espace, par tel instant de la durée : il porte avec lui ses limites; et hors de lui c'est l'immensité immobile et indivisible, où rien n'est successif, où rien n'est continu, où rien n'est plus près ni plus loin, où rien ne précède et ne suit.

Mais ne dit-on pas que Dieu *a été*, qu'il *est* et qu'il *sera?* Voilà donc une éternité *divisée en trois temps?* Oui, dans notre langage et dans notre manière de concevoir, laquelle se mesure à nos propres limites. Mais, lorsqu'on se défend de l'habitude d'assimiler l'infini avec le fini, on sent très-bien que le présent, le passé, le futur, sont les divisions d'une existence successive; et qu'en parlant d'un être immuable, qui est l'éternité même, nous devons dire, *il est*, et non pas *il était, il sera, il fut, il a été.*

En effet, en parlant de l'espace infini, pouvons-nous dire, *le haut, le bas, le milieu, les côtés?* Tout cela est absurde. Or, il en est de l'éternité comme de l'immensité : toute idée de succession, d'apposition, de relation lui est incompatible. N'y a-t-il donc pas dans l'éternité une époque où le monde n'existait point encore, et un instant où il a commencé? Non, mes enfants; et dans l'espace il n'y a pas non plus de lieu où le monde existe, et de lieu où il n'existe pas. Le lieu des corps n'est que leur étendue, comme le temps n'est que leur durée, leur existence successive; la mesure de l'un et de l'autre n'est qu'un rapport de correspondance et de coexistence avec des quantités et des grandeurs limitées. Ainsi toute comparaison, soit de durée, soit d'étendue, du fini avec l'infini, n'est qu'un contre-sens ou une expression figurée. Le monde n'est pas plus éternel qu'il n'est infini. Mais la mesure de sa durée, comme celle de sa grandeur, est en lui-même, et n'est qu'en lui-même. Hors de lui, ces rapports n'ont plus aucun terme réel. C'est donc de sa propre faiblesse, et de son imbécillité que l'esprit humain argumente, lorsqu'il demande en quel temps le monde aurait été créé.

On troublera votre pensée, en vous disant que, si le monde n'est pas coéternel avec sa cause, sa cause a été avant lui; et que, si elle a été, elle a été oisive jusqu'au moment où elle l'a produit.

Non encore une fois, elle n'a pas *été*, cette cause immuable. Elle *est*. Son action n'est que sa volonté, et cette volonté n'a eu de commencement que dans son effet. En elle-même elle est éternelle. Elle n'a pu créer un être éternel, infini; car il implique dans les termes qu'un être créé soit infini. Il a donc fallu que le monde ait commencé; mais il est le produit d'une volonté éternelle; car l'éternelle immensité n'est, si je puis m'exprimer ainsi, qu'un présent immobile, invariable et sans limite.

Je vous avoue, mes enfants, que je sens ici l'impuissance de ma langue et de ma pensée. L'une et l'autre ne correspondent qu'à des objets finis. Cependant je sens qu'il répugne à ma raison de diviser, de mesurer l'éternité, comme de diviser, de mesurer l'espace; et si, par exemple, on me dit: *Mille ans avant la création du monde, mille lieues au-delà des limites de l'univers*, il m'est très-évident que l'on dit une absurdité. Au lieu que si l'on dit: *Mille ans après la création, mille lieues en-deçà de la planète de*

Saturne, il n'y a plus rien qui me répugne; parce qu'alors je conçois mes deux termes dans le fini.

On a donc beau vouloir assimiler l'action d'une volonté éternellement immuable, avec nos actes momentanés, elle est une, et toujours la même. Ainsi toute distinction d'activité et d'inaction, dans l'éternelle cause, est idéale et puérile. Sa toute-puissance a marqué des limites à la durée et à l'étendue; mais elle-même n'en a point. Elle a produit des êtres changeants, mobiles, périssables; mais elle n'a jamais changé. Ce qu'elle a voulu produire a commencé; mais considérée en elle-même, elle n'a jamais commencé de produire, elle n'a jamais cessé d'agir. Il n'y a donc point dans l'éternité de rapport d'antériorité, ni de postériorité, entre la création et la puissance créatrice; et, quand vous aurez réduit dans votre pensée l'existence éternelle à l'unité absolue, il vous sera aussi évident qu'à moi, que tout raisonnement qui suppose un rapport de durée du fini avec l'infini, est un sophisme qui porte à faux.

Du reste, quelque difficulté que l'on veuille opposer au dogme de la création, s'il est évidemment impossible que la matière se soit donné et se donne encore cette diversité innombrable d'accidents et de formes qui distingue les corps; si le mouvement qui en est la cause immédiate, a lui-même nécessairement une cause; et si évidemment encore cette cause n'a d'action que sur l'être qu'elle a créé ; la création, toute incompréhensible, toute ineffable qu'elle est pour nous, n'en est pas moins une vérité démontrée. Vous lui verrez demain acquérir un nouveau degré de force et de clarté, par les efforts désespérés que font les matérialistes pour se dispenser de l'admettre ; et vous reconnaîtrez que Dieu ne se montre jamais d'une manière plus éclatante, qu'en perçant les nuages de l'incrédulité.

LEÇON TROISIÈME.

Systéme des matérialistes sur le principe de la nature. Réfutation de ce systéme.

Lorsque Descartes a dit : « Qu'on me donne « de la matière et du mouvement, et je ferai un « monde. » Il a reduit le mécanisme de l'univers physique à sa plus grande simplicité; mais, dans son hypothèse, il a sous-entendu une force communiquée à la matière, et de l'une à l'autre, des lois, des règles, des mesures, entre l'intensité de la force mouvante, et la résistance que la matière opposerait à l'action.

Le mouvement considéré comme un déplacement des corps, ou des parties de la matière, n'est qu'un effet qui tombe sous les sens, et auquel l'habitude nous rend presque insensibles. Mais cet effet a une cause, et cette cause ne peut être qu'une force communiquée, et successivement transmise à la matière; car la matière est bien passivement divisible et mobile; mais d'ellemême elle est incapable de se mouvoir; et son état naturel serait un plein repos, si rien ne venait l'en tirer. Ce qui l'en tire est donc une force; et cette force qu'on n'a jamais bien définie, n'est autre chose qu'une émanation de puissance, et qu'une faculté d'agir, réglée et soumise à des lois. Or, cette faculté, qui l'a donnée à la matière ? Ces lois, qui les prescrit ? Qui les fait observer ? si ce n'est la première cause. Et sans ces lois si constamment, si exactement observées dans la nature, comment Descartes avec de la matière et du mouvement aurait-il fait un monde ? Écoutons les matérialistes répondant à ces questions.

« Des matières très-variées et combinées d'une
« infinité de façons reçoivent, disent-ils, et com-
« muniquent sans cesse des mouvements divers.
« Les différentes propriétés de ces matières, leurs
« différentes combinaisons, les façons d'agir si
« variées qui en sont les suites, constituent pour
« nous les essences des êtres; et c'est de ces es-
« sences diversifiées que résultent les différents
« systèmes que ces êtres composent, et dont la
« somme totale fait ce que nous appelons la na-
« ture. Ainsi, la nature est le grand tout. Ce tout
« résulte de l'assemblage des matières et de leurs
« combinaisons diverses. Chaque être, en raison
« de son essence et de sa nature particulière, est
« capable de produire, de recevoir, de commu-
« niquer des mouvements divers. De l'action, de
« la réaction continuelle de tous les êtres que la
« nature enferme, il résulte une suite de causes
« et d'effets, ou de mouvements guidés par des
« lois constantes et invariables, propres à chaque
« être, nécessaires ou inhérentes à sa nature par-
« ticulière. Ainsi la nature agit par des lois

« simples, uniformes, invariables; et dans la ma-
« tière ces lois sont le produit de ses combinai-
« sons, de ses forces, de sa façon d'agir et de
« l'énergie de son essence. »

Tel est le système ou plutôt le rêve, le délire des matérialistes. Quel amas, quelle incohérence de mots vides de sens! quel brouillard répandu sur des idées vagues, indéfinies, souvent incompatibles! quel cercle vicieux d'assertions gratuites, où l'on suppose en preuve ce qui n'est pas même probable, et où l'explication est encore plus obscure que ce qu'il s'agit d'expliquer!

« Des matières très-variées et combinées d'une
« infinité de façons reçoivent et communiquent
« sans cesse des mouvements divers! »

Qu'est-ce que des matières *très-variées*, et par quoi le sont-elles? La matière, dans le repos, est une substance étendue, et composée de parties divisibles à l'infini, impénétrables l'une à l'autre. Voilà leur essence commune sans aucune *diversité*. Il est possible que ces parties, quand le mouvement les divise, les déplace, les réunit, les combine diversement, forment des corpuscules différents de volume, de figure, de densité, etc. De là cette variété qui distingue les éléments; de là ces qualités qui constituent les espèces; mais, pour produire ces variétés dans les premières divisions, il a fallu des mouvements divers. La diversité primitive des mouvements n'est donc pas une suite des propriétés dont elle est la cause.

Cela est évident, et cela seul détruirait l'hypothèse *des mouvements réglés par des lois inhérentes à l'essence des êtres;* car les propriétés qui constituent les essences des corps, dérivent elles-mêmes de mouvements réglés et soumis à des lois. Rien n'est la cause de sa cause; rien n'est l'effet de son effet.

L'embarras des matérialistes, pour ne pas reconnaître l'unique principe des choses, a été de donner une origine aux lois du mouvement. Il a fallu les attribuer aux essences. Or, les essences, dans la matière, étaient le résultat de ses propriétés, et celles-ci l'effet de diverses combinaisons. Il a donc fallu supposer des combinaisons, des propriétés et des diversités d'essence dont le mouvement ne fût point la cause. Mais ces diversités, qui les a donc produites, si ce n'est pas le mouvement, et un mouvement varié ? Quelle autre cause a pu diviser, figurer les parties de la matière? Et si le mouvement a seul modifié ces éléments, qui l'a diversifié lui-même? Qui lui a prescrit des lois, et qui l'y a soumis? D'où vient-il? Quel est-il? Quelle en est l'origine et la première cause?

Demandez au physicien quel est dans les corps ce *je ne sais quoi* qui remue les sphères comme les grains de sable? Il vous dira que c'est une force mouvante. Demandez-lui quelle est cette force mouvante? Il répondra qu'il n'en sait rien. Une boule d'ivoire que vous frappez, roule sur un tapis. Que lui avez-vous communiqué, pour que, livrée à elle-même, elle chemine encore? Elle rencontre sa pareille, elle la frappe et reste immobile, tandis que l'autre roule à son tour. Qu'est-ce donc qui, dans un clin-d'œil vient de passer de l'une à l'autre? C'est du mouvement, vous dit-on; et l'on ne sait ce qu'on dit. Et à ce mouvement on suppose des lois inhérentes à la matière, et avec cela on fabrique des mondes!

Non, mes enfants, j'espère que la supposition d'un mouvement produit sans cause, d'un mouvement réglé sans règle, calculé sans intelligence, dirigé sans dessein, transmis, distribué, avec une précision inaltérable, et soumis à des lois perpétuelles, universelles, sans un législateur qui lui ait prescrit ces lois; j'espère, dis-je, que cette idée contradictoire à elle-même, et aussi absurde qu'elle est gratuite, ne vous satisfera jamais.

Que le mécanicien, l'astronome, le chimiste, l'anatomiste, etc., observe et constate des faits, et qu'il nous dise : « Voilà ce qui se passe dans « la nature; je dis ce que je vois, et je ne vais « point au-delà. » Je le plains de ne pas élever plus haut sa pensée; mais enfin il énonce des vérités physiques; ce n'est pas lui qui est insensé. L'insensé est celui qui, avec des mots vagues et vides, avec les mots d'*essences*, de *combinaisons*, de *propriétés*, d'*énergie* et avec des *lois* qu'il déduit de ces qualités primitives, veut nous rendre raison des prodiges de la nature et de l'ordre de l'univers. L'insensé est celui qui tantôt nous dit que *la nature est le grand tout, et que ce tout n'est composé que de matière;* tantôt que *la nature agit par des lois simples, uniformes, invariables, et que ces lois lui sont données par ses combinaisons, ou qu'elles sont le résultat de ses propriétés et de ses essences diverses;* celui-là, dis-je, est insensé, qui, sur des idées aussi confuses et aussi vaines, repose son opinion et ose fonder sa doctrine, celui qui, avec des hypothèses qui se détruisent elles-mêmes, veut se passer d'un Dieu et veut nous dispenser d'y croire.

Chaque être, nous dit-il, *ne peut agir que d'une manière.* Qu'est-ce qu'il entend par agir ? Si la matière est incréée, quelle puissance a-t-elle de changer, de varier son existence ? Quelle faculté l'une de ses parties a-t-elle de se déplacer, d'en déplacer une autre ? Quelle inquiétude, quelle tendance peut-on leur supposer, qui les porte à changer de lieu ?

Chaque être agit selon des lois qui dépendent de son essence, de ses propres combinaisons. Laissons là le mot vague d'*être* qui dissimule le sophisme, et que le sophiste nous dise comme il l'entend. *Chaque portion de matière agit, agit selon des lois, agit selon des lois propres à son essence.* Mais sans le mouvement, avant le mouvement, quelle est l'essence d'un corpuscule de matière, qui ne soit pas l'essence de tel autre et de tous les autres ? Ils sont tous essentiellement étendus, divisibles, impénétrables et mobiles. Ils ont tous, leurs trois dimensions. Où est donc là l'origine, le principe et la cause de l'action, qui les remue? Où est la raison, la règle des lois du mouvement? Où est cette force qui en est l'ame, où sont ces directions marquées et ces divisions de force, et ces compensations de masse et de vîtesse, et ces calculs des temps et des espaces à parcourir, ces lois enfin auxquelles tous les corps sont soumis dans le choc et dans l'équilibre? Est-ce ainsi qu'on croit expliquer les phénomènes de l'hydraulique et ceux de l'élasticité, de l'électricité, de la gravitation, de la végétation des plantes, de la régénération de la vie, de l'action des animaux? Certes, c'est fabriquer un peu légèrement des mondes, que d'en réduire le mécanisme aux propriétés d'une substance absolument passive, dont l'état naturel et primitif est le repos, c'est-à-dire la privation de toute espèce d'activité.

La combinaison des parties de la matière n'est que leur position respective; or, de cette position, comment peut-on voir résulter aucune sorte de tendance à aucun changement de place. Elles y attendent une cause, une force qui les remue; mais cette position ne peut être elle-même la cause de son changement. Quelle sera donc cette cause?

On nous répond que « la matière se meut par « sa propre énergie; qu'elle a reçu le mouvement « d'elle-même, puisqu'elle est le grand tout. » Voilà le dernier mot des matérialistes.

Mais, si la matière a reçu le mouvement, elle ne l'avait pas ; mais, si elle se l'est donné, elle l'avait avant que de l'avoir. Où l'avait-elle pris? Dans sa propre énergie. Qu'est-ce que l'énergie de la matière avant le mouvement? L'énergie n'est que la force, l'intensité de l'action, ou celle de la résistance. L'une est tendance au mouvement, et l'autre tendance au repos. Or, ni l'une ni l'autre n'est propre à la matière. Attribuer au plomb qui tombe, au feu qui s'élève, à l'écueil immobile où se brise la vague, une tendance véritable au mouvement ou au repos, c'est lui attribuer une faculté élective, une sorte de volonté. Et en effet, toutes les lois du mouvement ne sont pas autre chose que des intentions prescrites, et qu'un système d'action. Il est prescrit au corps mu circulairement de tendre à s'échapper par la tangente. Il est prescrit à la boule d'ivoire frappée obliquement d'affecter, en roulant, la ligne droite, qui du point de contact la traverse centralement; il est prescrit à l'enclume de repousser le marteau et de rester immobile. Mais ni l'enclume, ni la boule d'ivoire, ni le pendule en mouvement, n'a de tendance qui lui soit propre ; car tendre ce serait choisir, et la matière n'a point de choix.

Attribuer la force de mouvoir la matière à l'énergie de la matière; attribuer les lois du mouvement, ses directions, ses tendances à des diversités d'essences et de combinaisons dont lui seul peut être la cause, c'est ce que l'esprit de systême pouvait imaginer de plus futile et de plus vain.

Mais, s'il est insensé de dire en général que *la nature* (qui n'est que *la matière* dans le sens du matérialiste) *a reçu d'elle-même le mouvement, et les lois qu'il observe*, combien cette assertion ne devient-elle pas plus follement absurde, lorsqu'il s'agit des mouvements organiques du corps vivant, dans la plante, dans l'animal, et singulièrement dans l'homme; lorsqu'il s'agit des mouvements d'où résultent le sentiment et la pensée, du mouvement enfin qui semble animer l'univers?

On dit, je le sais bien, que dans les spéculations philosophiques, il ne faut recourir à Dieu que dans la dernière extrémité. Mais je la trouve à chaque pas, cette extrémité humiliante pour l'orgueil, consolante pour la sagesse. Par-tout je me vois entouré de prodiges et de merveilles qui m'enlèvent vers leur auteur.

S'il n'y avait sur le globe que nous habitons que des monceaux de sable remués sans dessein; s'il n'y avait dans l'air que des tourbillons de vapeurs, livrés au caprice des vents; si la lumière ne s'échappait que par éclairs du milieu des ténèbres; si les éléments étaient confondus; si le monde était un cahos; on serait excusable de penser que la matière en mouvement aurait fortuitement produit ce mélange informe et bizarre.

Mais, quoi qu'on vous dise, mes enfants, il

vous est impossible de croire que le monde ait été construit, comme il l'est, sans une intention générale qui en ait réglé le mécanisme, combiné les ressorts, prescrit les mouvements, assemblé, lié les parties; et sans qu'un ouvrier infiniment habile et sage ait présidé à la construction de cet immense et superbe édifice.

Quelle a été, dans la volonté éternelle, l'intention finale de la création? C'est ce que la raison humaine, livrée à sa propre faiblesse, n'expliquera jamais.

Il n'en est pas de même du plan et du dessein de la sagesse créatrice. Elle a voulu qu'il fût sensible et manifeste; et non-seulement il est facile de l'apercevoir dans son ouvrage, mais il est impossible de ne l'y reconnaître pas.

Or, mes enfants, c'est le concours unanime et constant de toutes les causes secondes à l'exécution de ce dessein, que j'appelle *ordre* dans la nature. Cet ordre auquel tout est soumis, « n'est, « disent les matérialistes, que la nécessité des « choses; et, relativement à la nature entière, « c'est la chaîne des causes et des effets néces- « saires à son existence et au maintien de son en- « semble éternel. »

Mais de cette chaîne de causes et d'effets, dont ils veulent former un cercle, quelle force, quelle industrie a lié les chaînons? Qui fait dépendre un mouvement d'un autre? et du mouvement la pensée? et de la pensée le mouvement?

Je veux qu'une combinaison fortuite ait d'un côté organisé l'œil et l'oreille, et de l'autre produit la lumière et le son (ce que nul homme de bon sens ne croira). Aucun jeu du hasard a-t-il pu lier ensemble ces deux effets. Allons plus loin encore. Des corpuscules en mouvement frappent mon œil ou mon oreille, et je vois des couleurs ou j'entends des sons. Quelle affinité nécessaire peut-il y avoir entre le sentiment que j'éprouve et le tact qui l'occasionne ? Ce sont des fibres ébranlées; et de là le plaisir que me fait un ciel étoilé, un riant paysage, un chant mélodieux, la lecture d'un beau poëme, et cette foule d'images, de pensées, de sentiments que ces impressions laissent dans mon esprit et dans mon ame! Que les matérialistes, dans leur cercle vicieux de causes et d'effets, trouvent le nœud qui fait dépendre ces pensées, ces sentiments, de l'ébranlement d'une fibre.

Ils font semblant de mépriser l'argument des causes secondes; et ils veulent que, sans dessein et sans aucune destination, la racine, la tige, les rameaux d'une plante, se soient trouvés disposés ensemble à produire le fruit, à régénérer la semence. Ils veulent que dans les animaux un mouvement aveugle ait formé, combiné tous les organes de la vie, les ait distribués, les ait mis à leur place, leur ait marqué leurs fonctions; que, selon les espèces, il en ait mesuré la force et la grandeur; et que dans le ciron, comme dans le taureau, il ait proportionné avec tant de justesse et de précision la grosseur des nerfs et des fibres, le calibre des veines, le ressort, la souplesse et la vigueur des muscles, la qualité, la quantité des diverses liqueurs vitales, et la ramification des vaisseaux qui devaient les distribuer. O, mes enfants, les belles lois qu'un mouvement sans législateur se serait données à lui-même! La sublime industrie qu'une matière dépourvue d'intelligence aurait acquise à son insu!

Non, la première cause de ces merveilles n'a point été aveugle; et dans leur ordonnance, il n'y a rien de fortuit, il n'y a rien d'involontaire. L'œil a été fait pour la lumière, l'oreille pour le son, la tige pour le fruit, le gland pour produire le chêne, le chêne pour porter le gland. Cet ordre est de toute évidence.

Le plan du créateur, selon notre manière de concevoir, paraît se réduire à deux points; à répandre d'abord une grande diversité, et, par là, une prodigieuse magnificence de création parmi les genres et les espèces; et ensuite à perpétuer dans chaque genre, et dans chaque espèce, des générations successives d'individus. Ainsi, parmi les êtres destinés à se reproduire sans cesse et à se ressembler toujours, les individus sont périssables et les espèces renaissantes : ce qui donne à la création un caractère encore plus éclatant. Car, si l'univers, une fois créé, n'avait fait que subsister dans son premier état, ou les êtres intelligents auraient pu le croire éternel, ou ils auraient pu croire qu'en le formant, son créateur avait épuisé sa puissance. Mais, lorsque, dans une mutation perpétuelle, la mort produit la vie, et que de la dissolution d'un être résulte la formation d'un ou de mille êtres nouveaux; lorsque du choc des éléments, de leurs combats, du bouleversement dont ils menacent la nature, résulte un ordre harmonieux, et que le désordre apparent se trouve lui-même appartenir à l'ordre universel, et y contribuer; ces révolutions et ces vicissitudes, toutes soumises à une même cause, et concourant ensemble à un même dessein, annoncent dans le créateur une action perpétuelle, une puissance inépuisable.

Toutefois, en reconnaissant, dans ce bel ordre de l'univers, l'unité du dessein et l'harmonie de l'ensemble, abstenons-nous de limiter le nombre et la variété des moyens. Vouloir trop généraliser ce que nous croyons concevoir, est notre erreur la plus commune.

La nature, dit-on, agit par des lois simples; et l'on dit vrai, si l'on entend qu'elle ne multiplie sans nécessité ni les causes qui lui obéissent, ni les forces et les moyens qu'elle donne à leur action. Mais peut-être, dans nos systèmes, exagérons-nous cette simplicité.

Nos mécaniques artificielles préfèrent quelquefois la plus grande simplicité à la plus grande perfection, parce que la simplicité ménage la matière, le temps, le travail, et les forces ; qu'elle exige moins de mobiles; qu'elle use moins de ressorts, qu'elle dépense moins de mouvement, et que la faible industrie humaine a besoin d'être économe de ses moyens. Mais ceux de la nature (de la cause première) sont infinis, inépuisables. Chercher dans son action la même épargne que dans la nôtre, c'est assimiler Dieu à l'homme, et le croire indigent et faible comme nous.

On a savamment analysé les mouvements de masse, simples et composés : les lois du choc, celles de l'équilibre, celles de l'incidence et de la réflexion, des directions obliques, des directions moyennes, celles de l'inertie et de la pesanteur nous sont assez connues; et l'on peut dire de ces lois qu'elles sont simples et uniformes; mais elles sont insuffisantes pour expliquer les mouvements internes, les mouvements imperceptibles, les phénomènes de la fermentation, de l'élasticité, de l'électricité, de la lumière et des couleurs, les développements du feu et de la flamme, leurs explosions dans les nues, dans les volcans, dans les matières fulminantes; tout cela, dis-je, annonce d'autres lois que celles qui s'observent dans le choc des solides, dans l'équilibre des liqueurs.

Mais, s'il en est ainsi pour les corps même qui ne sont point organisés, combien les procédés de la nature ne sont-ils pas plus variés, plus inexplicables encore par les lois de la mécanique, dans l'organisation des plantes, des animaux, de l'homme enfin! dans cette économie de la végétation, de la nutrition, de la régénération! dans la combinaison et le jeu des organes de la vie et de la pensée, de l'instinct et de la raison!

Ah! mes enfants, quel amas de merveilles je viens de mettre sous vos yeux! et ce n'est pas dans le firmament qu'elles s'opèrent ces merveilles: c'est autour de nous, en nous-mêmes. Dans le ciel, Dieu se manifeste avec plus de splendeur et de majesté. *Cœli enerrant gloriam Dei.* Mais ici dans ce qui nous touche, il se laisse voir de plus près. Il semble se communiquer plus immédiatement, plus familièrement à nous.

Lequel de ces deux points de vue choisira le matérialiste? Dans l'un et dans l'autre, n'en doutez pas, il trouvera cette première cause et ce principe universel qu'il évite et qui le poursuit.

Dans les êtres que l'Éternel a placés loin de notre atmosphère, nous n'apercevons que du mouvement, mais ce mouvement est si prodigieux, qu'il est impossible d'y méconnaître l'action d'une cause toute-puissante. Dire que la première impulsion donnée à ces corps immenses leur vient de leurs propriétés, c'est dire une ineptie. Est-ce dans les essences de ces globes de feu, si distants l'un de l'autre, qu'on trouvera la cause de leur attraction réciproque, les lois de leur gravitation?

La montre prouve l'horloger; Voltaire nous l'a dit. Et quelle montre, mes enfants, que celle dont les roues sont des soleils sans nombre, et dont l'imagination ne peut mesurer le cadran! Car, lorsqu'en méditant le système de l'univers, on laisse sa pensée s'enfoncer dans l'immensité de l'espace, ce ciel étoilé, dont nous croyons voir les limites, n'est plus qu'un petit cercle dont les rayons n'expriment que la mesure étroite de notre faible vue, et au-delà duquel, très-vraisemblablement, roulent dans leurs orbites d'autres soleils et d'autres mondes. Nos yeux, nos télescopes et ceux de l'astronome qui serait placé dans Saturne, ou dans les signes du zodiaque, et par-delà, et par-delà encore, ne lui feraient pas découvrir les bornes de la création; et c'est avec des mots vides de sens, avec des abstractions vaines, qu'on s'efforce de remplacer l'être qui seul embrasse dans son immensité tous ces mondes quil a produits!

Le sage Newton, en attestant le fait de la gravitation des sphères, en a-t-il attribué la loi aux propriétés, aux essences de ces corps roulés dans l'espace? Il a bien dit que les rayons de la lumière venaient colorés du soleil; mais a-t-il entrepris d'expliquer comment, au sein de ce globe de feu, qui tourne sur son axe avec tant de rapidité, chaque rayon se teint de ses sept couleurs primitives, et, en s'échappant, se compose des sept filets que le prisme y démêle. Newton a observé, et il a adoré. Descartes, si exact, si éclairé dans sa méthode, s'est perdu dans ses tourbillons.

Buffon, dont le coup-d'œil est si net et si juste, lorsqu'il ne décrit que des faits, s'est égaré comme Descartes, en se livrant à l'esprit de systême. Il a voulu nous expliquer la formation des planètes; et, pour rendre raison de leur tendance en ligne droite et selon les tangentes au plan de leur orbite, il fait arriver une comète qui frappe obliquement la masse du soleil, et en détache une partie. Mais cette comète elle-même avait, dit-il, un mouvement de rotation. Qui le lui avait prescrit? Qui le lui avait imprimé?

L'esprit philosophique ne sortira jamais d'un cercle vicieux, tant qu'il tâchera d'éluder la nécessité inévitable de reconnaître une première cause et un principe universel.

Ce qui seul le démontrerait, c'est ce qu'a observé Newton, que le mouvement se détruit sans passer d'un corps dans un autre, et qu'il se reproduit de même par une espèce de création.

On dit communément que le mouvement, répandu dans la matière, ne fait qu'y circuler; que la quantité absolue et totale en est toujours la même; que rien jamais n'en est perdu; que, lorsqu'il semble s'étouffer, se dissiper, s'évanouir, s'éteindre, il ne fait que passer du corps qui cesse de se mouvoir dans celui qui lui a fait obstacle. Cela est assez vrai de tous les mouvements que l'on appelle mécaniques. Mais, lorsque deux liqueurs, froides et calmes l'une et l'autre, bouillonnent tout-à-coup et s'enflamment en se mêlant; lorsque, d'un tas de poussière immobile, une étincelle fait éclater en un clin-d'œil un feu qui fait sauter les voûtes, et qui lance au loin des rochers; d'où vient à ces liqueurs et à cette poussière un mouvement si rapide et si fort? Est-ce de l'élément du feu, ou de celui de l'air? Mais il y était donc immobile ce mouvement qui en est parti avec tant de violence et d'impétuosité? Or, ce mouvement immobile, cette force endormie, et qu'on appelle *morte*, cette énergie, ce ressort, ce *nisus*, qu'est-ce dans la matière livrée à elle-même? Qu'on l'analyse autant qu'il est possible, même par la pensée, qu'on la modifie de mille manières, et qu'on nous dise où sont ces magasins d'un mouvement qui ne meut rien encore, et qui, au tact d'une étincelle, va briser l'enveloppe qui le renferme, la prison qui le tient captif.

Il existe pourtant, et mille phénomènes nous attestent son existence; mille faits prouvent que, dans la nature, indépendamment de la force active, et du mouvement continu que les corps se transmettent par la collision ou par le froissement, et qui dans l'un ne diminue que de la quantité qui en est transmise à d'autres; il y a de plus des forces en repos, qui, suivant d'autres lois, sont mises en activité. C'est ce que les matérialistes ont de la peine à reconnaître; cependant rien n'est plus réel.

Observez, mes enfants, quelle quantité de mouvement la seule présence du soleil répand dans les espaces qu'il éclaire; puisque, dans le foyer du miroir ardent, un petit nombre de ses rayons réunis ont la force de fondre, en un instant, le plus dur des métaux. Le soleil disparaît; tout ce mouvement cesse; plus de chaleur, plus de lumière, presque plus de végétation. Qu'est devenue cette activité dans le fluide lumineux? Quels sont les corps qui l'ont reçue et qui l'ont sitôt absorbée? Et depuis des millions de millions de jours que la rotation du soleil remue tous les éléments dans l'un et dans l'autre hémisphère, où s'est évanouie cette prodigieuse quantité de mouvement, si elle ne s'est pas éteinte? La terre et l'eau ne seraient plus qu'un tourbillon de feu, si ce globe avait conservé la chaleur et le mouvement qu'il a reçus de la lumière.

Mais qu'est-ce donc qu'un mouvement qui cesse et qui s'éteint sans se communiquer? Qu'est-ce qu'un mouvement qui, du sein du repos où il était comme engourdi, se déploie et se communique? C'est là sans doute un mystère que la simple physique n'expliquera jamais, et qui nous force de recourir à l'action d'un premier moteur, diversement communiquée et distribuée à la matière.

C'est cette même action qui, dans les mouvements de masse, des solides et des fluides, ne fait que passer de l'un à l'autre corps sans s'accroître ni s'affaiblir; mais qui, dans le systême des mouvements internes, soumise à d'autres lois, tantôt se développe avec une extrême énergie, et tantôt va s'affaiblissant, s'évanouissant par degrés, comme la lumière dans l'ombre.

Dans les mouvements mécaniques, les lois qui les dirigent nous sont familières. L'effet en est simple et constant; et l'habitude nous laisse à peine apercevoir ce qu'il y a de prodigieux. Il nous semble tout naturel que deux corps se partagent la quantité de la force mouvante, en proportion de leurs masses, et en raison de la vîtesse avec laquelle chacun des deux doit se mouvoir. Nous ne sommes point étonnés qu'un corps frappé obliquement de deux côtés, suive une direction composée des deux impulsions qu'il reçoit; et si, sur cette ligne, il rencontre un obstacle, nous trouvons tout naturel encore qu'il ne lui communique de son mouvement que ce qu'il en faut pour l'écarter. Rien de tout cela cependant ne s'opère sans raison, sans intelligence. Le flûteur de Vaucanson était plus infaillible que le plus habile joueur de flûte. Il ne savait pas la musique; mais le cylindre était bien noté. Les corps ne savent pas non plus les règles de la mécanique; mais les lois leur en sont dictées, et ils en observent les lois.

Avec la même facilité, la volonté toute-puissante d'un suprême législateur explique les mystères les plus profonds de la nature; et non-seulement les révolutions des corps célestes, mais, ce qui n'est pas moins incompréhensible pour nous sur notre petit globe, les phénomènes de l'organisation des corps vivants, les prodiges de la vie et de la pensée (l'intelligence créatrice une fois reconnue), tout se conçoit. Sans ce premier principe, rien ne serait concevable; tout serait impossible.

Et qui jamais, avec quelque pudeur, a pu vouloir réduire au mécanisme d'un mouvement inné et inhérent à la matière, l'assimilation des germes dans la production des plantes, le choix des sucs qui leur sont analogues; la filtration de ces sucs, depuis l'extrémité de la racine qui les hume, jusqu'à la cime des rameaux où doivent se former la feuille, la fleur et le fruit; la délicatesse de leur tissu, et dans leur variété infinie ces singularités constantes par lesquelles chaque espèce est distincte, et ne ressemble qu'à elle-même; cette prévoyance qui règne dans toute leur économie, soit pour défendre des impressions de l'air ces feuilles si soigneusement et si artistement plissées dans l'enveloppe du bourgeon, soit pour conserver ces tendres fleurs dans le bouton qui les enferme, soit pour amener à maturité ces fruits, et sur-tout ces semences, d'où dépend la reproduction, la perpétuité de l'espèce?

Que l'on combine tant qu'on voudra des solides et des fluides; jamais on ne rendra raison du discernement avec lequel la plante choisit et aspire les sucs propres à la nourrir et les sels destinés à donner à ses feuilles toujours la même teinte, à ses fleurs le même parfum, à ses fruits la même saveur.

On a imaginé des moules. Ah! mes enfants, quelle ressource désespérée que celle-là! Croirez-vous bien qu'on a voulu que dans un gland fût le moule du chêne que ce gland produirait, et de tous les glands que produirait ce chêne, et de tous les chênes que produiraient ces glands, ainsi de suite à l'infini? C'est là ce qui serait la plus inconcevable de toutes les merveilles. Mais, en accumulant des moules dans des moules, n'a-t-on pas vu qu'on n'obtenait que des figures et des surfaces; et qu'il y avait encore l'assimilation des substances, que les moules ne donnaient pas? N'a-t-on pas vu que les qualités spécifiques ne laissaient pas d'éprouver encore de très-grandes altérations, lorsque la greffe change les canaux de la sève? Si le prunier porte la pêche, si le grenadier produit l'orange et une orange dont la chair a l'acide et la couleur de la grenade, comment, pour allier ainsi les qualités des deux espèces, les moules se sont-ils mêlés?

Aux moules, on a substitué des affinités, des analogies, des propriétés sympathiques; on a supposé des attraits et des prédilections entre des molécules inanimées et insensibles; on a dit que ces molécules allaient cherchant leur place pour composer des corps, par une sorte de discernement mécanique. Ainsi les propriétés, les essences, les analogies composent le vocabulaire de cette physique tranchante qui explique tout avec des mots; tandis qu'avec une seule idée (celle d'une première cause et d'un principe universel), tout s'explique et tout se conçoit.

Mais, si la végétation dans les plantes porte si vivement l'empreinte d'une intelligence créatrice; combien, dans l'organisation et la vie de l'animal, ce divin caractère est plus visiblement encore et plus évidemment empreint! Un Dieu s'y manifeste avec une profusion de merveilles si accablante, que le comble de la démence serait, à mes yeux, celle d'un anatomiste incrédule. S'il en existe un seul, je lui demande quelle cause physique donne aux muscles du corps humain cette force qui, calculée par le célèbre Borelli, est quelquefois égale à un poids de trois cent mille livres? Je lui demande quelle puissance a donné au muscle du cœur ce ressort, qui, sans cesse, sans relâche, toute la vie, dans le sommeil, comme pendant la veille, deux mille fois par heure, s'exerce à faire couler le sang dans les artères et dans les veines, et l'y pousse avec une force qui, à chaque battement, est, selon le calcul du même Borelli, l'équivalent d'un poids de cent mille livres pesant. Je lui demande quelle combinaison fortuite ou nécessaire a placé dans le cœur ces onze valvuves, dont cinq sont destinées à y laisser entrer le sang et à l'empêcher d'en sortir, et six à l'en laisser sortir, et à l'empêcher d'y rentrer? Je lui demande par quel jeu du hasard il se trouve tant de ces valvuves dans les veines pour soutenir le sang qui revient dans le cœur, tandis qu'il n'y en a pas une seule dans les artères qui, en effet, n'en ont pas besoin? Je lui demande.... Mais pourquoi accumuler tant de problêmes? Un seul suffit pour abattre et confondre tout l'orgueil de l'esprit humain.

Enfin, le dernier phénomène, celui qui semble avoir été le chef-d'œuvre de la création, et qui pour nous en est la preuve la plus intime et la plus forte, c'est l'être pensant, c'est notre ame; et ce sera par elle que demain nous donnerons encore un nouveau degré d'évidence à cette grande vérité, que Dieu seul est la source de l'existence, du mouvement et de la vie : *In deo vivimus, movemur et sumus.* (PAULUS.)

LEÇON QUATRIÈME.

De l'ame. Qu'il y a deux substances, l'esprit et la matière. Que l'ame est spirituelle et de même nature que l'intelligence qui l'a créée. Opinions des anciens comparées à celles des matérialistes modernes. Réfutation du matérialisme sur la nature de l'ame. Union de l'ame et du corps.

Si Dieu et le monde existent, il y a deux substances. C'est là que nous en sommes, et ce que j'ai promis de vous faire voir clairement.

Nous ne connaissons des substances que des modes, des attributs, des qualités : le fonds en est impénétrable; mais leurs modes, bien observés, nous révèlent assez le mystère de leur essence, pour nous mettre en état de voir ce qui leur est convenable ou contraire, analogue ou incompatible. Ayons seulement soin de ne rien avancer qui ne soit nettement conçu et défini.

La matière est une substance : elle est en soi; elle est étendue, divisible, impénétrable, susceptible de mouvement. Les deux premières de ces qualités lui sont communes avec l'espace pur; les trois autres lui sont exclusivement propres.

Quelle est au fond cette substance? A-t-elle d'autres propriétés inaccessibles à nos sens? C'est ce qu'il nous est aussi inutile qu'impossible de concevoir. Pour ce qui nous concerne, il suffit d'en connaître l'existence, les dimensions, les qualités sensibles; de savoir qu'elle peut diversement se diviser, se figurer et se mouvoir. Le reste, s'il y en a, est le secret de la nature.

Nous démêlons, jusqu'à un certain degré d'analyse, les éléments dont le mélange et les combinaisons diverses font la différence des corps. Si l'eau, l'air et le feu étaient composés de molécules toutes semblables, ils seraient semblables eux-mêmes. Nous inférons de leur diversité, que chacun d'eux est formé de parties plus ou moins déliées, plus ou moins souples, plus ou moins compressibles, plus ou moins denses, plus ou moins élastiques, etc.

Mais quelle que soit la subtilité, la mobilité, la figure de ces parties, fussent-elles même *insécables* par leur extrême ténuité, ce n'est jamais que la même substance, étendue, divisible et mobile; et sans savoir quelle est au fond cette substance commune à tous les éléments, et que ses formes enveloppent, au moins suis-je bien sûr que ce que je n'en connais pas doit être compatible avec ce qui m'en est connu. Or, ce qui m'en est connu, c'est qu'elle est composée de parties physiquement distinctes et graduellement divisibles, dont chacune est en soi, dont chacune, quelque petite qu'on la conçoive, est étendue encore et a ses trois dimensions; car ce serait une contradiction dans les termes, qu'un tout étendu fût composé de parties inétendues. Il est donc évident pour moi que l'étendue est une qualité essentielle à la matière, et que les parties qui la composent, étant physiquement distinctes, sont divisibles à l'infini.

Remarquez bien que la divisibilité n'est qu'une qualité virtuelle de la matière; et il en est de même de la mobilité. Il est essentiel à cette substance de pouvoir être divisée et mise en mouvement; mais vous la concevez unie et en repos. Au lieu que l'étendue actuelle en est inséparable; la lui ôter serait l'anéantir.

Ce qui est de l'essence des choses ne les quitte jamais. Elles n'en perdent jamais rien. Ainsi dans chaque partie de la matière, l'étendue est toujours la même : le plus petit atôme retient la sienne que rien ne peut lui ôter, et qui n'est susceptible ni de plus ni de moins. Au contraire, le mouvement se communique et se partage, s'augmente ou s'affaiblit; il cesse dans un corps, il commence dans l'autre; il circule dans l'univers; et ceux même qui le prétendent essentiel à la matière en général, sont forcés d'avouer qu'il n'est qu'accidentel dans chacune de ses parties. C'en est assez sur la nature de la matière.

Vous venez de voir que la substance matérielle n'est connue que par ses qualités. Il en est de même de la substance spirituelle. Nous éprouvons intimement que notre ame est douée d'intelligence et de sensibilité; qu'elle est susceptible de plaisir et de peine; qu'elle est capable de souvenir et de réflexion; qu'elle raisonne et délibère; qu'elle veut, qu'elle espère, qu'elle désire, qu'elle craint; qu'elle s'irrite et s'épouvante, qu'elle aime, qu'elle hait, etc.; et cette expérience habituelle des facultés, des émotions et des affections de notre ame est pour nous d'une évidence irrésistible.

Mais quelle est en nous cette substance dont ce sont là les qualités, les modes, les accidents? C'est pour nous un mystère qui ne s'éclaircira jamais. Heureusement, ce qu'il nous est impossible de savoir de notre ame, nous est inutile à connaître; et ce que nous en devons connaître, nous est facile à concevoir.

D'abord il nous est évident que ce qui pense en nous est le même que ce qui sent, que ce qui veut, etc. Il reste à savoir si la pensée est un jeu des organes du corps vivant et animé; si l'ame est elle-même un corps d'une subtilité, d'une mobilité, d'une activité singulière; ou si elle est une substance essentiellement différente de celle du corps où elle habite, une substance inétendue, indivisible et simple, qui n'a rien de matériel; c'est là le problême à résoudre.

Vous avez vu combien l'opinion de Socrate et de ses disciples approchait de la vérité, sur l'existence d'une première cause, et d'un principe universel, et qu'il ne manquait à Platon que d'avoir pu concevoir l'idée d'une création absolue. L'imagination qui le dominait l'empêcha de même d'atteindre à la vérité pure et simple, sur la nature de l'ame. D'abord il se figurait que dans l'homme l'ame était divisée en trois parties, la principale ayant pour siége le cerveau, d'où elle exerçait l'empire de la raison, et les deux autres situées, l'une dans le cœur, d'où naissait la colère, l'autre inférieure, où étaient conçues toutes les passions comprises sous le nom de *cupidité*. *Plato triplicem finxit animam; cujus principatum, id est, rationem, in capite, sicut in arce, posuit, et duas partes separare voluit, iram et cupiditatem, quas locis disclusit; iram in pectore, cupiditatem subter præcordia locavit.* (Cic. Tusc. l. 1.) Il ne faisait donc pas de l'ame une substance indivisible. Seulement il croyait qu'elle n'avait rien de terrestre, rien de notre élément humide; mais que, subtile comme l'éther, elle allait, en se dégageant du corps, où elle avait été captive, se replonger dans ce fluide pur et incorruptible comme elle; et que là, n'étant plus environnée que de substances toutes pareilles à la sienne, elle y devait paisiblement, et dans un parfait équilibre, jouir de l'immortalité. *Cùm enim (animus) sui similem et levitatem et calorem adeptus est, tanquàm paribus examinatus ponderibus, nullam in partem movetur, eaque ei demùm naturalis est sedes, cùm ad sui similem penetravit, in quo nullâ re egens, aletur et sustentabi-*

tur iisdem rebus quibus astra sustentantur et aluntur. (Cic. Tusc. l. 1.)

Aristote, disciple de Platon, ne s'accommodant pas, comme lui, d'une substance aérienne, ou ignée, pour recevoir les facultés de l'ame, aima mieux inventer pour elle un cinquième élément, une certaine *quintessence* qui n'avait pas de nom, mais plus pure, plus déliée, plus subtile que tous les éléments connus; et c'est à ce *je ne sais quoi,* qu'il attribuait la pensée. *Aristoteles longè omnibus* (*Platonem semper excipio*), *præstans et ingenio et diligentiâ... quintam quamdam naturam censet esse, quæ sit mens. Cogitare enim, et providere, et discere, et docere, et invenire aliquid, et tam multa alia, meminisse, amare, odisse, cupere, timere, angi, lætari; hæc et similia eorum in horum quatuor* (elementorum) *nullo inesse putat. Quintum genus adhibet vacans nomine.* (Cic. Tusc. l. 1.) Mais Aristote ne disait point que cette *quintessence* ne fût ni étendue, ni divisible, ni mobile, ni composée de parties physiquement distinctes; ni finalement qu'elle ne fût point matérielle.

Cicéron, qui nous a expliqué ces doctrines, semblait avoir fait lui-même un pas de plus; et la raison humaine ne pouvait guère aller plus loin.

Voici comme il s'exprime : « Les ames ne tirent « point leur origine de la terre. Elles n'admettent « aucun mélange, aucune concrétion, rien d'ex-

« trait ni de la substance des corps terrestres, ni
« de celle de l'eau, ni de celle de l'air, ni de
« celle du feu. Car, dans les diverses natures de
« ces éléments, il n'y a rien qui soit susceptible
« des facultés de la mémoire, de l'entendement,
« de la pensée; rien qui soit capable de retenir
« le passé, de prévoir l'avenir, d'embrasser le
« présent. Tous ces dons-là ne peuvent être que
« divins; et jamais on ne saura dire de qui l'homme
« les a reçus, si ce n'est de Dieu même. L'ame
« est donc un être d'une nature singulière et
« distincte de toutes les autres natures. Ainsi,
« quel que soit en nous ce qui sent, ce qui pense,
« ce qui veut, ce qui nous anime, c'est quelque
« chose de céleste et de divin, et par consé-
« quent d'impérissable. Dieu même que nous
« connaissons, nous ne pouvons le concevoir que
« comme une intelligence libre, indépendante,
« séparée de tout ce qui est mortel, qui connaît
« tout, qui meut tout, et qui est elle-même dans
« un éternel mouvement. » *Animorum nulla in terris origo inveniri potest. Nihil enim est in animis mixtum, atque concretum, aut quod ex terrá natum atque fictum esse videatur; nihil ne aut humidum quidem, aut flabile, aut igneum. His enim in naturis nihil est quod vim memoriæ, mentis, cogitationis habeat, quod et præterita teneat, et futura provideat, et complecti possit præsentia, quæ sola divina sunt. Nec invenietur unquàm undè ad hominem venire possint, nisi à*

deo. Singularis est igitur quædam natura atque vis animi, sejuncta ab his usitatis notisque naturis. Ità quidquid est illud quod sentit, quod sapit, quod vult, quod viget, cœleste et divinum est : ob eamque rem, æternum sit necesse est. Nec verò deus ipse, qui intelligitur à nobis, alio modo, intelligi potest, nisi mens soluta quædam et libera, segregata ab omni concretione mortali, omnia sentiens et movens, ipsaque prædita motu sempiterno.

L'ame ne peut connaître, ajoutait Cicéron, quel est le fonds de sa substance ; mais l'œil qui voit tout, ne se voit pas lui-même. Il en est de même de l'ame ; et, si elle ne sait pas ce qu'elle est, au moins sait-elle que la force de l'entendement, la pénétration, la mémoire, le mouvement et la célérité sont des dons qu'elle réunit. C'est là ce qui dans sa nature est beau, divin et immortel. *Non valet tantum animus ut se ipsum ipse videat. At ut oculus, sic animus sese non videns alia cernit.... Vim certè, sagacitatem, memoriam, motum, celeritatem videt ; hæc magna, hæc divina, hæc sempiterna sunt.*

Enfin, disait-il, comme sans voir Dieu, en lui-même, vous le reconnaissez dans les merveilles qu'il a produites, reconnaissez de même dans votre ame une force divine, en la voyant douée de mémoire, d'invention, d'une mobilité si prompte, et de toute la beauté dont brille la vertu. *Ut deum non vides, tamen ut deum agnoscis, ex operibus ejus; sic ex memoriâ rerum, et inventione, et celeritate motûs, omnique pulchritudine virtutis, vim divinam mentis agnoscito.*

Vous voyez cependant qu'il supposait dans l'ame une grande célérité de mouvement; et, quant à sa figure, il la laissait en doute, comme celle de Dieu. *Ut Deum noris, etsi ejus ignores et locum et faciem; sic animum tibi tuum notum esse oportere, etiam si ejus ignores et locum et formam.* (Tusc. l. 1.)

Sur la nature même de l'ame, il avouait qu'il ne savait si c'était un souffle ou un feu. Mais, que ce soit l'un ou l'autre, je jurerais, ajoutait-il, que c'est quelque chose de divin. *Anima sit animus, ignisve, nescio: nec me pudet fateri nescire quod nesciam. Illud si ullâ aliâ de re obscurâ affirmare possem, sive anima sive ignis sit animus, eum jurarem esse divinum.* (Tusc. l. 1.)

Ce n'était donc pas encore sur la spiritualité de l'ame un vérité nettement conçue, une vérité *nommée*, comme disait Fontenelle. Mais, à ces notions déja si élevées des plus beaux génies de l'antiquité, comparez sur le même objet les idées basses et grossières des modernes matérialistes; et voyez cependant avec quelle assurance ils professent leurs absurdes conceptions.

« Le cerveau, disent-ils, est un centre commun,
« où viennent aboutir tous les nerfs répandus dans
« toutes les parties du corps humain. C'est *à l'aide*
« *de cet organe* intérieur que se font toutes les

« opérations qu'on attribue à l'ame. » Oui, *à l'aide de cet organe*, voilà le vrai. Mais bientôt ils ajoutent que c'est *par* cet organe même ; et c'est ainsi que l'erreur s'insinue à la suite de la vérité.

« Ce sont, disent-ils, les mouvements commu-
« niqués à ces nerfs qui modifient le cerveau. En
« conséquence il réagit et met en jeu les organes
« du corps, ou bien il agit sur lui-même, et de-
« vient capable de produire au-dedans de sa pro-
« pre enceinte une grande variété de mouve-
« ments, que l'on a désignés sous le nom de fa-
« cultés intellectuelles. Le sentiment est une suite
« de l'essence et des propriétés des êtres orga-
« nisés, de même que la gravité, l'élasticité, l'é-
« lectricité, etc. Le cerveau est le vrai siége du
« sentiment. De même que l'araignée que nous
« voyons suspendue au centre de sa toile, il (le
« cerveau) est averti de tous les changements qui
« surviennent au corps, jusqu'aux extrémités
« duquel il envoie ses filets ou rameaux. La sen-
« sibilité du cerveau est un fait. Si l'on nous de-
« mande d'où vient cette propriété, nous disons
« qu'elle est le résultat d'un arrangement, d'une
« combinaison propre à l'animal ; en sorte qu'une
« matière brute et insensible cesse d'être brute
« pour devenir sensible, en s'assimilant et en se
« combinant avec un tout sensible. La sensibilité
« est une qualité qui se communique comme le
« mouvement, et qui s'acquiert par la combinai-
« son ; ou bien elle est une qualité inhérente à

« toute la matière. La douleur fait naître dans le
« cerveau une idée qui a le pouvoir de se repré-
« senter, quand la douleur n'existe plus. Le cer-
« veau, par une série de mouvements, se remet
« alors dans un état analogue à celui où il était
« quand il éprouvait réellement cette douleur. Les
« changements produits dans l'organe intérieur,
« à l'occasion des impressions reçues par les or-
« ganes extérieurs, se nomment perceptions, dès
« que l'organe intérieur les aperçoit et en est
« averti : ils se nomment idées, lorsque l'organe
« intérieur rapporte ces changements à l'objet
« qui les a produits. Toute sensation n'est donc
« qu'une émotion donnée à nos organes : toute
« idée est l'image de l'objet à qui la sensation est
« due. Des différents degrés de mobilité des or-
« ganes résultent l'esprit, la sensibilité, l'imagi-
« nation, le goût, etc. Dès que j'ouvre ma pau-
« pière, il s'excite dans la liqueur des fibres et
« des nerfs dont mes yeux sont composés, des
« ébranlements qui se communiquent au cerveau
« et y peignent l'image des corps qui agissent
« sur mes yeux; c'est ainsi que s'explique le mé-
« canisme de la vue. La mobilité et l'élasticité
« des fibres et des nerfs qui forment le tissu de
« la peau, fait aussi que le cerveau est averti de
« la présence de l'objet que l'on touche et des
« qualités qui affectent le sens du toucher. Les
« corpuscules invisibles et impalpables qui éma-
« nent des corps odorants, portent de même des

« impressions et des idées au cerveau ; ainsi des
« sens, du goût et de l'ouïe. Ces modifications
« successives de notre cerveau, effets produits par
« les objets qui remuent nos sens, deviennent
« des causes elles-mêmes et produisent dans
« l'ame (substance du cerveau); de nouvelles
« modifications, que l'on nomme pensées, ré-
« flexion, mémoire, imagination, jugement, vo-
« lontés, actions, et qui toutes ont la sensation
« pour base. En combinant toutes les sensations,
« les perceptions et les idées qu'on a reçues du
« même objet par divers sens, on a l'idée du tout.
« La pensée n'est donc que la suite des impres-
« sions successives que nos organes extérieurs
« transmettent à notre organe intérieur (le cer-
« veau), lequel jouit de ce que nous appelons
« la faculté de penser, c'est-à-dire d'apercevoir
« en lui-même, ou de sentir les différentes modi-
« fications ou idées qu'il a reçues, de les com-
« biner et de les séparer, de les étendre et de les
« restreindre, de les comparer, de les renouve-
« ler, etc. Non-seulement, notre organe intérieur
« (le cerveau) aperçoit les modifications qu'il
« reçoit, mais encore il a le pouvoir de se mo-
« difier lui-même, et de considérer les changements
« et les mouvements qui se passent en lui, ou ses
« propres opérations ; ce qui lui donne de nouvel-
« les perceptions et de nouvelles idées. C'est l'exer-
« cice de ce pouvoir de se replier sur lui-même,
« qu'on appelle réflexion. La mémoire est la faculté

« qu'a l'organe intérieur (le cerveau), de renouveler
« en lui-même les modifications qu'il a reçues,
« et de les reproduire en l'absence des objets qui
« les ont causées. L'imagination est la faculté qu'a
« le cerveau de se former des perceptions nou-
« velles, d'après celles qu'il a reçues, et d'en
« composer un ensemble nouveau. Le jugement
« est la faculté qu'a le cerveau de comparer les
« idées qu'il reçoit, ou qu'il a le pouvoir de ré-
« veiller en lui-même, pour en découvrir le rap-
« port. La volonté est, dans le cerveau, la dis-
« position d'agir, c'est-à-dire de mouvoir les or-
« ganes du corps, de manière à se procurer ce
« qui le modifie d'une façon analogue à son être,
« ou à se préserver de ce qui lui nuirait. Les pas-
« sions plus ou moins fortes ne sont que les mou-
« vements de la volonté. On a donné le nom d'in-
« telligence à l'assemblage des facultés dont le
« cerveau est susceptible. On a donné le nom de
« raison à une façon déterminée dont il exerce
« ses facultés. On nomme esprit, sagesse, bonté,
« prudence, vertu, etc., des dispositions con-
« stantes de l'organe intérieur (du cerveau) qui
« fait agir les êtres de l'espèce humaine. »

Telle est, mes enfants, la doctrine des matérialistes modernes. Vous voyez qu'autant les anciens faisaient d'efforts pour épurer leur ame et
pour la dégager du limon de la terre, autant ceux-
ci en font pour avilir la leur et la dénaturer. Si,
au lieu de faire du cerveau la substance même

de l'ame, on n'en eût fait que le point central des impressions que l'ame reçoit du corps auquel elle est unie, et de l'action qu'elle y exerce, le reste n'eût été que l'opinion de Locke sur l'*Origine des sensations et des idées*. Mais, lorsqu'à la place d'une substance active, intelligente et sensible, on nous donne pour ame la moëlle du cerveau, et que, par les ébranlements de ses fibres et de ses nerfs, on veut produire dans cette masse la pensée, la réflexion, la mémoire, la volonté, la raison, le génie, qu'on veut que ce soient là ses modes, son action, ses qualités réelles, c'est un délire que j'ai peine à croire, et que je ne puis concevoir.

Vous avez vu que le mouvement le plus simple, transmis d'un corps à un autre corps, est un phénomène inexplicable, si ce n'est pas l'effet d'une première cause et d'une expresse loi. Mais je veux bien supposer un moment que, par leur propre activité, les corps agissent sur nos sens, et que, des sens extérieurs, ces impressions qu'ils reçoivent se communiquent au cerveau, qu'est-ce que les nerfs lui transmettent? Des vibrations, des battements, un reflux de liqueurs vitales. Or, de l'ébranlement des fibres ou du renflement des vaisseaux qui sillonnent cette substance molle, que peut-il résulter physiquement d'analogue au sentiment et à la pensée? Il n'est pas vrai que tous les nerfs aboutissent au cerveau : de quarante paires, il n'y en a que dix qui s'y terminent (les autres ont leur origine dans la moëlle épinière); mais, quand même ils se réuniraient tous au même point, quelle liaison naturelle y aurait-il encore entre leur mouvement et la sensation ou l'idée? Il n'est pas vrai que le nerf optique porte au cerveau l'image de l'objet; mais, fût-il un pinceau fidèle, et le cerveau fût-il la toile où l'objet serait peint, le tableau se verrait-il lui-même? Quant aux objets des autres sens, qu'a de semblable l'aiguillon et la piqûre de l'abeille avec la douleur qui la suit? Qu'a de semblable le chatouillement des houpes nerveuses du nez avec le sentiment de l'odeur de la rose? Qu'ont de semblable les vibrations de la membrane du tympan avec le sentiment d'une douce harmonie? Et cependant les molécules du cerveau, plus ou moins ébranlées, en deviennent, dit-on, capables, non-seulement d'éprouver des sensations, mais de s'en rendre compte et de s'en souvenir; non-seulement de concevoir des images et des idées, mais de les reproduire, de les analyser, et d'en observer les rapports; et les opérations les plus compliquées de l'entendement ne sont que le produit du tressaillement de quelques fibres, communiqué à une moëlle sans ressort. Assurément, j'ignore comment s'opère la pensée; mais il m'est évident que ce n'est pas ainsi.

L'action de tous nos sens se réduit à celle du toucher; je vous l'ai déja dit : c'est une vérité connue. Les globules de la lumière, les molécules de l'air sonore, les corpuscules détachés du corps savoureux ou du corps odorant, ne font tous que toucher et remuer l'organe.

Ce serait donc un étrange phénomène dans la nature, qu'une substance molle, inerte en apparence, fût néanmoins douée d'une mobilité, d'une activité si rapide, que, de l'ébranlement instantané du nerf optique, elle se formerait le tableau distinct, varié, nuancé de tout l'horizon ; que, des vibrations du nerf qui répond à l'oreille, elle extrairait cette multitude d'images, de sentiments et de pensées que fait naître dans l'ame une lecture fugitive ; et ce n'est pas assez des modifications que reçoit le cerveau, il a, dit-on, encore le pouvoir de se modifier lui-même, et de considérer les changements qui se passent en lui ; il a le pouvoir de renouveler en lui-même les modifications qu'il a reçues, et d'en former un ensemble nouveau (comme, par exemple, l'*Énéide* de Virgile ou une *Harangue* de Cicéron) ; et ce pouvoir, d'où lui vient-il ? Des ébranlements qu'il reçoit, du tressaillement de ses fibres, du mouvement des molécules de sa substance médullaire. Ainsi, dans le cerveau, la réflexion, la mémoire, le raisonnement, l'invention, le génie, tout se réduit au mouvement ; et ce mouvement, le cerveau se le donne ; il agit sur lui-même ; et non-seulement il se donne des mouvements qu'il n'a pas reçus, mais il a de plus la faculté de les transmettre, et d'en communiquer qui ne sont pas les siens, et qui n'ont rien qui leur ressemble. Il veut agir sur les organes, et il agit avec autant de célérité que de force. Il donne au cœur, pour chaque battement, une force égale à un poids de cent mille livres. Il veut que tout le corps s'élève à deux pieds de hauteur; et il lui communique une force équivalente à trois cent mille livres pesant. Ce n'est rien que cela : il veut; et tous les nerfs sont émus pour lui obéir, et tous les muscles sont en action pour exécuter sa pensée. Il veut; et les organes de la voix et de la parole se modifient et s'accordent pour énoncer ce qu'il désire; et toute la mécanique du corps humain se dispose et se met en jeu pour répondre à sa volonté; et, de tous les mouvements qu'il dirige, il n'en connaît pas un; son action même est pour lui un mystère; en faisant des prodiges, il ne sait ce qu'il fait.

Mais votre ame spirituelle, nous disent les matérialistes, sait-elle mieux le secret de son action sur les corps et de l'action des corps sur elle? Non; mais Dieu le sait ce secret admirable; et cette action qui vient de lui, c'est lui-même qui la dirige. Dès-lors ce phénomène est, comme tous les autres, l'effet d'une première loi qui est la règle de l'univers. Vous allez bientôt voir que cette loi suprême est le lien de l'ame et du corps; et, par là, rien de plus facile à concevoir que la rapidité, la variété, le concert d'action et de réaction qui s'exerce de l'un à l'autre.

Au lieu que, si, par hypothèse, le mouvement est l'unique principe de l'action entre l'ame et le corps; si la substance du cerveau n'est pas seulement l'organe du sentiment et de la pensée, mais si elle est elle-même, elle seule, l'être pensant, l'être sensible, peut-on dire un seul mot pour expliquer cette mécanique qui ne soit insensé? Oui, mes enfants, tout ce qu'on imagine pour expliquer cet absurde systême, se trouve absurde comme lui.

Car, d'où vient au cerveau cet empire qu'on lui attribue? En supposant même qu'il veuille, d'où lui vient le pouvoir de se faire obéir? D'où vient aux ressorts, aux mobiles du corps humain une si prompte obéissance à la volonté du cerveau, et l'attention, l'intelligence, l'accord, la précision, la vîtesse, l'adresse dont ils lui obéissent, sans que lui-même il sache ni pourquoi ni comment s'exécute sa volonté? Chaque nerf, chaque muscle, chaque fibre aurait donc en soi un instinct, un sentiment juste et précis de ce que le cerveau commanderait; et, tous ensemble, ils se consulteraient, s'accorderaient pour l'accomplir à l'instant, dans tous les instants. Il est impossible, je le répète, que cette hypothèse insensée soutienne un moment d'examen.

La sensibilité du cerveau, nous dit-on, est un fait. Non, certes, ce n'est pas un fait; ce n'est pas même une vraisemblance. Le cerveau est sensible dans le même sens que la fibre et que le nerf est sensible. Il est l'organe ultérieur, aux émotions duquel la nature a attaché le sentiment et la pensée. C'est aussi de ses mouvements que dépendent ceux des organes qui exécutent la volonté. Mais il n'est, dans sa médiation, qu'une cause passive; et la correspondance dont il est le moyen ne suppose dans cet organe aucune sensibilité. Ce pouvait être un globe ou de verre ou de plomb; et de ses oscillations, de ses frémissements les plus imperceptibles, eût dépendu de même le sentiment, et la pensée, et l'action de la volonté, si la suprême intelligence en eût fait une loi.

Mais à celui qui veut que le cerveau soit l'être sensible et pensant, demandez si c'est toute la masse, ou seulement une partie, ou l'une des molécules, et tantôt l'une, tantôt l'autre, qui a tel sentiment, telle idée, tel désir, telle volonté; vous allez voir dans quel labyrinthe d'absurdités il s'enfoncera pour répondre.

Et puis, qu'est-ce qu'une matière brute et insensible, qui cesse d'être brute et qui devient sensible en s'assimilant? Qu'est-ce qu'une combinaison qui donne à une matière brute la sensibilité, la raison, le génie? Pour les parties de la matière, se combiner, ce n'est que se déplacer et se placer différemment. Comment donc, en changeant de place, la molécule qui n'était pas sensible, intelligente, le devient-elle? Et si, dans telle position, elle n'avait pas même le sentiment de son existence, comment l'a-t-elle acquis avec mille autres sentiments, en passant dans un autre lieu ? Plus on remue cet amas de suppositions gratuites, moins on peut comprendre que des hommes de sens se soient mis dans la tête d'en bâtir un système.

Le sentiment, disent-ils, est une suite des propriétés des êtres organisés, de même que la gravité, le magnétisme, l'élasticité, l'électricité, sont de l'essence de certains autres corps.

Vous avez vu que rien de tout cela ne tient à l'essence des corps, et ne devient en eux une propriété, qu'autant qu'elle leur est donnée par la première cause du mouvement, dont la variété produit ces divers phénomènes. Mais est-ce avec du mouvement qu'on fera produire au cerveau les phénomènes de la pensée?

Le cerveau agit sur lui-même. Quelle est sa force pour agir? et quelle est son intelligence? Il devient capable de produire, au-dedans de sa propre enceinte, une grande variété de mouvements. Comment le devient-il? Comment l'a-t-il acquise cette faculté de se modifier, de se mouvoir lui-même? Et, de ces mouvements, que peut-il résulter qui ressemble aux facultés intellectuelles? Quoi! dans la masse du cerveau, par de certaines combinaisons de parties, et en vertu de leurs déplacements et de leurs positions diverses, va se succéder une foule de sentiments et de pensées! Il va se donner à lui-même, et par une action qui lui est propre, le souvenir, la réflexion, la prévoyance, l'invention, la raison, le génie! Avouez, mes enfants, que, pour se refuser à une vérité simple, lumineuse et féconde, il faut se fasciner l'esprit par d'étranges illusions.

Mais enfin est-il impossible que Dieu ait donné à la matière, ou à quelques parties de la matière, les facultés intellectuelles, ou que, non-seulement dans l'homme, mais dans les bêtes, dans les plantes, dans les minéraux même, et dans les éléments dont les mixtes sont composés, un principe d'intelligence, soit graduellement répandu, et que, pour obéir aux lois de la nature et remplir sa destination, chaque molécule ait reçu ce qui lui en était nécessaire? Ces questions à démêler, à éclaircir et à résoudre, seront demain l'objet de nos réflexions.

LEÇON. CINQUIÈME.

La pensée ne peut être un mode de la matière. Objection des matérialistes sur l'union de l'ame et du corps. Réponse à cette objection. Doute de Locke et de Newton. Comment on peut lever ce doute. Hypothèse de l'intelligence répandue et distribuée à tous les corps.

Rien d'étendu n'est simple. Le plus petit atôme a ses dimensions, sa solidité, sa surface, son milieu, ses extrémités. Dans un globule de lumière, les points opposés de la circonférence sont aussi réellement distincts que le sont les pôles du monde. Ce n'est donc que fictivement, qu'en les considérant ensemble qu'on réduit les parties de la matière à l'unité; et, soit que le corps ait plus ou moins de volume, cela est égal : il y a continuité, mais non pas unité et simplicité de substance. Aussi les modes d'une substance matérielle y sont-ils tous distribués partiellement, *minutatim*. Le poli, la couleur, se répandent sur la surface; chaque molécule du corps solide participe à sa dureté; du corps fluide à sa mollesse; du corps brûlant à sa chaleur; du corps grave à sa pesanteur. La forme des corps, leur figure, n'est que la position respective de leurs parties; le mouvement lui-même s'y distribue en raison de leur masse, et en raison de la vitesse que doit avoir chacune d'elles, selon la place qu'elle occupe, pour se mouvoir ensemble et sans se désunir; en sorte qu'un corps n'est jamais qu'une collection innombrable de corpuscules figurés, disposés, unis de telle ou de telle manière, en repos ou en mouvement.

Cela posé, voyons si la pensée, le sentiment, la volonté, sont des modes qui, comme la couleur, la figure, la pesanteur, le mouvement puissent être distribués dans un volume de matière, et divisés entre ses parties.

La pensée, le sentiment, la volonté, sont des modes simples. Ce n'est jamais que dans leurs rapports qu'on les appelle composés. Quel que soit le nombre de ses objets, l'idée est une, le sentiment est un, la volonté est une. Le jugegement, le raisonnement même est, dans l'ame, ou une seule perception, ou une suite de perceptions dont chacune est indivisible. Juger ou raisonner, c'est comparer deux ou plusieurs idées; c'est voir en quoi elles diffèrent ou en quoi elles se conviennent. Or, pour saisir ce rapport des idées, il faut comme un coup d'œil unique. Si l'ame était un corpuscule de matière, ou chacune de ses parties apercevrait le tout de leur objet commun, et chacune serait une ame, une intelligence complète, individuelle et distincte; ou l'une apercevrait l'un des termes de la pensée, et l'autre le terme opposé; alors chacune aurait une idée particulière, sans aucun moyen de se communiquer l'une à l'autre ce qu'elles auraient aperçu. Ainsi, la même molécule ayant mille parties, aurait à-la-fois mille idées, sans aucun point de ralliement pour les réduire à l'unité.

Pour mieux m'entendre, supposez un miroir pensant, où chaque point de la surface ait le sentiment et l'idée du trait qui lui vient de l'objet présenté devant le miroir, autant de points dans la surface et autant de traits dans l'image, autant d'idées particulières. Mais l'idée du tout ensemble, où sera-t-elle? Où sera le juge de la composition, de l'ordonnance du tableau et du rapport de ses parties? Chacun de ces petits miroirs n'ayant reçu qu'une impression isolée, n'aperçoit que ce qui le touche; aucun d'eux ne voit à côté.

C'est ainsi que, d'une ame étendue et composée de parties, quelque petit que fût le volume, chaque point n'aurait que des idées partielles et des notions incomplètes; et, s'il y avait un point central, unique, indivisible, qui vît le tout, c'est là que serait l'ame.

C'est l'hypothèse de Leibnitz; mais elle implique contradiction; car rien de simple et d'inétendu, comme ses *monades*, ne peut se concevoir dans une substance étendue. Comment Leibnitz lui-même pouvait-il concevoir l'immense collection de ses idées et de ses connaissances réunies dans une particule indivisible de matière ? « Il y a l'in-« fini entre un être simple et un être étendu ; et « vous voulez, lui dit Voltaire, que l'un soit fait « de l'autre ! » Mais nous touchons ici à l'objection des matérialistes.

D'abord ils me demandent quel est en moi ce *moi* pensant qui n'est point étendu, qui n'est point figuré, qui n'est ni solide ni fluide, qui réside en un lieu sans l'occuper, sans le remplir; qui sans toucher les corps, sans en être touché, en reçoit l'impression, et réagit sur eux lui-même.

Je commence par leur répondre ce que je vous ai déja dit, que le fonds des substances est impénétrable pour moi; mais que, si la pensée est incompatible avec une substance étendue, et par conséquent ne peut être l'un des modes de la matière, comme je crois le voir évidemment, c'en est assez pour affirmer que ce qui pense en moi n'est point de la matière ; et je me tiens à cet axiôme que, *si de deux contradictoires, l'une est évidemment fausse, l'autre, fût-elle incompréhensible, celle-ci a la force d'une vérité démontrée.* S'il est donc évidemment faux que la matière puisse avoir le don de penser, il m'est démontré que ce qui pense en moi n'est point matériel, quelqu'impénétrable que soit pour moi le mystère de sa substance.

Ce qui passe encore mon intelligence, c'est de

savoir comment une substance inétendue est dans un lieu; car je ne puis me la figurer en rapport avec tels ou tels points de l'étendue matérielle. Mais il m'est évident que mon ame est en moi, puisque c'est en moi qu'elle pense; et le *moi* physique est un lieu. Ainsi, quoiqu'il me soit impossible d'imaginer comment une substance inétendue est dans un lieu, je suis certain cependant qu'elle y est, mais sans l'occuper, sans le remplir; ce qui seul serait impossible.

La dernière difficulté, celle de concevoir comment, dans l'union de l'ame et du corps, un être simple et inétendu et un être matériel agissent l'un sur l'autre; comment une substance, qui n'a aucun point de contact avec les corps, en reçoit les impressions; cette difficulté, le grand argument des matérialistes, a été résolue par deux philosophes célèbres, Descartes et Leibnitz. Le mot qui la résout est que l'action des causes secondes n'est pas réellement leur action; qu'elle s'exerce en elles et des unes aux autres, mais seulement par leur moyen et comme une puissance qui leur est étrangère : c'est ce que Descartes a entendu par *les causes occasionnelles*, et Leibnitz, après lui, par *l'harmonie préétablie*.

L'union de l'ame et du corps, cette correspondance mutuelle et rapide de la pensée et de la volonté avec les sens extérieurs et les organes de la vie, est sans doute un très-grand prodige. Des rayons de lumière frappent mes yeux, une ondulation de l'air effleure mon oreille ; et j'ai le sentiment des couleurs et du son : cela est merveilleux. Je veux parler, et ma langue et ma voix obéissent à ma pensée : cela est merveilleux encore ; et si j'examine en détail les effets de cette relation continuelle, mon esprit s'y confond; ma vie est une suite de phénomènes inconcevables. Mais que l'ame et le corps soient de même nature, ou de nature diverse, le prodige est le même. Vous avez déja vu que, sans une première cause, il est aussi impossible de concevoir l'action d'un corps sur un corps, que l'action réciproque d'une ame sur un corps, et d'un corps sur une ame. Or, dès qu'il ne saurait y avoir, entre deux êtres également créés, aucune puissance d'agir réciproquement l'un sur l'autre qui ne leur soit communiquée, et absolument dépendante d'une volonté souveraine, dès que le mouvement le plus simple, le plus direct suppose nécessairement et une cause qui l'imprime, et une loi qui le dirige; enfin, si l'impulsion d'un atôme donnée à un atôme démontre l'action d'un moteur unique, universel, qu'importe la nature, ou semblable, ou diverse, des êtres par lesquels est transmise cette action?

Action des sphères dans le vide, action des grains de sable contigus dans le plein, action du corps sur l'ame, de l'ame sur le corps, de deux ames l'une sur l'autre, tout cela, mes enfants, est également impossible sans un principe universel et de l'être et de l'action ; et ce principe une fois reconnu, toutes les forces qui en émanent, répandues dans la nature, ne font qu'obéir à ses lois. L'action des ames sur les corps, l'action des corps sur les ames n'est plus qu'obéissance. La volonté qu'elle exécute en est la seule règle et la suprême loi.

Si donc on vous demande comment un esprit peut agir sur un corps, et réciproquement un corps sur un esprit, sans avoir des points qui se touchent, vous demanderez comment les corps célestes agissent l'un sur l'autre sans fluide intermédiaire, sans levier et sans point d'appui; l'un comme l'autre est impossible sans un premier moteur. Mais, à ce moteur universel, l'un et l'autre est facile ; et, quelles que soient les causes secondes ; dès que celui qui leur a donné l'être leur communique l'action, ou l'exerce par leur moyen, elle s'exécute à son gré. Soit donc que les corps soient distants ou contigus, et dans le plein ou dans le vide, soit que deux êtres soient de même nature ou de nature diverse, son action, pour s'exercer de l'un à l'autre, n'exigera ni de l'étendue, ni des parties correspondantes. Le rapport de coëxistence est le seul que suppose cette action. L'Éternel a dit : Lorsque les vents souffleront sur les mers, les mers agiteront leurs vagues, et la même force mouvante a passé des airs dans les flots. Il a dit : Quand la lumière du soleil, brisée dans le prisme, frappera l'œil de l'homme, l'ame de l'homme aura le sentiment des couleurs. Lorsque l'ame de l'homme, libre en sa volonté, commandera que sa langue et sa voix expriment sa pensée, tous les mobiles de sa langue et de sa voix lui obéiront, et je leur en donne la force. Telle est en abrégé la loi des causes occasionnelles, le lien des causes secondes; et c'est ce que Descartes avait vu avant nous.

On s'est moqué un peu légèrement de l'harmonie préétablie de Leibnitz. Mais, par-là, il n'entend que la même loi de relation et de correspondance entre l'ame et le corps, que Descartes avait reconnue. A telle impression que reçoivent les sens, il se produit dans l'ame tel sentiment ou telle idée. A telle volonté, à telle affection de l'ame, il se fait dans le corps telle émotion, tel mouvement. Ainsi la suprême sagesse l'a établi; et, sans cette loi, l'une et l'autre action serait non-seulement inexplicable, mais impossible.

« Voilà donc, nous dit l'incrédule, d'un ton « moqueur, deux pendules correspondantes, dont « l'une marque les heures, et dont l'autre les « sonne? » Oui, deux pendules, dont l'une marque les figures du triangle ou des courbes, et dont l'autre en sonne les propriétés. C'est bien ici le cas de dire : *La montre prouve l'horloger*. Et quel horloger elle annonce!

« Si Dieu ne nous a pas donné, dit Voltaire, « la faculté de produire du mouvement et des

« idées, et si c'est lui qui agit et pense en nous,
« c'est lui qui veut. Non-seulement nous ne
« sommes plus libres, mais nous ne sommes plus
« rien. »

Cette difficulté, pour être résolue, n'a besoin que d'être éclaircie. Si l'on entend que l'homme n'a pas la faculté de produire des mouvements, comme première cause, cela est évidemment vrai; mais cette faculté lui est inutile pour être libre. Pourvu qu'en ce qui doit dépendre de sa volonté les causes secondes lui obéissent, quels que soient le principe et la loi de leurs mouvements, peu importe à sa liberté. Il ne les produit pas ces mouvements, mais il les détermine. A l'égard des idées, il en est un grand nombre que l'homme ne se donne pas. Elles lui viennent par les sens, et son ame n'a point la faculté de les produire. Mais l'analyse qu'elle fait des idées qu'elle a reçues, les résultats de leurs rapports, les nouvelles inductions qu'elle en tire, les mélanges qu'elle en compose, enfin cette foule de connaissances que lui fournissent la mémoire, la réflexion, le raisonnement, le travail volontaire et libre de la pensée, c'est lui qui se les donne, et c'en est bien assez.

Or, l'harmonie préétablie regarde seulement ce qui se passe entre le corps et l'ame en vertu de leur union, et non ce qui se passe dans l'intérieur de l'ame, lorsqu'elle exerce en elle-même les facultés de son intelligence ou l'empire de sa raison.

Je ne veux pas vous dissimuler que l'un des plus sages philosophes modernes, Locke, a mis en doute *si celui qui peut tout ne peut pas faire penser un être matériel.* Voltaire, en citant ces mots remarquables, y a même ajouté : « Plusieurs « personnes qui ont beaucoup vécu avec Locke, « m'ont assuré que Newton avait avoué à Locke « *que nous n'avons pas assez de connaissance de* « *la nature, pour oser prononcer qu'il soit impos-* « *sible à Dieu d'ajouter le don de la pensée à un* « *être étendu, quel qu'il soit.* »

Mais, sans contester un ouï dire, et sans méconnaître le poids que doit avoir en métaphysique un doute proposé par Locke, avoué par Newton, j'oserai demander : Locke et Newton croyaient-ils possible que Dieu lui-même ne fût pas un être simple, indivisible par essence ? et, dans cette essence infinie, éternellement immuable, concevaient-ils mobilité, figure, apposition de parties comme dans la matière ? Assurément, jamais cette ancienne chimère n'a passé par la tête ni de Locke ni de Newton. Leur Dieu, comme le nôtre, était une substance pure, indivisible et simple. Ils reconnaissaient donc en lui l'intelligence et la pensée comme des attributs essentiellement simples. Or, des attributs essentiellement simples ne sont-ils pas exclusivement propres à un sujet simple lui-même et d'une parfaite unité ? Et les croirai-je compatibles avec l'étendue, la divisibilité, la multiplicité de parties physiquement distinctes ? Ce qui est incompatible par essence ne peut jamais cesser de l'être. Les essences sont immuables : Dieu même ne peut les changer. Dieu même ne peut faire que le cercle soit le triangle, ni que la racine d'un nombre en soit le cube, ni qu'une même chose soit simple et divisible. Si donc, dans l'essence divine, la pensée, l'intelligence est l'attribut d'un être simple, et n'admet rien de la substance matérielle, de même, quoiqu'à une distance infinie, la pensée, l'intelligence n'admet rien dans notre ame que de simple comme elle, et en exclut toutes dimensions, toute divisibilité.

Les anciens, sans avoir l'idée nette et pure de la substance spirituelle ni dans l'homme, ni dans Dieu même, avaient cependant reconnu que l'être pensant devait être d'une même nature, soit en Dieu, soit dans l'homme. *Et quidem, si Deus aut anima aut ignis est, idem est animus hominis. Nam ut illa natura cœlestis et terrá vacat et humore, sic utriusque harum rerum humanus animus est expers.* (Cic. Tusc. l. 1.)

En effet, soit dans son excellence et sa perfection infinie, soit dans ses étroites limites et dans son extrême faiblesse, l'intelligence, la pensée est toujours la même en essence ; et, à moins de croire possible que dans Dieu même elle fût l'attribut d'une substance matérielle (ce qui serait absurde), il est inconcevable que, changeant de nature, elle devienne un mode de la matière, dans aucun des êtres vivants.

Mais ce don divin a-t-il été exclusivement accordé à l'homme? ou la suprême intelligence l'a-t-elle aussi graduellement distribué aux animaux, aux végétaux, aux minéraux, aux molécules qui composent les éléments, et qui contribuent à la formation des mixtes?

En répondant à cette question, qui peut s'étendre à la nature entière, je vous avertis, mes enfants, que je me borne à notre globe. Il est possible que les astres qui roulent sur nos têtes soient chacun doués d'une intelligence qui règle et dirige leur cours. Il est possible que, dans l'intervalle infini de Dieu à l'homme, il existe un nombre innombrable de mondes peuplés d'êtres intelligents, graduellement doués, et les uns au-dessus, et les autres au-dessous de l'homme. Abstenons-nous bien de marquer dans l'immensité des bornes à la création. Tout ce qui n'implique pas contradiction, Dieu l'a pu faire ; et, s'il l'a voulu, il l'a fait.

Pour nous, la question proposée se réduit donc à ce petit monde sublunaire. Or, dans ce monde, ce qui m'est d'abord évident, c'est que je suis doué moi-même de sensibilité, d'intelligence et de raison; et j'ai, par induction, presque la même certitude que mes semblables en sont doués. Vous avez vu que le témoignage des sens, lorsqu'il est unanime, universel, invariable, est du nombre des preuves qu'on ne peut révoquer en doute. Il m'est donc évident que l'homme est composé de deux substances; l'une, étendue, divisible et mobile, faisant partie de la matière; l'autre, simple, et indivisible comme l'être qui l'a créée; et douée de sensibilité, d'intelligence et de raison.

Quant à ce qui n'est pas de l'homme, il est possible qu'une obéissance passive aux lois du mouvement opère tout dans la nature; et l'intelligence suprême ayant une fois établi l'ordre de l'univers, elle seule y suffit. Les effets et les causes, tout lui étant soumis, on peut, quand la nature devient mystérieuse, et que le fil des causes secondes échappe aux yeux de l'observateur, on peut, dis-je, se dispenser d'expliquer ce qu'on n'entend pas. On s'est moqué des *qualités occultes* d'Aristote; et que sont de plus, l'*inertie*, la *tendance*, la *résistance*, les *forces vives*, les *forces mortes*, l'*attraction*, l'*électricité ?* etc. Ces mots n'énoncent que des faits. Mais ces faits que le physicien, le chimiste, l'anatomiste, s'efforceraient en vain d'expliquer par les lois communes de nos mouvements mécaniques, ont tous leur cause et leur raison dans la nature, c'est-à-dire dans le système universel des lois que chaque élément, chaque règne, chaque genre, et jusqu'aux espèces, ont reçues de leur auteur. Les phénomènes de la vie et de l'action, les apparences de sensibilité, de volonté, d'intelligence, de dessein dans les animaux, peuvent aussi, quoiqu'avec moins de vraisemblance, être réduits aux lois de l'organisation physique ; et, malgré la répugnance naturelle que nous avons à penser que, dans les bêtes, le mécanisme seul produise tant d'analogie avec les actions, les pensées, les sentiments, les passions de l'homme, il est vrai cependant que l'opinion contraire n'a pour elle qu'une preuve d'induction.

Vous avez donc le choix de l'une ou de l'autre hypothèse, ou du pur matérialisme dans l'animal, comme dans la plante et comme dans les minéraux ; ou d'une distribution graduelle d'intelligence, d'abord dans le règne animal, et puis dans les deux autres règnes, et puis encore dans les molécules élémentaires, que Buffon appelle *organiques*, dont les mixtes sont composés.

Les inductions qui semblent favoriser, en sens contraire, ces deux systêmes, sont inverses l'une et l'autre. D'un côté par analogie des minéraux aux plantes, et des plantes aux animaux, on peut penser que, si la seule assimilation des principes élémentaires, soumis aux lois du mouvement, les assemble et les réunit dans la formation de l'or, du cuivre, du mercure, etc., la même cause peut expliquer la production, la nutrition, l'accroissement, l'organisation dans les plantes ; et de plus, dans les animaux, la vie, l'action, tous les signes de sensibilité, d'intelligence, et d'intention.

De l'autre côté, les rapports apparents de certaines espèces d'animaux avec l'espèce humaine, sont tels qu'il est presque impossible de concevoir des ressemblances si frappantes, sans reconnaître dans l'animal, comme dans l'homme, un principe d'intelligence et de sensibilité; d'où l'on induit que d'espèce en espèce, et par degrés presque insensibles, la même faculté ne fait que diminuer et s'affaiblir, ainsi que s'affaiblissent, sans changer de nature, le mouvement et la lumière. Le fourmi-lion en a reçu sa part comme le lion même; et, lorsque, sur les confins des règnes, on aperçoit la même analogie des animaux avec les plantes, des plantes avec les métaux, on en induit encore que les principes élémentaires, selon l'action qui leur est propre, ont aussi, chacun, quelque lueur d'intelligence, et qu'il n'en est aucun qui ne soit animé.

Et ne vous pressez pas de croire que cette opinion soit absolument chimérique.

Dans l'ancien système d'une ame universelle, *mens agitat molem*, l'erreur était (vous l'avez vu), de donner à cette ame unie à la matière une indivisible unité : en sorte qu'elle fut la même dans la colombe et dans le vautour, dans Anitus et dans Socrate, dans Néron et dans Marc-Aurèle.

Mais, en attribuant aux intelligences particulières leur unité distincte, et en y supposant des différences de facultés indéfiniment graduées, rien ne répugne à l'hypothèse d'une création innombrable et perpétuelles d'ames unies à autant de corps qu'il en a fallu animer.

Il est possible que, du grain de sable jusqu'à l'homme, exclusivement, tout s'opère selon les lois que la suprême intelligence aura prescrites au mouvement, et qu'à l'homme seul ait été réservé le don d'une intelligence individuelle, qui régirait ses actions volontaires, ses mouvements délibérés.

Mais, sans aucun danger, et avec plus de vraisemblance, on peut penser au moins que les animaux ont tous graduellement reçu leur portion d'intelligence. Vous avez déja vu que l'industrie de l'oiseau pour construire son nid, et celle de l'abeille pour bâtir sa cellule, est, au premier essai, d'une perfection qui étonne l'industrie humaine; que le coup d'œil de l'oiseau de proie du haut des nues et la direction de son vol passe en rapidité la pensée du géomètre, et l'égale en justesse.

Et, lorsqu'on en vient aux espèces, dans lesquelles d'abord l'intelligence et la volonté, et puis toutes les passions se développent, la ressemblance de leur ame avec celle de l'homme est telle qu'il est presque inutile de vouloir en douter. Un être qui entend mon langage, qui lit dans mes yeux ma pensée, ma joie ou ma tristesse, ma colère ou mon amitié; qui exécute mes ordres, qui observe mes défenses; qui m'avertit du danger que je cours; qui, en hésitant à m'obéir, me fait entendre ou que je me trompe, ou que je lui ordonne l'impossible ; enfin qui quelquefois me juge et me fait voir qu'il sent si le châtiment qu'il reçoit, est juste, ou s'il ne l'a point mérité, cet être, dis-je, me force à croire qu'il a une ame de la nature de la mienne; et, ce pas une fois franchi, je ne sais plus où je dois m'arrêter. Car, si le chien fait reconnaître en lui une ame sensible, intelligente, aimante, comment refuserai-je une ame d'un autre caractère, mais de même nature, à l'animal sauvage en qui l'on voit tant de ruse et d'adresse; tant de courage et de hardiesse, lorsqu'il est le plus fort; tant de timidité, tant de précaution, lorsqu'il est le plus faible? De là, qu'on descende aux espèces qui n'ont d'instinct que ce qu'il leur en a fallu pour vivre et se régénérer, dira-t-on que cette faible lueur d'intelligence est d'une autre nature que celle des autres espèces et des premières classes parmi les animaux? L'huître et le polype d'eau douce savent pourvoir à leurs besoins.

Là, finissent les signes de sensibilité; et là, sans limite distincte entre l'animal et la plante, le règne végétal commence. Mais n'y a-t-il plus aucun rapport d'analogie entre la plante et l'animal? Dans la plante, l'action n'est pas visible; mais en est-elle moins réelle? Si l'animal choisit avec discernement la nourriture qui lui convient, la plante, avec la même sagacité, ne choisit-elle pas la sienne; et ses racines, pour la chercher dans les veines d'un sol ingrat, ne savent-elles pas se replier, s'étendre et s'insinuer en tout sens?

Avec le même soin que l'animal protége et défend ses petits, la plante conserve sa graine et enveloppe ses bourgeons. Les plantes se marient, ou se fécondent elles-mêmes. Celles dont les tiges sont faibles, comme la vigne et le lierre, semblent avoir l'instinct d'embrasser un appui, et la nature leur a donné comme des mains pour le saisir. Combien ne trouverais-je pas encore de caractères d'analogie et de ressemblance entre l'animal et la plante, dans les organes de la vie, dans les germes qui les produisent, et dans leurs développements, leur croissance et leur décadence; dans cette succession d'âges, de l'enfance à l'adolescence, à la jeunesse adulte, à la pleine vigueur; et de ce période à l'affaiblissement de leurs facultés naturelles, à la vieillessse, et à la mort? Mais ces vicissitudes qui, dans l'homme lui-même, n'ont rien de volontaire, supposent encore moins dans l'animal et dans la plante aucun instinct qui en soit la cause; et, si quelque intelligence particulière s'y fait apercevoir, ce n'est plus celle de l'individu, mais des parties qui le composent.

Quoi! chaque partie organique des corps vivants, le muscle du cœur, le poumon, l'estomac, les viscères, les nerfs, les fibres mêmes, chacun des éléments chimiques, chaque particule de l'air, de l'eau, de la lumière, aurait aussi son ame, sa parcelle d'intelligence!

Avant de rebuter cette hypothèse, observez, mes enfants, que, dans les mouvements d'effroi, le cœur se rétrécit, et qu'il s'enfle dans la colère; que l'estomac s'irrite et se soulève contre ce qui lui est pénible ou malfaisant; que les fibres palpitent et que les nerfs frémissent aux approches de la douleur; que l'œil se ferme de lui-même, quand trop de lumière le blesse; que la main se refuse à certains mouvements, et résiste à la volonté.

Observez qu'en chimie les acides, les alcalis, les sels de toute espèce semblent avoir réellement des aversions mutuelles, des inclinations, des prédilections; qu'ils s'unissent, qu'ils se combattent, qu'ils s'allient, ou qu'ils font divorce pour former d'autres alliances. Mais observez sur-tout que, pour être dociles et fidèles aux lois des mouvements qui leur sont propres, il faut absolument, ou que dans la nature les parties élémentaires qui composent les corps soient immédiatement dirigées dans leur action par l'intelligence suprême, ou qu'elle leur ait accordé une espèce d'instinct, pour se conduire selon ses lois. Car la matière en soi n'a rien qui la décide à se mouvoir de telle ou de telle façon : toute préférence est un choix qui suppose une intelligence.

Buffon, pour expliquer ce qu'on appelle tendance, attrait, affinité, assimilation des parties élémentaires, dans la formation et la nutrition des plantes et des animaux, dans la concrétion des minéraux, des marbres, des crystaux, etc., a imaginé des molécules *organiques*, qui vont se placer d'elles-mêmes, se combiner, s'unir pour former, les unes des chairs, d'autres des os, etc. ; les unes du bois ou de l'écorce, d'autres des feuilles ou des fruits; celles-ci du fer ou du cuivre, celles-là du plomb ou de l'or.

Si par-là Buffon n'a voulu énoncer qu'un fait, rien de plus vrai ni de plus clair. Mais, si, par ce mot d'*organiques*, il a prétendu assigner à ces corpuscules quelque qualité directrice, quelque tendance naturelle et physique, rien de plus obscur et rien de plus imaginaire. Tout mouvement réglé, toute direction prescrite et distinctement observée, suppose intelligence. Ainsi, lorsque dans l'animal le chyle se divise et distribue aux chairs, aux os, à la substance médullaire, etc. ce qui leur en revient, ou l'intelligence suprême préside à ce partage, ou chaque molécule, une fois douée de la parcelle d'intelligence nécessaire à son action, va d'elle-même se placer et s'unir à ses analogues. Il en est de même des sucs que contient la sève des plantes, et qui, distribués chacun dans leurs canaux, vont former le bois et l'écorce, les feuilles, les fleurs et les fruits.

Ainsi, dans la nature, il est possible que tout soit animé; et cette hypothèse est ce qu'il y a de plus contraire au matérialisme. Il est possible aussi qu'au moins sur notre globe, l'espèce humaine soit la seule qui soit douée du don divin de la pensée, et qui sur elle-même exerce l'empire de la volonté. Mais, entre ces deux hypothèses, il y avait un milieu à prendre, et vous savez que je l'ai pris. Tout ce qui, dans la nature, peut s'attribuer avec vraisemblance aux lois du mouvement une fois établies, je ne le suppose conduit que par ces lois, multipliées autant qu'il a fallu dans le dessein de l'Éternel. Quant aux détails et aux rapports sans nombre que le plan de ces lois embrasse, je n'y vois qu'un simple coup d'œil d'une providence infinie. Rien n'est minutieux pour elle; et ceux-là me semblent tombés dans une erreur bien vaine, qui trouvent indigne d'un Dieu le soin des petites choses; comme si les battements du cœur d'un ciron et les révolutions des astres, tout n'était pas égal aux yeux de celui qui a tout fait.

Je me borne donc à penser qu'il est au moins très-vraisemblable que les animaux soient tous graduellement doués d'une ame sensible et pensante. Bien entendu que ces facultés ne soient point des qualités de la matière, et qu'à chaque espèce vivante soit mesuré le sentiment et l'instinct intellectuel, en proportion de ses besoins, selon la place qu'elle occupe dans l'ordre de la création. Mais ce n'est là qu'une hypothèse.

Ce que je ne mets pas en doute, et ce qui n'est pas seulement vraisemblable, mais évident pour nous, c'est qu'au moins sur ce globe, le chef-d'œuvre du créateur, c'est l'ame de l'homme; que nul être vivant n'approche de l'intelligence et des hautes facultés dont elle est douée, et que cette prééminence suffirait seule pour annoncer la destination qui l'élève au-dessus de tout ce qui respire.

LEÇON SIXIÈME.

Prééminence de l'espèce humaine entre tous les êtres vivants qui peuplent le monde terrestre. Présage d'immortalité. Liberté morale.

Ce serait peut-être un excès de vanité dans l'homme, que de se croire l'objet central du grand dessein de la nature, et de se persuader que l'univers est fait uniquement pour lui. Mais si ce n'est dans l'homme qu'un sentiment de dignité et de reconnaissance, que de se regarder dans sa petite sphère, et sur le globe qu'il habite, comme l'objet de prédilection et de faveur, dans le partage que le créateur a daigné faire de ses dons, ce sentiment est juste et il est très-fondé.

L'homme n'est pas le premier des êtres vivants pour la force, l'agilité, le courage, la finesse des sens et la sûreté de l'instinct. Mais il les surpasse tous de si loin en intelligence et en industrie; le don de perfectibilité qui lui est presque absolument propre, l'adresse de la main, l'usage de la parole, le génie inventif, la mémoire, la prévoyance, l'esprit social, ont suppléé à tout le reste avec tant d'avantage, qu'il a su se rendre redoutable au tigre et au lion, subjuguer le taureau, captiver l'éléphant, emprunter sur les mers la vîtesse des vents, celle des flèches dans les airs, celle du cheval sur la terre; multiplier ses forces naturelles, se donner un œil plus perçant que celui du lynx ou de l'aigle, ajouter à l'adresse prodigieuse de sa main la finesse, la sûreté, la justesse, la force d'une infinité d'instruments, qui perfectionnent en lui le mécanisme de la nature, et s'élever par artifice autant au-dessus de lui-même, qu'il est par lui-même au-dessus de tous les êtres vivants.

Dans son premier état de solitude, nu, sans armes, sans abri, la terre n'eût été pour lui qu'un désert vaste, peuplé de monstres, dont souvent il était la proie. Mais, lorsque avec le temps l'espèce humaine s'est étendue, multipliée, associée, et que l'homme a pu marcher en troupe, il a fait reculer devant lui les bêtes féroces, il a purgé la terre de ces animaux gigantesques, dont on retrouve encore les ossements énormes; il a réduit à un petit nombre d'individus les espèces voraces ou nuisibles; il a opposé les animaux aux animaux, captivant les uns par l'adresse, domptant les autres par la force; et, en les écartant, il s'est fait de la terre un empire qui n'est borné que par des lieux inaccessibles, par des solitudes profondes, par des sables brûlants, des montagnes glacées ou de sombres cavernes, dernières retraites des animaux farouches qu'il n'a pu subjuguer.

Ce qu'on dit en faveur de l'instinct des bêtes,

pour déprimer la raison humaine, n'est qu'une frivole déclamation. Les plus industrieux des animaux ne savent que très-peu de choses. L'oiseau fait bien son nid, l'abeille sa cellule, le castor sa digue et sa loge ; le renard guette adroitement sa proie ; l'éléphant et le chien entendent la voix de l'homme, et lui obéissent ; mais que ne fait pas l'homme, et de quoi l'action de son ame sur elle-même ne l'a-t-elle pas rendu capable? Quels avantages il a tirés des leçons de l'expérience, des indications du hasard, de l'exemple des animaux! l'invention et l'usage du feu, la fonte des métaux, la navigation, les mécaniques, l'astronomie, la chimie, l'écriture, l'imprimerie, les arts, les lois, l'économie et l'ordre de la société, font de l'homme, sans contredit, le prodige de notre globe, comme il en est le souverain.

Jusque-là cependant il serait possible de croire que, depuis la plante jusqu'à l'animal, depuis l'animal jusqu'à l'homme, en s'élevant d'espèces en espèces par des accroissements de sensibilité, d'intelligence et de raison, la nature n'aurait voulu former qu'une échelle de productions diverses et renchérir sur son propre ouvrage. Car, en effet, de règne en règne, des minéraux aux plantes, et des plantes aux animaux, le passage est imperceptible, et les limites se confondent. Enfin, à ne juger de l'espèce humaine que par l'homme sauvage, tel qu'on l'a vu dans certains climats, presque borné comme la brute à l'unique soin de sa vie et aux mouvements de l'instinct, l'intervalle de l'un à l'autre n'est pas assez marqué pour rendre absurde l'opinion, que l'homme ne fait que tenir sa place dans cette collection graduelle d'êtres créés et périssables dont l'univers est composé, sans autre destinée pour les individus que de perpétuer les espèces et de périr successivement après un moment d'existence.

Mais, lorsque dans les facultés de l'homme, développées par les moyens que la nature lui en a donnés et dont il a su faire usage, on distingue, non-seulement la supériorité d'intelligence et d'industrie dont je viens de parler, mais cette finesse de perception, cette étendue de mémoire, cette suite d'idées, cette profondeur de méditation, ces longs calculs, et sur-tout cette transcendance, cette élévation de pensées qui transporte son ame au-delà des objets sensibles, et jusqu'au sein de la divinité, ou qui la fait descendre en elle-même et y sonder le mystère de son essence ; alors on commence à douter qu'un être ainsi doué ne soit, comme les autres êtres, qu'une pièce fragile du mécanisme universel, et n'ait pas quelque destination plus digne de la bonté de son auteur.

Car, s'il est vrai que Dieu ait voulu faire un spectacle de l'univers, et y étaler sa magnificence, ce n'est pas pour lui-même qu'il l'a produit. Il a voulu donner à ce spectacle des témoins dignes d'en jouir ; et ici-bas il nous est évident qu'il n'y a que l'homme qui en jouisse. Il est donc plus que vraisemblable que Dieu aura voulu perpétuer le souvenir de ces merveilles, et l'existence de ces témoins. *Non mortui laudabunt te*, est un grand mot, à le bien entendre.

Observez, mes enfants, que le créateur n'a donné à chaque espèce d'êtres que les facultés relatives à sa destination. Les éléments des corps peuvent savoir se combiner, s'allier et se désunir pour composer les mixtes et les décomposer, suivant les lois prescrites à leurs vicissitudes. La plante peut savoir germer, se nourrir, se développer, vivre le temps donné à sa durée, produire ses fleurs et ses fruits et se reproduire elle-même. Chaque animal est pourvu de l'instinct nécessaire à son existence et relatif à ses besoins; chacun tient à la vie, répugne à la douleur; et plus l'existence est pour lui fragile et passagère, plus il s'empresse de suppléer à sa destruction par sa fécondité; les plus périssables sont ceux dont l'espèce se régénère avec le plus de promptitude et d'abondance; ceux dont la reproduction est rare et lente, et dont la vie ne laisse pas d'être exposée à de grands périls, sont aussi ceux que la nature a le mieux pourvus des moyens de la conserver, et de protéger leurs petits. Il n'y a point de meilleures mères que la lionne et la tigresse. Ainsi chaque espèce est munie de ce qui lui est nécessaire; mais aucune d'elles n'a rien d'inutile et de superflu.

Si donc la destination de l'homme ne s'étendait pas au-delà de la vie, et s'il était compris dans la classe commune des êtres vivants et périssables, qui ne font en passant que se régénérer pour perpétuer leur espèce, et former successivement le spectacle de l'univers, ses facultés se réduiraient à remplir cet objet unique, à-peu-près comme celles des autres animaux. Faible et presque sans armes contre les bêtes voraces, il aurait eu, comme le castor, l'instinct de murer son asyle : l'adresse de la main lui aurait servi à se mettre en état de défense contre les forts, et d'attaque contre les faibles; il aurait inventé la flèche et l'hameçon, peut-être aussi le feu; il se serait vêtu de la dépouille de sa proie. La longue imbécillité de l'enfance de ses petits lui aurait fait une loi de les nourrir, de les garder, de les défendre; de là, l'union du père et de la mère, et la société domestique. A la souplesse, à la mobilité des organes de la parole, se serait joint le désir de se faire entendre; de là, l'invention des langues. Une famille seule n'étant pas suffisante pour vivre en sûreté, le besoin réciproque en aurait joint plusieurs ensemble; et de là les peuplades. Dans cette société nombreuse, les volontés venant à se combattre et les passions à s'allumer, pour les mettre d'accord et les tenir en paix, on se serait imposé des lois. La société s'étant multipliée, la chasse n'aurait pu suffire à ses besoins; de là, l'homme pasteur. Les sociétés voisines se seraient disputé les troupeaux et les pâturages; de là, l'homme guerrier. Le produit des troupeaux n'aurait pu lui-même suffire à l'accroissement des peuplades; de là, l'homme cultivateur. Entre le laboureur, le pasteur, le chasseur, il se serait fait des échanges; de là, l'homme négociant. Des climats doux, des bords fertiles, au-delà des lacs et des fleuves, auraient tenté de jeunes colonies, trop à l'étroit dans leur pays natal; de là, l'homme navigateur. Les premiers besoins ayant essayé l'industrie, les premiers arts l'ayant exercée, et de nouveaux besoins ou de nouveaux désirs l'excitant à s'ingénier, elle aurait inventé d'abord les arts qui procurent à l'homme une existence plus commode et plus douce, et par degrés les arts de luxe. Tel pouvait devenir enfin l'homme de la nature, et ce n'eût été jusque-là que le plus habile des animaux.

Mais, s'il n'avait eu que la sûreté, les douceurs, les délices même de la vie à se procurer; si son ame, comme celle des animaux, avait dû périr avec les sens dont elle aurait joui; à quelle fin lui aurait été donnée cette intelligence si étendue hors de la sphère de ses besoins; ce long souvenir du passé; cette prévoyance inquiète d'une destinée à venir; ce cercle d'idées qui embrasse les possibles; ce don d'analyser, de généraliser, d'étendre ses perceptions, d'en former des ensembles, et d'en tirer des résultats; de se replier sur ses pensées ; de démêler ses sentiments ; de remonter des effets aux causes, et jusqu'à la cause première ; d'entrevoir, ou plutôt de pressentir une autre vie après la vie ; de se douer lui-même, en espérance, d'une immortalité, dont l'idée ne lui est venue par aucun sens ?

A quoi bon, s'il n'a dû que vivre, se régénérer et mourir ; à quoi bon sa métaphysique ; cet esprit de méditation, d'abstraction, d'analyse ; ces longues suites d'inductions ; cette curiosité avide, impatiente, infatigable ; ces élans obstinés de sa pensée vers des objets de contemplation presque inaccessibles pour lui ; enfin cette tendance irrésistible vers le principe de son être ? S'il n'en résulte que des erreurs, que lui servent ces songes ? S'il en résulte des lumières, que lui servent ces vérités ? L'homme ainsi constitué, sans but et sans dessein, ne serait qu'un vain assemblage d'illusions et d'inutilités : ce serait le seul être à qui la nature aurait prodigué ce dont il n'avait pas besoin.

Non, mes enfants, il n'en est pas ainsi, nul être ne s'égare hors des voies de la nature. Chacun remplit sa place et sa destination. L'oiseau ne tente point de fendre les eaux à la nage, ni le poisson de nager dans l'air ; et, si l'homme s'élance vers des objets sublimes, étrangers à son existence, c'est qu'il y a pour lui encore une existence à laquelle ils ne seront point étrangers.

Dieu a voulu donner à la création des témoins

éclairés, sensibles, raisonnables, pour l'adorer dans ses ouvrages; il est possible et vraisemblable qu'il en ait peuplé d'autres mondes; il est certain que dans celui-ci c'est à l'homme exclusivement qu'est réservée cette fonction éminente: privilége qui seul explique la supériorité d'intelligence et de raison dont il est doué. *Les cieux racontent* et l'homme entend. Ce que les anciens observaient de l'attitude du corps de l'homme debout, et regardant le ciel,

> *Os homini sublime dedit, cœlumque tueri*
> *Jussit.*

est encore plus vrai de son ame.

Plus d'un animal est susceptible d'amitié, de reconnaissance, soit envers son semblable, soit envers l'homme auquel il s'est associé, ou dont il a reçu des soins et des bienfaits. L'éléphant s'en souvient, et il y est sensible. Le chien a mérité d'être l'exemple et le symbole d'une amitié fidèle et tendre; dévoué à son maître, dès qu'il l'aime une fois, il lui pardonne tout; il vit pour lui bien plus que pour soi-même; sans cesse occupé à lui plaire, à le servir, à le garder, à le défendre au péril de sa vie, il lit dans ses yeux sa pensée, sa volonté, sa joie ou sa tristesse; et, selon qu'il le voit inquiet ou tranquille, affligé ou content, il s'inquiète ou se rassure, le plaint et le console, ou se réjouit avec lui; très-souvent, par sa vigilance et par sa prudence attentive, il supplée à celle de l'homme, et l'avertit du danger imprévu dont il est menacé. Mais, au-delà de ce cercle étroit d'affections individuelles, et du sentiment de ses propres besoins, l'animal est indifférent; la nature lui est étrangère. La beauté, la magnificence, l'ordre et l'ensemble de l'univers ne sont point un spectacle pour lui. Ce qui lui est bon, ce qui peut lui nuire, c'est tout ce qui le touche; et cela seul absorbe toute son attention. L'homme est donc le seul être contemplatif que l'Éternel ait mis sur notre globe. Or, pourquoi n'aurait-il voulu se donner qu'un adorateur éphémère, dans l'être qu'il aurait formé pour être le témoin des merveilles de sa puissance? Ne l'aurait-il si singulièrement favorisé que pour le détruire aussitôt qu'il l'aurait produit? Ne lui aurait-il donné pour le connaître, l'adorer, le louer, que ce moment de vie et d'adoration? Se plairait-il à voir tomber successivement et sans cesse dans le néant et dans l'oubli d'eux-mêmes des êtres pénétrés du sentiment de sa grandeur et de sa gloire? Et, s'il eût destiné l'ame de l'homme, comme celle des animaux, à cet anéantissement rapide, l'eût-il voulu tromper, en laissant naître en elle l'espoir et le désir de le louer éternellement et de s'élever jusqu'à lui?

Un être simple n'est destructible par aucun accident physique, par aucun moyen naturel. Il ne donne prise à l'action d'aucune des forces mouvantes. Indivisible par essence, il n'est sujet à aucune dissolution, et ne peut cesser d'être que par la volonté qui lui a donné l'existence. En supposant donc les animaux doués d'une ame de même nature que celle de l'homme, elle ne peut de même être détruite par aucun agent matériel. Mais, si Dieu l'a voulu, elle s'éteint avec la vie, elle s'évanouit comme le mouvement; et, si Dieu l'eût voulu, celle de l'homme aurait le même sort. Mais en conclure qu'elle est réellement mortelle, c'est de toutes les conséquences la plus gratuite et la moins raisonnable; car vous voyez, par les fonctions que remplit l'ame des animaux, que sa destination cesse au terme de la vie; au lieu que la destination de l'ame de l'homme à peine a commencé. Intelligence contemplative, elle n'a vu qu'à travers un nuage les merveilles dont l'Éternel a voulu la rendre témoin; et ce ne sera qu'en se dégageant de ses voiles matériels, qu'elle jouira pleinement de la vue du grand ouvrage, et de celle de son auteur.

Mais une preuve encore plus sensible de la spiritualité de l'ame de l'homme et de son immortalité, c'est le caractère moral qu'il ne peut méconnaître dans ses actions volontaires, et qui, comme une empreinte ineffaçable, l'a toujours distingué de tous les autres animaux.

Vous venez de voir que, si le cercle de la vie était pour l'ame de l'homme la période de l'existence, elle aurait reçu de la nature un excédent de facultés inutiles à ses besoins. Mais ce qui serait plus singulièrement superflu et hors d'œuvre dans sa constitution, ce serait la moralité des actes qui émanent de sa volonté réfléchie, et la conscience qu'elle a du bien et du mal qui procèdent de ces actes délibérés.

Si dans la nature tout était mécanique et nécessaire, ce serait bien évidemment une chimère que la morale; car une pendule n'en a point. La distinction du bien et du mal moral, du vice et de la vertu, de la malice et de la bonté, n'est raisonnable qu'à l'égard d'un être agissant par sa volonté, et dont la volonté dépende d'elle-même.

Tout ce qui se passe dans l'homme, ne s'y opère pas volontairement : il s'exécute en lui une infinité de mouvements, dont il n'a pas même la connaissance. Durant quarante siècles le sang a circulé dans ses veines à son insu. Il en est de même de tous les mouvements organiques du corps humain. Mais il y en a que sa pensée détermine et dirige à l'effet qu'elle se propose; et, quoique ces mouvements soient encore un mystère pour son entendement, ils ne laissent pas de dépendre immédiatement de sa volonté. Il ne sait point par quel mécanisme sa main remue son épée ou sa plume; mais il ne peut douter que ce ne soit à sa volonté que sa main obéit. Ainsi le mouvement de sa plume ou de son épée est un mouvement volontaire. Mais ce mouvement volontaire est-il libre, c'est-à-dire, la volonté qui en détermine l'action, avait-elle le pouvoir de s'en abstenir, et celui de choisir entre l'action et l'inaction, ou entre mille autres actions diverses? Cette difficulté a pris naissance dans l'école moderne. Elle est si subtile et si vaine, que les anciens n'y avaient jamais pensé. Qui de nous, en effet, doute qu'il ne fût libre de ne pas vouloir ce qu'il veut; de vouloir ce qu'il ne veut pas? Et je vous demande à vous-mêmes, lorsqu'on vous propose le choix de la promenade ou de l'étude, et que vous préférez la promenade, ne sentez-vous pas bien qu'il dépendait de vous de préférer l'étude; et que l'attrait de la promenade n'était pas assez fort pour faire violence à votre volonté? Il en est de même de tous les actes libres. C'est un point sur lequel on a beau vouloir se faire illusion à soi-même par des sophismes, aucun des sophistes qui nient la liberté de l'homme, ne croit sincèrement n'être pas libre; aucun n'agit comme ne l'étant pas; aucun ne regarde son semblable comme une machine ou bienfaisante ou malfaisante; aucun ne s'attendrit pour l'arbre qui lui donne du fruit, ou pour la source qui le désaltère, comme pour l'homme secourable et libéral qui le soulage dans ses besoins; aucun ne se plaint de la montre infidèle qui l'a trompé, comme il se plaint de l'homme qui manque à sa parole. Même à l'égard des animaux, le prix qu'on attache à leur bonté ne ressemble point à l'estime qu'on attache aux vertus de l'homme. L'aversion qu'ils inspirent, n'est point le sentiment moral qu'on a pour le vice et le crime. On ne hait pas un tigre comme un Néron, ni un serpent comme un Tibère. On aime dans son chien ses qualités sociales, son caractère docile et doux, sa fidélité, son dévouement, la sensibilité qu'il témoigne et qu'il sait si bien exprimer. Mais l'amitié qu'il nous inspire, toute ressemblante qu'elle est à celle de l'homme envers l'homme, ne lui attribue qu'une bonté d'instinct sans aucune moralité. Et lors même que nous voyons ce fidèle animal, sécher d'ennui en l'absence de son maître ; ne pas quitter le bord de son lit, lorsqu'il est malade ; ne pas vouloir s'en séparer, lorsqu'il est mort ; se refuser dans sa douleur aux besoins de sa propre vie ; l'accompagner à la sépulture, et quelquefois mourir sur son tombeau, sans qu'on puisse l'en détacher ; alors même avons-nous pour lui cette estime que nous inspire un ami véritable parmi les hommes? Nous fait-il éprouver ce que nous ressentons en lisant ces mots de l'ami d'Euryale :

Me, me adsum qui feci; in me convertite ferrum,

ou ces mots de Pylade : *C'est moi qui suis Oreste?*

Non, mes enfants ; nous reconnaissons dans les animaux des qualités de naturel et d'habitude, une volonté d'impulsion ou d'attrait, décidée par l'objet présent et sensible. Mais une volonté réfléchie et délibérée, qui se possède, se consulte, et se détermine elle-même, qui de loin médite et balance les motifs de son choix; qui, dans ses résolutions même les plus précipitées, sent qu'elle exerce une activité qu'il dépend d'elle de modérer, de réprimer, de diriger en sens contraire, nous ne l'attribuons qu'à l'homme. Nous éprouvons qu'elle est en nous; et de là ces ressentiments du bien ou du mal qu'on nous fait, ce blâme, ces éloges, ces mouvements de reconnaissance, d'indignation, de honte de nous-mêmes, de mépris ou de haine pour les vices d'autrui, et ces noms de juste ou d'injuste, de vertueux, de criminel, que nous donnons aux actes de la volonté, noms qui seraient absurdes si ces actes n'étaient pas libres.

Ils ne le sont pas tous. Il en est qu'une impulsion rapide et violente détermine avant que l'ame ait eu le temps d'y réfléchir. Le saisissement de la peur, l'emportement de la colère, en général, le trouble, le délire des passions, est trop souvent tel, qu'il ne laisse ni à la raison le temps de se consulter, ni à la volonté le pouvoir de se refréner elle-même. Ce qui résulte de ces mouvements est une action purement animale, et n'a aucune moralité. Le crime ainsi commis peut être punissable dans sa cause éloignée, lorsqu'elle a été volontaire; mais, s'il n'a pas dépendu de l'homme d'en prévenir, ou d'en prévoir l'effet, il n'est plus censé criminel. Il dépend de l'homme de se préserver des transports de l'ivresse, mais non pas de ceux de la fièvre. Il est même assez remarquable que, parmi les plus vindicatifs de tous les peuples, chez les sauvages du Canada, l'homme ivre est épargné comme un enfant. On le contient, mais on le respecte; et quelque mal qu'il fasse, on ne s'en venge point. Tant il est vrai que, chez les nations même les plus incultes, c'est par la liberté morale que l'on juge les actions.

Il y a donc des moments où l'ame de l'homme ayant perdu tout empire sur elle-même, est semblable à celle des bêtes. Mais dans son état naturel, lorsqu'elle se possède et qu'elle peut se consulter, elle éprouve, avec un sentiment irrésistible, que l'action de sa volonté, réfléchie et délibérée, est un acte de liberté.

Ce sentiment a tant de force qu'il arrache au criminel l'aveu de la justice de son arrêt. Quel homme osera donc nous soutenir qu'il n'est pas libre, puisque ce malheureux, à l'aspect du supplice, qui va punir l'abus qu'il a fait de sa liberté, n'ose pas la désavouer?

Oui, mes enfants, il faut se refuser à l'évidence du sentiment le plus intime, il faut se démentir à chaque instant soi-même, et s'étourdir sur le témoignage des actions de toute sa vie, pour se dire à soi-même qu'on n'est pas libre. Or, ce dont nul homme ne doute sincèrement, et n'a jamais douté; ce dont ne peut douter celui-là même qui le nie; ce qui résiste à toutes les difficultés d'un raisonnement captieux, à toutes les subtilités d'une astucieuse dialectique ; ce que l'homme sauvage, l'homme inculte croit naturellement et sans y penser; ce que l'homme éclairé se sent forcé de croire, en y pensant, et en s'efforçant d'en douter, est une de ces vérités de sentiment sur lesquelles il paraît inutile de raisonner. Mais nous avons encore, sinon des incrédules à convaincre, au moins des sophistes adroits et fallacieux à confondre; et les vérités que nous avons à établir sur les ruines de leurs erreurs, sont d'une si haute importance, qu'il est bien juste d'y consacrer encore au moins une de nos leçons.

LEÇON SEPTIÈME.

Objections et difficultés à résoudre contre la liberté de l'homme. Objection des matérialistes. Objection des fatalistes. La liberté est une preuve de l'immortalité de l'ame. L'immortalité ne peut être qu'un attribut de la liberté.

C'est une idée qui paraît grande et vraisemblable au premier aspect, mais qui, à l'examen, se trouve minutieuse et fausse, que celle d'un enchaînement étroit et continu entre tous les événements physiques et moraux qui se succèdent dans la nature. Si l'on en croit les matérialistes et tous les partisans de la nécessité, tout est lié dans l'univers. Toutes les pièces de cette machine se correspondent et se tiennent si exactement engrenées, qu'un seul des mouvements interrompu ou dérangé, l'univers entier croulerait; tout l'ordre en serait renversé.

Ainsi l'on regarde le monde comme une montre délicate et fragile, qu'un grain de sable détraquerait; et la conséquence immédiate qu'on tire de cette hypothèse, est qu'il n'y a point dans la nature d'actions librement volontaires; car, s'il y avait un seul agent dont la volonté versatile pût à son gré suspendre, accélérer, retarder, ou changer un seul des mouvements de la machine universelle, la continuité des causes et des effets serait interrompue et l'ensemble en serait détruit.

Je dis, mes enfants, que cette idée est puérile et minutieuse, comme toutes celles qui assimilent l'ouvrage d'un Dieu à celui de l'homme. Quoi! dans le mécanisme de l'univers, un papillon de plus, un atôme de moins, en dérangerait la structure, en ferait cesser l'harmonie! et dans nos mécaniques même de petits accidents, de légères variétés, en dérangent-elles l'accord? une mouche, un oiseau sur l'aile d'un moulin l'empêchent-ils d'obéir au vent? et qu'est-ce autre chose dans le mécanisme du monde, que l'accident qu'y peut causer l'action d'une volonté libre?

Il n'est pas vrai que dans la nature tout soit lié, comme on l'entend. Les globes célestes sont des roues qui ne s'engrènent point, et la cause motrice de leurs révolutions est au-dehors et au-dessus de la mécanique du monde. Sur notre globe même il se déploie des mouvements qui ne sont point transmis. Le feu de l'incendie n'est point transmis par l'étincelle. Le mouvement de la bombe ne dormait point dans le mortier. Toutes les grandes explosions de la force mouvante passent les moyens mécaniques. Je vous l'ai déja dit.

La circulation du mouvement, en quantité toujours égale dans la matière, est une des idées systématiques de Descartes. Mais Newton a fait voir que l'expérience la dément.

Et s'il est vrai, comme on n'en peut douter, que la force mouvante n'appartient point à la matière, que le déplacement des corps, ou des parties qui les composent, n'est qu'un effet, dont la première cause, souverainement libre et indépendante, n'obéit qu'à ses propres lois ; ces lois si variées et si multipliées nous sont-elles assez connues, pour assurer que la force, une fois communiquée à la matière, doive être invariable ; tandis que mille phénomènes attestent qu'elle change, qu'elle s'accroît ou s'affaiblit, et que tantôt elle commence, tantôt elle cesse d'agir ?

Par exemple, si dans le choc et le combat des éléments, dans l'élasticité des corps, dans la fermentation, dans l'électricité, dans les développements rapides et soudains du feu et de la flamme, dans le tonnerre et dans la foudre, nous sommes forcés de reconnaître des mouvements produits et dissipés sans aucune apparence de circulation régulière, et toutefois sans que l'harmonie universelle en soit interrompue ; pourquoi n'en serait-il pas de même des mouvements occasionnés par les variations d'une volonté libre ?

Quel est dans la nature ce réservoir de forces inactives dans le moment de mon repos, et qui, dès que je veux agir, passent dans les fluides qui doivent remuer mes muscles et mes nerfs ? d'où vient à ces fluides et la vîtesse, et la docilité, et la sûreté d'action avec laquelle ils font jouer les organes de la parole ? quels sont hors de moi les ressorts disposés pour opérer en moi cette diversité continuelle de mouvements qui, à mon insu, s'exécutent avec tant de précision pour obéir à ma volonté? L'action animale est évidemment réglée par d'autres lois que par les lois communes de la mécanique; et le plus grand nombre des mouvements accidentels qui résultent ou de la sensibilité ou de l'activité naturelle de l'animal, sont de ceux qui, sans aucun effet continu, vont s'éteindre et s'évanouir dans la masse de la matière.

Observez, mes enfants, que l'action de l'homme dans la nature, et l'influence de sa volonté, est très-faible et très-limitée. Borné à l'atôme terrestre sur lequel il est né, il l'agrandit dans sa pensée, et par comparaison il s'honore de la puissance qu'il y exerce, des changements qu'il y a produits. Mais à l'égard de l'univers, l'espèce humaine, sur son petit globe et dans ses révolutions, n'est, comme dit Montaigne, qu'une *fourmilière émue*. Du monde même qu'il habite, l'homme n'a fait qu'effleurer la surface : il y remue dans ses travaux des grains de sable et de poussière; mais les masses restent les mêmes. Le jeu des éléments, le cours des saisons, les rapports de la pesanteur spécifique, la régénération des espèces vivantes, tous les grands phénomènes y sont indépendants de l'homme, et l'ouvrage de la nature y subsiste dans son entier : il est donc bien vrai que la somme des mouvements accidentels et variables qui exécutent les volontés de l'homme est peu de chose, ou plutôt n'est rien dans le mécanisme du monde. Mais l'action d'une volonté libre eût-elle mille fois plus d'énergie et d'influence, celui qui a su mettre d'accord le mouvement inégal des comètes dans leurs orbites allongées, avec les mouvements réguliers et concentriques des planètes, n'a-t-il pas su raccorder de même les caprices d'une action libre avec l'égalité constante d'une action mécanique et soumise à des lois? et même dans l'ordre physique, quand il serait vrai, comme on l'a dit, que le soleil dévore des comètes, que des étoiles se soient éteintes, et que des mondes planétaires aient perdu leur chaleur et leur fécondité; ces changements tout considérables qu'ils nous semblent, que sont-ils dans l'œuvre d'un Dieu? et l'existence de ce Dieu créateur une fois démontrée, y a-t-il la moindre difficulté à concevoir qu'il aura donné à son ouvrage une consistance, une stabilité inébranlable à l'action des causes secondes?

Soit donc que la volonté de l'homme résiste ou cède aux impressions que l'ame reçoit par les sens, l'action qu'elle exerce elle-même sur le corps qu'elle anime, et l'effet de cette action ne sont rien dans l'ordre physique. L'accident qui les cause, l'accident qui les suit, n'ont point de liaison nécessaire, et souvent ils n'en ont aucune. Un décret du sénat rapporté à César au bord du Rubicon, et le coup d'éperon qu'il donna à son cheval pour passer le fleuve, décidèrent du sort de Rome. Mais la volonté de César pouvait rompre la chaîne de ces deux mouvements. Sa révolte ne fut un crime qu'autant qu'elle fut libre, et la guerre qui la suivit ne dérangea ni le cours des saisons, ni l'équilibre des éléments : le soleil se leva sur les champs de Pharsale, après comme avant la bataille.

Cependant, nous dit-on, l'opinion commune chez les anciens était contraire à cette liberté morale que nous attribuons à l'homme. Ils croyaient à la destinée, à la fatalité, à la nécessité, à la puissance irrésistible du destin et de la fortune. Oui, mes enfants, et cela même prouve qu'ils croyaient à la liberté, puisqu'ils imaginaient des puissances surnaturelles qui, tantôt par la force ouverte, tantôt par la surprise, l'artifice et l'erreur, subjuguaient ou trompaient la volonté de l'homme. Si l'homme veut librement ce qui plaît à la destinée, elle le conduit, disaient les stoïciens; s'il ne le veut pas, elle l'entraîne. *Volentem ducunt fata, nolentem trahunt.* L'homme esclave de la destinée était donc un être naturellement libre qu'elle avait enchaîné, et plus souvent encore un être innocent qu'elle avait égaré. Ecoutez OEdipe.

> Un dieu plus fort que moi m'entraînait dans le crime;
> Sous mes pas fugitifs il creusait un abyme;
> Et j'étais, malgré moi, dans mon aveuglement,
> D'un pouvoir inconnu l'esclave et l'instrument.

Tel fut chez les anciens le dogme de la fatalité; encore n'était-il reçu que dans le système du merveilleux, en poésie, en éloquence et politiquement pour en imposer au vulgaire sur les événements publics dont on ne voulait pas répondre. Les lois n'en tenaient aucun compte. Timoléon ne l'allégua point, après avoir laissé assassiner son frère, ni Horace pour se laver du meurtre de sa sœur. Cette opinion religieuse était, comme bien d'autres, sans conséquence pour la morale. Un capitaine ou un soldat qui avait manqué à son devoir, un mauvais citoyen, ou un fripon d'esclave, n'avait pour subterfuge, ni les dieux, ni le sort. On se serait moqué d'un orateur qui aurait parlé de la fatalité pour justifier un coupable. On reconnaissait le pouvoir du destin et de la fortune, mais chacun répondait de soi.

Les philosophes qui croyaient à la nécessité, laissaient au moins à l'homme une volonté consentante ou répugnante à sa destinée; c'était dans cette liberté morale qu'ils faisaient consister le courage de la vertu. Aussi disaient-ils que le sage était libre encore dans les fers. Ils auraient pu dire de même qu'il était libre dans les liens de la fatalité. S'ils avaient entendu par la nécessité celle des matérialistes, celle qui fait de la volonté un ressort mécanique tendu et détendu par les impressions du dehors, ils auraient pu croire à la bonté physique des actions humaines; mais la bonté morale, où l'auraient-ils trouvée? où auraient-ils placé la vertu?

Voulez-vous voir dans l'extrême opposé à l'état de culture et de lumière, dans l'état de l'homme sauvage, si le sentiment de la liberté lui est naturel; demandez-lui pourquoi il se fait un devoir d'être reconnaissant, d'être fidèle à sa parole, de répandre son sang pour venger son ami, pour défendre son bienfaiteur? S'il ne croyait pas libres ceux dont il a reçu, ou des bienfaits, ou des injures, aurait-il tant d'ardeur à rendre ou le bien pour le bien, ou le mal pour le mal? et si son ennemi lui dit : « Mes paroles vous ont blessé. « Ma langue est comme l'arc qui décoche la flèche. « Si la flèche est mortelle, et si elle vous atteint, « l'arc n'en est pas moins innocent; » prend-il cela pour une excuse? lors même qu'il s'irrite contre la guêpe ou le serpent, lorsqu'il frémit devant le tigre ou le lion, ces sentiments ressemblent-ils au sentiment que lui inspire la malice, la perfidie, la cruauté de son semblable? non. L'homme distingue l'homme au caractère de liberté, de volonté préméditée, et d'intention réfléchie qu'a eu sa bienfaisance ou sa méchanceté.

C'est donc un sentiment unanime, universel, dans les hommes de tous les lieux, de tous les temps, que celui de la liberté; et depuis l'homme le plus inculte jusqu'au plus éclairé, il n'en est aucun dont la conduite ne démontre qu'il se sent libre, même en soutenant qu'il ne l'est pas.

Si donc il ne l'est pas, la nature le trompe

Or, ici la nature n'est plus ce mot vague, obscur, équivoque ou vide de sens, dont se sert le matérialiste. La nature, c'est Dieu, et c'est lui qui serait trompeur.

Le matérialiste, dans son système, esquive la difficulté, en disant que l'offense et le ressentiment, le bienfait et la reconnaissance, le crime, la loi, le châtiment, tout en un mot est nécessaire. Mais ce système d'un mécanisme universel est insensé; et je vous l'ai fait voir. Il s'agit ici de la première cause et du suprême arbitre de l'existence et de l'action, de celui d'où nous vient la vie, le sentiment et la pensée. Si donc le sentiment d'une volonté libre n'était en nous qu'une illusion aussi vaine qu'irrésistible, ce ne serait que par un pur caprice d'un maître qui aurait pris plaisir de se jouer de son esclave : blasphème absurde, en parlant d'un Dieu qui est la vérité par essence.

« Si la volonté, nous dit-on, a une cause, elle
« en dépend. Si elle dépend, elle n'est pas libre.
« Or, la volonté ne se détermine jamais sans cause,
« et la cause qui la décide, l'entraîne irrésistible-
« ment. » Ainsi l'on se figure l'ame comme une balance en équilibre, et qui, pour se mouvoir, attend qu'il lui servienne un poids qui la fasse incliner. Si bien qu'entre deux affections contraires, qui auraient la même force, entre deux motifs également puissants, et directement opposés, l'ame resterait immobile. Cet argument

subtil est le plus séduisant qu'on oppose à la liberté.

Mais, dans cette hypothèse de l'ame en équilibre et dans la comparaison que l'on fait de la balance avec la volonté, on oublie que la balance est purement passive, et que son état naturel est l'inertie ou le repos. On oublie que la volonté est par elle-même une puissance active; qu'elle n'agit pas sans objet, car il en faut un à l'action, mais qu'entre mille objets, Dieu a pu lui laisser la liberté qu'il a lui-même de choisir, sans y être forcé par aucune prépondérance. En effet, lorsqu'il a fixé le nombre des saisons, celui des éléments, ou celui des étoiles; lorsqu'il a marqué aux planètes leur cours d'occident en orient, lorsqu'il a tracé l'écliptique, a-t-il eu d'autre règle, d'autre raison déterminante que sa volonté absolue? Voilà donc une cause qui n'a eu pour cause elle-même que son principe d'activité. Dieu a voulu, parce qu'il a voulu, et parce que la volonté, cette puissance active, est l'un des attributs de sa divine essence.

Si donc il en a fait aussi l'une des facultés de l'ame, et s'il lui a plu qu'elle fût libre, pourquoi lui aurait-il fait une nécessité d'obéir, comme la balance, à celui des deux poids qui nous semblerait le plus fort?

C'est là, sans doute, ce qu'elle fait le plus souvent, parce qu'en même temps qu'elle est essentiellement libre, elle est naturellement raisonnable et délibérante. Voilà pourquoi l'homme sage, l'homme de bien, préfère l'utile à l'agréable, et l'honnête à l'utile, mais lors même qu'il le préfère, il sent qu'il n'y est pas forcé; et, par un usage contraire de sa liberté, le méchant, lorsqu'il fait le mal, sent qu'il serait en son pouvoir, ou de ne pas le faire, ou de faire le bien.

>...........*Video meliora proboque,*
>*Deteriora sequor.*

Ainsi dans ses résolutions l'indépendance de l'ame est telle, qu'au moment même qu'elle cède à l'attrait qui la sollicite, au motif qui la détermine, elle sent qu'elle aurait encore la force de leur résister. Quelquefois même elle y résiste uniquement pour exercer, pour éprouver le pouvoir qu'elle en a. Et si l'on dit que cette envie est elle-même le poids qui l'entraîne invinciblement, c'est une de ces arguties de l'école qui restent sans réponse, et qui ne convainquent personne. Vouloir pour le plaisir unique de vouloir librement, sans nul autre motif, et même par opposition à des motifs pressants, c'est être libre au plus haut degré; c'est l'être au moins autant qu'on a besoin de l'être pour ne dépendre que de soi.

Une autre vieille objection qu'on ne cesse de répéter dans les écoles, contre la liberté morale, c'est que Dieu ayant tout prévu, et sa prescience étant infaillible, tout ce qui arrive a dû arriver;

et qu'ainsi tout est nécessaire. A cela, mes enfants, je ne réponds qu'un mot : il n'est pas vrai de dire, en parlant de Dieu, qu'il *a prévu.* Il n'y a pour lui ni passé, ni avenir. Pour lui, rien ne *sera*, rien n'*a été ;* tout lui est présent, et la succession de temps, dont on embrouille ce sophisme de la prescience divine, implique contradiction avec l'immobilité éternelle d'un être qui embrasse les deux immensités de l'étendue et de la durée. Dieu n'a pas *été ;* il n'a pas *prévu*, il n'a pas *vu ;* il *est,* il *voit* ce qui n'*est plus*, ce qui *est* encore, ce qui *sera*, et il le voit réuni en un point. Or, qu'on réduise ainsi l'objection de la prescience : Dieu voit ce que fait l'homme, et il le voit infailliblement, donc l'homme n'est pas libre. Est-ce une conséquence que puisse avouer le bon sens? Dieu ne peut se tromper en voyant l'homme agir; mais l'infaillibilité de Dieu ne gêne en rien l'action de l'homme.

Enfin, s'il est possible, s'il est même probable que l'ame des bêtes soit de même nature que celle de l'homme, on demande pourquoi l'une plutôt que l'autre aurait ce libre arbitre, auquel est attachée la moralité de l'action? la réponse est facile.

Le Dieu qui a fait, d'une même substance divisible et mobile, le limon de la terre et la lumière du soleil a pu tout aussi aisément faire, d'une même substance indivisible et simple, l'ame d'un reptile et celle de Socrate, l'ame d'un castor et celle d'un Archimède ou d'un Vitruve, l'ame d'une fourmi et celle d'un Newton. Ce n'est pas dans l'inétendue et la simplicité de l'être pensant et sensible que consiste son excellence. C'est dans le degré d'intelligence et de raison dont il est doué. Or, les qualités par lesquelles il peut s'élever au-dessus des êtres de même nature que lui, n'ont dans les possibles d'autres limites que celles du fini, et dans l'intervalle qui reste entre le fini quel qu'il soit et l'infini, l'échelle est immense et les degrés incalculables.

Prétendre que, si l'ame des bêtes et l'ame de l'homme sont de même nature, elles ont été également douées, ce serait donc bien puérilement borner la puissance d'un Dieu.

Vous avez vu dans l'ame de l'homme une élévation de sentiments et de pensées, une tendance et comme un élan vers le principe de son être, qu'il est impossible d'attribuer à l'ame des autres animaux; c'est pour lui le présage de l'immortalité; et plus évidemment encore, la liberté en est le gage. Si tout l'homme devait mourir; si son ame, après avoir rempli les fonctions de la vie, devait s'évanouir, s'éteindre dans la poussière du tombeau, à quelle intention Dieu aurait-il attaché aux actions de l'homme un caractère si singulier ou de bonté ou de malice? Qu'aurait-il voulu faire en le douant d'un discernement réfléchi du bien, du mal, du juste, de l'injuste, avec la liberté du choix? Cette moralité sans récompense, sans châtiment, aurait été aussi inutile dans l'homme que dans le tigre et l'éléphant ; et soit qu'il eût été vorace et sanguinaire, comme l'un ; soit qu'il eût été doux, paisible, innocent comme l'autre, son intérêt, bien ou mal entendu, l'aurait conduit ; il ne se fût trompé qu'au péril de sa vie ; et tout ce qui en lui eût ressemblé à des vices, à des vertus, faisant partie des moyens qu'aurait employés la nature pour remuer la face de ce globe, un Titus, un Néron, auraient été dans l'ordre, comme l'éléphant et le tigre ; le bien, le mal physique, relatifs aux individus, ne servant qu'à renouveler et à conserver les espèces, il n'y aurait eu pour l'homme, dans ses rapports avec la nature, aucun caractère de malice, ni de bonté, de plus que dans les autres animaux. Nuisible ou secourable selon ses affections ou ses inclinations diverses, le besoin, l'espérance, la crainte, le désir, tous les appétits sensuels, toutes les passions comprises sous le nom de cupidité, l'amour, l'envie, la colère, etc., l'auraient mu et déterminé sans mérite ni démérite ; et n'ayant rien à espérer ni rien à craindre au-delà de la vie, la conserver, la rendre heureuse, et la transmettre auraient été son unique soin, comme ses uniques devoirs. Ce sont les seules lois que la nature impose à l'être vivant et périssable ; et, pour les suivre, aucun d'eux n'a besoin d'une volonté libre : il leur suffit d'une ame attentive et docile aux impressions physiques qu'elle reçoit par tous les sens.

Dans l'homme destiné comme la brute à vivre un moment et à périr, Dieu aurait donc mis inutilement ce principe moral de bonté, de malice, de vice et de vertu, cette volonté réfléchie et délibérée qui se consulte et qui choisit, en un mot, cette liberté, dont il a le sentiment irrésistible; et en cela non-seulement Dieu se serait joué de son ouvrage, mais il s'en serait joué cruellement et injustement.

Si Dieu a créé l'homme libre, s'il lui a laissé le pouvoir d'être méchant ou bon avec discernement, et par un choix dont sa volonté soit l'arbitre, cet être libre sera digne ou de peine ou de récompense, selon l'usage qu'il aura fait de cette liberté. Il répugne à l'essence d'un être juste de faire un même sort à l'homme qui se sera abreuvé à longs traits du sang de l'innocent, et à l'homme innocent, dont ce tigre aura déchiré les entrailles. Or, c'est une vérité connue, que dans cette vie l'homme féroce et sanguinaire est souvent impuni; et que souvent aussi, ni l'innocence n'est vengée, ni la bonté, ni la vertu, ne reçoivent le prix du bien qu'elles ont fait, ou des maux qu'elles ont soufferts. Plus d'une fois et trop souvent le crime a foulé aux pieds ses victimes et joui du ciel irrité. Dieu aurait donc assuré aux méchants une impunité éternelle, et il aurait éternellement privé les gens de bien, de toute récompense et de toute consolation. Non, mes enfants, si Dieu a laissé à l'homme le pouvoir de se rendre digne ou de récompense ou de punition; et si l'une et l'autre n'est pas distribuée dans cette vie avec une constante et sévère équité, il y a pour l'homme une autre vie dans laquelle Dieu se réserve d'être juste; car il faut qu'il le soit, et sans cela il ne serait pas Dieu. L'être pour qui la vie n'a été qu'une sorte de végétation animée, et qui n'a fait qu'obéir sans discernement aux impressions du dehors, peut périr tout entier, sans avoir le droit de se plaindre : il n'a rien mérité, il ne lui est rien dû. L'être qui volontairement, et par un libre usage de ses moyens, s'est rendu digne d'être heureux, doit être heureux; et, si dans cette vie cette dette de la nature n'est pas acquittée envers lui, il a le droit de se survivre.

Je me sers là peut-être d'une expression hardie. Car quel est le droit de la créature à l'égard de son créateur? quel est l'engagement et l'obligation du créateur envers sa créature? Il ne lui doit rien; non, dans la rigueur des termes; mais il se doit au moins à lui-même, ou plutôt il est de sa divine essence et de l'excellence de sa nature, de ne rien vouloir qui ne soit parfaitement conforme à l'idée éternelle de la justice et de la bonté. On a eu raison de reprocher aux hommes de s'être fait un Dieu à leur image, en lui attribuant des qualités qui n'étaient pas dignes de lui; et ce sont des erreurs de l'imagination dont j'espère vous préserver. Mais je nie hautement que la bonté, que la justice, soient du nombre des attributs qui ne sont pas dignes d'un Dieu. Et qui peut douter que, dans les décrets d'un Dieu même, il ne soit meilleur et plus juste d'avoir discerné l'ame sensible et bienfaisante d'un abbé Fénélon de l'ame brutale et atroce d'un Robespierre; qu'il soit, dis-je, meilleur et plus convenable à leur juge suprême d'avoir réservé l'une aux récompenses, et l'autre aux châtiments qu'elle aura mérités, que de les avoir laissées indistinctement s'anéantir au dernier souffle de la vie?

Le néant fut toujours l'horrible espérance du crime. L'immortalité fut toujours la consolation de l'innocence opprimée et le soutien de la vertu. Socrate et Caton se disaient à eux-mêmes, comme Job : *Surrecturus sum.* Souvenez-vous, mes enfants, de ces mots sublimes du confesseur de Louis XVI, à ce bon roi, au pied de l'échafaud : *Fils de S. Louis, montez au Ciel.* Et à quels hommes Dieu aurait donné cette espérance trompeuse, si elle était trompeuse! de quelles faibles et innocentes créatures il se serait joué, en les flattant d'un avenir auquel ils ne seraient point destinés, et dont l'idée, le désir et l'attente ne seraient qu'une illusion! Cela implique si évidemment contradiction avec tout ce qu'il m'est possible de concevoir d'une divine essence, qu'autant il m'est démontré qu'il y a un Dieu, autant il est pour moi indubitable que l'homme est libre et que son ame est immortelle.

Vous voyez que je rends ces deux qualités inséparables ; car si la liberté dans l'homme est le gage infaillible de l'immortalité, l'induction est réciproque, et l'immortalité doit être l'attribut de la liberté.

Une ame qui, dans cette vie, n'aurait été que le ressort mécanique du corps humain, et qui n'aurait fait que transmettre les mouvements qu'elle aurait reçus, sans que, dans l'exercice même de sa volonté, il eût dépendu d'elle de ne pas obéir à l'attrait, au penchant, à l'impulsion, que sais-je ? au sentiment, à la pensée, à la cause quelconque qui, du dehors ou en elle-même, aurait déterminé son choix ; cette ame, vraiment comparable à la balance matérielle et passive qui cède au poids qui vient en rompre l'équilibre, et qui penche toujours du côté du poids le plus fort, n'eût différé de l'ame des bêtes que par des qualités de la même nature. Ce n'eût été que du plus au moins de sensibilité, d'intelligence, d'industrie, que l'homme se fût distingué parmi les animaux : sa raison même n'eût été qu'un instinct perfectionné ; et pourquoi, n'étant rien librement par lui-même, non plus que tous ces êtres périssables, n'aurait-il pas été soumis à la commune loi ? Quel privilége aurait-il obtenu, lui qui n'aurait rien mérité ? Ce n'est que de la liberté que la vertu pouvait naître, et l'immortalité devait être attachée à la vertu pour récompense, et au vice pour châtiment.

LEÇON HUITIÈME.

Du mal physique et du mal moral.

C'est une grande et sublime pensée que l'homme a eue, lorsqu'il a dit : Dans cette multitude d'êtres périssables que Dieu a créés, il doit s'en trouver un qu'il a doué d'une existence indestructible ; car il est certain qu'il l'a pu, et il est plus que vraisemblable qu'il l'a voulu, pour achever et pour couronner son ouvrage. Or, cet être favorisé doit être encore, selon toute apparence, le même en qui l'entendement, la raison et la volonté ressemblent le plus aux attributs que j'aperçois dans la divine essence ; car tous ces privilèges ne semblent être que les prémices et les garants de l'immortalité ; et si j'en crois l'inquiétude de mes désirs, l'étendue de mes espérances ; si j'en crois les élancements de mon ame vers l'avenir, cet être destiné à vivre dans l'avenir, c'est moi ; non pas ce moi corruptible et fragile qui est le jouet des éléments, mais ce moi simple et indivisible qui, tout chargé qu'il est des liens du corps qu'il anime, conserve libre encore l'essor de sa pensée et l'action de sa volonté. J'occuperai donc quelques instants ma place dans le système de la nature, et ma dépouille y subira le sort des êtres vivants et mortels. Mais la plus noble partie de moi-même me survivra ; et, après avoir été librement le meilleur ou le plus méchant des animaux, j'irai subir la peine, ou recevoir la récompense de l'indigne ou du bon usage que j'aurai fait d'une volonté libre, éclairée par ma raison.

Mais, à cette pensée qui ennoblit tant l'espèce humaine, et qui laisse si loin au-dessous de l'homme tout le reste des animaux, les matérialistes opposent des difficultés qu'ils regardent comme insolubles ; et les voici en peu de mots. Si le monde est l'ouvrage d'un être bon par excellence, et tel que le suppose tout ce que vous en espérez, pourquoi le mal s'est-il introduit dans le monde ? et, si l'homme est doué d'une ame immortelle, pourquoi a-t-il la liberté du mal? Dieu qui sait quel usage l'homme fera d'une volonté libre, ne lui eût-il pas été plus favorable en ne lui donnant pas ce dangereux pouvoir?

La véritable solution de ces difficultés tient à la révélation ; et mon dessein n'est que de vous conduire jusqu'où la raison peut aller avec sa propre force et sa propre lumière.

Examinons d'abord ce que c'est que le mal. On en distingue deux espèces ; le mal physique, qui est la douleur, et le mal moral, qui est le vice.

Le mal physique est dans la nature. Voyons s'il y était nécessaire, et s'il répugne à la bonté de l'être créateur de l'y avoir introduit.

Le vulgaire, chez les anciens, croyait voir, dans le mal physique, une suite du mal moral. Les poëtes avaient adopté cette idée et l'avaient répandue, s'ils ne l'avaient pas inventée.

> *Audax Iapeti genus*
> *Ignem fraude malâ gentibus intulit :*
> *Post ignem æthereâ domo*
> *Subductum, macies et nova febrium*
> *Terris incubuit cohors ;*
> *Semotique prius tarda necessitas*
> *Lethi corripuit gradum.* (HORAT.)

Des penseurs plus profonds, mais non moins chimériques, attribuaient le mal physique à un mauvais génie. La doctrine d'un bon et d'un mauvais principe, sans cesse en guerre l'un avec l'autre, prit naissance en Égypte, d'où vraisemblablement elle passa dans la Perse et dans l'Inde. On ne concevait pas que la douleur et le plaisir pussent avoir une même origine. Mais ils se suivent de si près, si souvent même ils sont la cause ou l'effet l'un de l'autre, que Zoroastre devait avoir bien de la peine à y démêler l'influence du principe du bien et de celui du mal.

Les stoïciens tranchaient le nœud de la difficulté en soutenant que la douleur n'était point un mal ; mais ce n'est là que l'un de leurs sophismes.

Ille (Zeno) Metelli vitam negat beatiorem quàm Reguli : præponendam tamen ; nec magis expetendam, sed magis sumendam ; et si optio esset, eligendam Metelli, rejiciendam Reguli. Ego, quam ille præponendam et magis eligendam, beatiorem hanc appello. (Cic. de Fin. l. 5).

L'école de Socrate et de Platon était plus sincère; elle reconnaissait que la douleur était un mal, en ajoutant que ce n'était pas le plus grand des maux.

Dolorem dicunt malum esse. De asperitate autem ejus fortiter ferendâ præcipiunt eadem quæ Stoici. (Cic. de Fin. l. 5).

Nos optimistes ont reconnu de même que la douleur est un mal particulier; mais ils ont cru voir que, dans l'ordre de la nature, ce mélange du mal avec le bien était nécessaire, et qu'il en résultait la composition du meilleur des mondes possibles.

Cet optimisme ou cette idée du meilleur des possibles dans le monde existant, Leibnitz l'a prise, comme on dit, *a priori*, dans l'excellence de la cause, et il a raisonné en bon métaphysicien : ce monde est l'ouvrage d'un Dieu. Ce Dieu est la bonté par essence : il est de l'essence de la bonté de choisir entre les possibles ce qu'elle a de meilleur à faire. Dieu, en créant le monde, a donc préféré, dans son choix, ce qu'il y avait de meilleur.

L'optimisme de Pope est l'argument inverse de celui de Leibnitz; et c'est *a posteriori*, c'est-à-dire par les effets, qu'avec beaucoup d'esprit, d'imagination, de poésie et d'éloquence, il s'efforce de démontrer ce que Leibnitz a voulu prouver par la cause. Cette méthode était moins simple, mais plus favorable au génie. Celui de Pope s'y est distingué, et le poëte, bien plus que le logicien, a fait le succès de l'*Essai sur l'homme*.

Sans pénétrer dans les décrets d'un Dieu plus avant qu'il ne l'a permis à notre faible intelligence, tâchons de voir en quoi, dans l'œuvre de la création, le mal physique a pu contribuer et concourir au plus grand bien possible. Nous avons observé déja que Dieu, en faisant de ce monde un tout périssable dans ses détails, et durable dans son ensemble, qui renaîtrait de ses ruines et dont les débris seraient les germes d'une nouvelle reproduction, a fait ce qui pouvait le mieux déployer sa puissance et la manifester; car une création immuable aurait trop ressemblé à une éternelle existence ; au moins aurait-elle paru avoir épuisé la puissance du créateur ; au lieu qu'une renaissance perpétuelle dans les individus, pour régénérer les espèces, montre une source intarissable d'action et de fécondité.

Or, pour remplir ce grand dessein, la cause universelle n'a employé que des moyens très-simples. 1° Le mouvement auquel il a prescrit de diviser et de réunir, de détruire les formes et de les reproduire. 2° L'antagoniste du mouvement et son modérateur, la force d'inertie, c'est-à-dire l'adhésion, la cohérence des parties élémentaires une fois réunies, et la résistance des corps à l'action qui tend à les décomposer. 3° Dans les plantes, la faculté de se nourrir et celle de se régénérer, mais sans aucun moyen de se défendre, seulement avec plus ou moins de consistance et de solidité, selon la période accordée à leur vie. 4° Dans tous les animaux, l'amour et le soin de leur vie et le désir de se reproduire, toujours selon le temps qu'il leur est permis d'exister et selon les périls auxquels leur existence est exposée.

Ainsi, parmi les minéraux et les fossiles, ceux qui sont les plus lents à se former, comme les marbres, les métaux, les diamants, sont ceux qui résistent le plus à leur dissolution. Ainsi parmi les plantes, les plus lentes à croître sont celles dont la jeunesse est la plus robuste et la vieillesse la plus longue. Ainsi parmi les animaux, les plus forts et les mieux armés sont ceux dont l'espèce est la plus rare et la moins féconde.

Si cette règle a des exceptions, ce n'est que dans l'homme et dans les animaux destinés à être ses esclaves : dans l'homme à qui son intelligence, son industrie et l'esprit social devaient donner de nouvelles forces; dans les animaux domestiques, qui devaient avoir dans l'homme un défenseur et un conservateur.

La loi générale a donc été que chaque animal fût pourvu des moyens de se conserver le temps que la nature lui permettait de vivre; et pour cela, il fallait un signe qui l'avertît de ce qui lui était bon et de ce qui lui serait nuisible. Or, le signe de ce qui lui serait bon a été le plaisir, et le signe de ce qui lui serait mauvais a été la douleur. Le mal physique est donc un bien dans la nature, puisqu'il est la menace de la destruction, et l'avis de s'en préserver.

Mais est-ce là bien constamment l'effet de la douleur, et n'est-elle jamais l'indice d'un mal inévitable et sans remède? Oui, mais c'est pour une autre cause que la douleur n'est plus un avis salutaire. Vous venez de voir que l'organisation physique dans l'animal est destructible et périssable; qu'il n'y a rien de perpétuel que les espèces, et que, pour les individus, la vie n'est qu'un intervalle un peu plus ou un peu moins long entre la naissance et la mort. Si donc il y a pour tous les animaux un signe du danger qui menace leur vie, plus le danger est imminent, plus l'atteinte doit être sensible et menaçante; et lors même que, par l'action destructive des éléments, le danger est inévitable, la douleur fait encore et plus vivement que jamais son office d'avertir l'ame des accidents nuisibles à l'organisation du corps auquel l'ame est unie. C'est pour cela que la nature a donné aux filaments des nerfs et aux extrémités des muscles une irritabilité si prompte; et l'organisation se trouvant disposée pour cette fin universelle, si le remède manque au sentiment du mal, ce n'est plus qu'à la nécessité d'être détruit qu'en est la cause. La douleur aura fait que l'animal, en veillant sur lui-même, ait retardé, aussi long-temps qu'il a été possible, l'instant de subir cette loi. Ainsi entre la répugnance et la tendance de l'animal à sa destruction, il se passe un combat qui se termine enfin comme l'a voulu la nature. Car n'ayant fait, comme je vous l'ai dit, que des individus périssables, elle ne leur a permis de vivre qu'à condition de mourir.

Il y a, dit-on, dans cette vie, bien moins de plaisir que de peines. La preuve du contraire dans tous les animaux, c'est qu'ils aiment à vivre, quelque pénible que soit pour eux la vie; leurs jouissances, leurs appétits, même rarement satisfaits, les dédommagent de tous leurs maux.

Il est bien vrai qu'à cet égard la condition de l'homme me semble pire que la leur. Car non-seulement il éprouve comme eux le sentiment de la douleur physique, mais il en compte les instants. Il en prévoit la durée et la suite, il anticipe sur le mal à venir, il médite le mal présent, il en savoure l'amertume. Son impatience l'irrite encore; son imagination l'exagère; sa réflexion l'approfondit; il a même la triste et déchirante faculté de le reconnaître incurable, et alors il est éclairé sans fruit sur un malheur sans espérance. Pourquoi cet excès de rigueur de la nature envers l'espèce humaine? Pourquoi tant de ravages des éléments conjurés contre l'homme? Pourquoi tant de fléaux, tant d'espèces de contagions, tant de poisons et de venins infiltrés dans ses aliments ou mêlés à l'air qu'il respire ; tant de maladies cruelles qui lui sont propres et dont les autres animaux sont exempts? En fallait-il tant pour détruire le frêle édifice du corps humain? Non, sans doute; et, en voyant l'homme dans cet état, je ne lui ferai pas l'insulte de lui dire que pour lui tout est bien dans cette vie mortelle ; mais je laisserai parler une voix plus éloquente que la mienne et que celle des optimistes.

Non, mes enfants, tout ce qu'on dit à un être innocent et sensible, qui endure des maux inévitables qu'il n'a point mérités; tout ce qu'on lui dit de cette chaîne d'événements qui le traîne au supplice, de ce choc d'accidents dont il est froissé et meurtri, de ces lois dont il est victime, de ce tout dont il a fallu qu'il fût une partie douloureuse et souffrante, et à l'ordonnance duquel sa souffrance a dû concourir; enfin cet optimisme poétique et sophistique si magnifiquement étalé dans les vers de Pope, n'a rien de consolant ni de persuasif: et il s'en faut bien que son poëme justifie, comme il l'a promis, les voies de la Providence. Un mot de Job le fait mieux que les plus beaux vers : *Surrecturus sum.*

Sans cela l'homme réfléchi, prévoyant comme il l'est, l'homme ruminant la douleur, voyant venir la mort, serait trop rigoureusement sacrifié à tout le reste de la nature ; et si Dieu l'avait fait pour être anéanti, quand il aurait souffert patiemment et sans murmure, Dieu serait cruel envers lui. A quoi bon, pourrait-il lui dire, tout ce raffinement que vous avez mis à mes peines? Que ne m'avez-vous donné l'imprévoyance du taureau et son ignorance stupide? Que ne m'avez-vous donné, comme au reste des animaux, une douleur sans réflexion et une mort sans agonie? Je ne vois pas en quoi ma pénible existence pouvait contribuer à l'ordre et au maintien de l'univers. Mais, quand mes maux seraient l'un des mobiles qui font tourner les sphères, votre puissance n'avait-elle d'autres mobiles à leur donner? Nul être dans le monde n'a le droit d'être heureux de mes douleurs et de mes peines. Vous êtes méchant et cruel si vous en jouissez vous-même; vous êtes injuste, si vous les en faites jouir.

Mais si Dieu lui répond comme il l'a fait : la vie n'est pour toi qu'une épreuve. Sache attendre, espérer, souffrir, te confier à moi, et tu seras heureux, et tu le seras à jamais. Alors je vois le juste sourire aux peines de la vie et aux approches de la mort. C'est là vraiment ce qui *justifie les voies de la Providence*. C'est ce pressentiment d'une vie à venir qui, dans tous les temps, a donné tant de force et d'élévation aux ames vertueuses, aux Socrates, aux Théramènes, aux Léonidas, aux Catons, aux Thraséas, et singulièrement aux héros de cette religion sainte, dont le dogme fondamental est l'immortalité de l'ame.

L'homme occupé d'une félicité sans borne,

qu'il lui est permis d'espérer, ne regarde plus cette vie, que comme un éclair fugitif, qui s'échappe et s'évanouit à travers de légers nuages. Un jour serein est au-delà ; et ce jour, que jamais la nuit n'obscurcira, l'attend. C'est dans l'éternité qu'il voit quel est son Dieu, et c'est là qu'il le reconnaît souverainement bon et juste.

Le mal physique à l'égard de l'homme est donc une nouvelle preuve de l'immortalité de l'ame. Le mal moral ajoute encore à cette preuve, puisqu'il suppose une volonté libre, et que la liberté dans l'homme est le signe infaillible de l'immortalité.

Avec les facultés dont vous venez de voir que la nature a doué l'homme, il a mille moyens d'être vicieux et malfaisant. Il en a mille aussi d'être bienfaisant, s'il veut l'être. Je ne mets pas au nombre de ses facultés malfaisantes, les moyens de détruire les autres animaux. C'est une loi de la nature que tout vive de mort, comme l'a dit Buffon; et d'espèce en espèce, c'est la destruction qui fournit à la subsistance. La nature a pourvu par la reproduction à la dépense universelle. L'homme soit pour sa sûreté, soit pour sa nourriture, ou pour son vêtement, a donc le droit commun sur les autres espèces; et, pourvu qu'il ne se fasse pas un plaisir gratuit et malin de voir périr ou de voir souffrir l'animal qu'il est obligé de détruire, il n'y a rien d'immoral dans ce que lui reproche une fausse philosophie : il est dans l'ordre, il vit de proie, comme l'aigle et le rossignol.

Mais à cette loi destructive des individus, la nature en oppose une autre, conservatrice des espèces. Cette loi générale pour tous les animaux, et que les bêtes même les plus féroces observent mieux que l'homme, c'est de ne pas faire à ses semblables ce que l'on ne veut pas qui soit fait à soi-même.

Lorsqu'une passion violente déprave l'instinct des animaux, ce qui arrive quelquefois, ceux d'une même espèce deviennent furieux les uns envers les autres; et ils se déchirent entre eux. Mais, dans leur état naturel, le tigre vit en paix avec le tigre, le vautour avec le vautour. Il n'en est pas ainsi de l'homme. En même temps que la sensibilité, le besoin d'assistance, l'instinct social, l'attrait de l'amour et de l'amitié, le sentiment de la reconnaissance, celui de la compassion, celui du juste et de l'injuste, le disposent à être bon et bienfaisant envers ses semblables; par des mouvements tout contraires, il est continuellement tenté d'être inhumain : problème inexplicable pour qui ne verrait dans ce contraste qu'un caprice de la nature, et que la volonté bizarre d'une puissance qui se serait jouée à former ce mélange de contrariétés; mais problème qui trouve aisément sa solution dans les desseins d'un Dieu, qui, en prescrivant sa loi de bonté à un être libre, a voulu lui donner assez d'attrait et d'inclination à la suivre, mais assez de combats à livrer, et d'obstacles à vaincre pour mériter, en la suivant, le prix qu'il y aurait attaché.

Voilà donc, mes enfants, la grande énigme du mal moral expliquée par la liberté donnée à l'homme d'obéir ou de n'obéir pas à la loi naturelle, et par l'immortalité qui doit être ou la récompense ou la peine du bon ou du mauvais usage qu'on aura fait de cette liberté. S'il n'y avait pas dans la loi de nature cette alternative de peine ou de récompense à venir, l'homme, sans contre-poids, livré à ses penchants, serait mille fois plus insociable que le tigre et que le vautour.

Il a fallu que, par l'instinct physique, il fût défendu aux animaux d'une même espèce de se détruire entre eux : la raison en est simple. La société où les engage le désir de se reproduire, la cohabitation qu'exige le soin d'élever leurs petits, toute passagère qu'elle est, le même antre, le même nid, serait pour eux une occasion trop fréquente de s'attaquer et de se nuire. Ennemis l'un de l'autre, altérés de leur sang, ils se seraient détruits avant de se régénérer, et que serait-ce donc pour l'homme, si, destiné par la nature à une société constante, assidue et perpétuelle, il n'avait pas eu le même sentiment d'inviolabilité pour les êtres de son espèce.

L'homme est naturellement industrieux, adroit,

capable d'inventer mille façons d'agir, sur-tout mille façons de nuire; en même temps il porte dans son sein un orgueil irascible, un amour-propre ardent, inquiet, jaloux, ambitieux, facile à blesser; enfin, ce qu'il y aurait de plus terrible au monde, ce seraient les passions et les vices du cœur humain, si aucun instinct moral ne les eût tempérés. Personnel, envieux, colère, violent, furieux dans ses jalousies, dans ses haines, dans ses vengeances, l'homme a de plus que les animaux, même les plus farouches, la dissimulation profonde, la perfidie insidieuse, et la sourde longueur de ses ressentiments ; vous en voyez l'exemple dans l'homme dépravé qui, s'aveuglant sur l'avenir et secouant le frein de la loi naturelle, se livre à sa perversité.

Ce n'est point par accès et par intervalles qu'il est méchant. Pour être inhumain, sanguinaire, il n'attend pas le noir délire de la rage; il est tel de sang-froid, il l'est par habitude, il l'est pour le plaisir de l'être. Un mouvement de jalousie, un mot qui le pique de vanité, le rend féroce ; et, si quelque passion violente s'allume dans son ame, et que, pour l'assouvir, la perfidie, la noirceur, la trahison, la calomnie, l'assassinat soient nécessaires, rien ne lui coûte; et c'est alors que tout ce qu'il a de talent, d'activité, d'adresse et d'artifice est mis en œuvre. Tel est l'homme immoral. Quelle aurait donc été l'inconséquence de la nature, en formant des êtres si redoutables

les uns aux autres, et en leur faisant une nécessité de vivre ensemble pour perpétuer leur espèce? N'eût-ce pas été le moyen le plus prompt de l'anéantir? Il fallait donc à l'homme un frein beaucoup plus fort qu'à tous les autres animaux.

La première loi de la nature a été, pour lui comme pour eux, de ne pas faire aux autres ce qu'on ne voudrait pas qui fût fait à soi-même : c'est une bonté négative. La seconde a été de faire aux autres, s'il est possible, tout le bien que chacun voudrait qui lui fût fait. Celle-ci est la perfection de la bonté morale, et l'essence de la vertu, définie par Aristote *la bienfaitrice universelle.*

L'instinct des animaux tient quelque chose de cette loi de bonté positive. Tous en sont pleins pour leurs petits; et tous ceux qui sont destinés à vivre en troupe, depuis la fourmi et l'abeille, jusqu'au daim et jusqu'au castor, ont plus ou moins de ce caractère social. L'utilité commune est leur commun emploi. La fourmi aide la fourmi; l'abeille seconde l'abeille; le daim veille pour le salut du daim qui broute ou qui repose; les castors travaillent ensemble et vivent comme citoyens; le jeune cerf se substitue au vieux que la meute poursuit, et s'expose pour le sauver. Ainsi, par des traits dispersés, la loi sociale est tracée à l'homme dans le livre de la nature. Il y trouve par-tout des leçons de bonté, comme des leçons d'industrie. Mais cette loi, qui lui est si nécessaire, il la porte au fond de son cœur.

Nous avons déja vu que, sans le soin que les pères et les mères prennent de leurs petits, il serait impossible aux principales espèces d'animaux de pourvoir aux besoins et aux périls de leur enfance. Aussi, plus leur enfance est longue et dénuée de moyens de subsister sans assistance, plus l'amour des parents est vif et durable envers eux; et leur tendresse est mutuelle aussi longtemps que dure le besoin de s'aimer.

Il y a plus à l'égard de l'homme, et tout est disposé pour lui dans la nature, de manière que, de ces affections prolongées, multipliées, perpétuées par l'habitude, naissent toutes les affections morales, et que les nœuds du sang forment de proche en proche les liens et la chaîne de la société. Ainsi, la société humaine n'est qu'une famille étendue et ramifiée, dont tous les devoirs sont fondés sur le souvenir des bienfaits et le sentiment des besoins.

L'enfance de l'homme est la plus longue et la plus dénuée. L'amour des pères et des mères pour leurs enfants est donc, sur-tout dans l'espèce humaine, un sentiment de première nécessité. L'amour nous donne l'être, l'amour maternel nous l'assure. Mais, pour nourrir et soigner son enfant, la mère elle-même a besoin d'être nourrie et protégée. L'amour paternel et l'amour conjugal est donc aussi pour l'homme un devoir de première institution. L'enfance de l'homme se prolonge beaucoup au-delà de l'allaitement; et l'union du père et de la mère doit nécessairement durer aussi long-temps que, sans l'un et sans l'autre, l'enfant ne saurait subsister. Mais dans ce temps-là la nature les sollicite de redevenir père et mère. Ainsi, tandis que l'un de leurs enfants s'élève, il en naît de nouveaux qui demandent les mêmes soins, et qui leur font successivement un devoir de rester unis. De là cette continuité de l'union des familles que la nature a rendue nécessaire, et que la reconnaissance et l'amour des enfants envers leurs père et mère achève de rendre indissoluble par le retour des soins, des secours, des offices que les parents, dans leur vieillesse, ont droit d'attendre de leurs enfants.

Je ne suivrai point ici dans tous ses rameaux la distribution des devoirs que la nature a faits à l'homme, et qui ont tous le même principe, savoir le besoin mutuel, et l'impossibilité physique où aurait été l'individu solitaire, épars, isolé dans les bois, de suffire aux besoins de sa vie et de sa défense. Mais, en attendant que l'économie de la société vous soit développée dans ses gradations, et dans tous ses rapports, vous pouvez tenir pour principe que, d'homme à homme, une bonté morale, c'est-à-dire un naturel compâtissant, officieux et secourable, est une de ces qualités sans lesquelles l'espèce humaine ne saurait subsister. Toute société ennemie d'elle-même se détruirait avant que de se reproduire. Pour vivre et subsister ensemble, il faut donc que les hommes soient paisibles et bienfaisants. Aussi est-il vrai de dire en général que l'homme est né bon. C'est son premier besoin et sa qualité spécifique.

Mais, si c'est là son caractère primitif, comment ce caractère s'est-il altéré et dépravé au point d'être souvent méconnaissable? Tous les autres animaux ont conservé leur naturel : la colombe ne s'est pas changée en vautour, ni le castor en ours, ni le bélier en loup féroce.

Je vous l'ai dit : l'homme est né libre; et ce n'est pas gratuitement que la nature l'a si singulièrement doué d'intelligence, de raison, de réflexion sur lui-même, d'observation, d'invention, et de toutes les facultés d'un entendement perfectible. Il est le seul des êtres animés à qui elle ait donné la mémoire et la prévoyance, pour compagnes de la raison, pour conseils de la volonté. Tout cela lui était inutile, s'il était asservi, comme les animaux, à l'exacte loi de l'instinct. Si, dans le nombre de ses productions, la nature a formé un être si singulièrement doué, c'est qu'elle avait sur lui des vues et un dessein particulier, et qu'elle a voulu lui laisser le mérite de les remplir. Comme elle a donné de l'exercice à l'industrie, à la sagacité, à l'adresse des animaux, elle a voulu en donner de même à la raison de l'homme, à son intelligence, à sa volonté réfléchie. C'était pour elle un assez beau phénomène à produire que celui de l'esprit humain, travaillant à perfectionner les dons qu'il aurait reçus d'elle. L'homme a seul entre les animaux la faculté d'agir volontairement sur lui-même; et cette action il l'exerce sur son esprit et sur son ame, à se donner tantôt des lumières et des vertus, tantôt des erreurs et des vices. Ainsi, selon que ses vertus l'élèvent, ou que ses vices le dégradent, il s'assimile aux esprits célestes, ou aux plus vils des animaux; intervalle prodigieux que la nature a laissé libre à l'action de la volonté.

L'homme peut donc altérer en lui cette bonté d'instinct qu'il a reçue de la nature, comme il peut l'ennoblir et la perfectionner; il peut, en se livrant à un amour effréné de lui-même, se rendre semblable à l'animal vorace qui n'est guidé que par la faim. Il peut être farouche au point de rompre tout lien de société avec ses semblables, de regarder l'espèce humaine comme son ennemie ou comme son esclave, et employer tout ce qu'il a de force à se faire servir par elle, sans se croire obligé lui-même à la servir. De là sa haine pour toute sorte de devoir et de dépendance, sa fière ingratitude, son oubli des bienfaits, son mépris des lois et des mœurs, son abandon à tous les mouvements d'une volonté passionnée, qui n'a plus ni règle ni frein. Il peut aussi, plus digne du don que Dieu lui a fait d'une volonté libre, en user comme d'un moyen de renchérir sur le prix de ce don, en se rendant meilleur que ne l'a formé la nature; mettre sa dignité, sa gloire, son bonheur à ressembler, autant qu'il lui est possible, à l'être excellent dont il est l'ouvrage; exalter enfin ses pensées, ses sentiments, son caractère au point de ne pouvoir souffrir en soi d'autre penchant, d'autre désir que de se rendre utile, d'autre intérêt que d'être juste et vertueux.

Nous voici donc arrivés, mes enfants, au point de la difficulté, et au moment de voir si, dans l'alternative de placer l'homme libre entre le vice et la vertu, ou de lui ôter à-la-fois la liberté de l'un et de l'autre, Dieu n'a pas fait ce qu'il y avait de mieux et de plus digne de sa bonté.

Sans la liberté, point de vice. Sans la liberté, point de vertu. Tout serait nécessaire et physique dans l'homme. Or, représentez-vous des ames, comme celles de Socrate et d'Aristide, de Régulus et de Caton, d'Antonin et de Marc-Aurèle; ou de Vincent de Paul, de Bélisaire et de Las Casas (car ceux-ci vous sont mieux connus); et dites-moi si, parmi les ouvrages de l'Éternel, vous connaissez rien de plus beau qu'un être libre de cette espèce. Vous dirai-je ce qui me semble de l'excellence de la vertu? Je la regarde comme le chef-d'œuvre d'un Dieu. Nulle bonté ne peut approcher de la bonté d'un être libre. C'est le plus ravissant spectacle que l'Éternel ait pu se donner à lui-même; et, n'ayant pu créer des dieux, je ne crois pas qu'il ait pu tracer une plus digne image de lui-même que l'ame d'un être libre et juste.

Or, croyez-vous que, pour ôter à l'homme la liberté d'être vicieux et méchant, il fût de la bonté divine de refuser à l'homme la liberté et le mérite d'être bon, d'être vertueux? Le méchant le dira peut-être; mais demandez-le aux gens de bien. Où serait leur mérite, leur dignité, leur gloire, leurs droits à la reconnaissance, à l'estime de leurs semblables, et leurs titres à l'espérance d'une heureuse immortalité, s'ils n'avaient différé des autres animaux que par un instinct mieux conduit, et par les ressorts mieux réglés d'une volonté mécanique? Tant pis pour les cœurs corrompus, dépravés, endurcis au crime et aux remords, s'ils n'ont pas fait de leur liberté le même usage que l'homme juste et magnanime. Ce n'était pas en faveur des méchants que Dieu devait changer l'ordre de la nature, priver les bons d'en être le plus bel ornement, et se priver lui-même du spectacle d'une belle ame aux prises avec ses passions et victorieuse de ses propres faiblesses : *Spectaculum dignum, ad quod respiciat intentus operi suo Deus.* (SENEC.) L'etre libre devait entrer dans le plan de la création, et je l'y vois, s'il est vertueux, comme le fleuron destiné à couronner la pyramide.

Mais, sans nous élever si haut, ne considérons l'homme que dans l'état moyen, où le plus grand nombre est placé. Sa raison n'est pas infaillible; elle a ses faux calculs, ses illusions, ses erreurs; l'instinct moral qui devrait la conduire,

s'altère et se vicie comme l'instinct physique.
Mais, malgré ces altérations, ne reconnaît-on pas
en lui l'intention de la nature et les premiers
traits de sa loi? N'a-t-il au-dedans de lui-même
rien qui l'attriste et qui l'oppresse, lorsqu'il voit
souffrir son semblable; rien qui l'accuse, lorsque
lui-même il l'afflige et le fait souffrir; rien qui
l'excite à le secourir, s'il le voit en péril, ou à le
soulager, s'il le voit dans la peine; rien qui l'attache à lui, s'il en a reçu des bienfaits? Parmi les
peuples même les plus incultes, ne trouve-t-on
aucune trace d'humanité, de bonne foi, de justice, de bienfaisance, aucun exemple de bonté
généreuse et naïve, aucun trait ingénu de magnanimité? Et quel autre législateur que la nature a dicté ces devoirs à l'homme et lui a inspiré ces vertus dans des climats où l'on ignore
jusqu'aux noms de vertus, de devoirs et de lois?

C'est cette inclination naturelle qu'on voit dans
l'homme à être bon, et cette liberté de suivre les
mouvements de la nature qui confondent l'impie,
lorsque, dans ses blasphèmes, il impute à son
Dieu la dépravation de son ame. L'être bon par
essence n'est l'auteur d'aucun mal; et demain
vous reconnaîtrez que l'être infini, éternel, nécessairement accompli, est nécessairement l'être
bon par essence.

LEÇON NEUVIÈME.

De la Divinité et de ses attributs.

Je commence par reconnaître que nous ne pouvons avoir de l'essence divine qu'une idée vague et confuse, et que ce serait le comble de l'orgueil et de la folie que de vouloir la définir.

Je conviens aussi que ses attributs et son existence elle-même ne nous sont connus que par l'induction que nous tirons de ses ouvrages, soit hors de nous, soit en nous-mêmes, et que, lorsque les hommes, par assimilation de leur faible nature avec cette nature infinie et parfaite, lui ont attribué des qualités humaines, ils sont tombés dans de pareilles erreurs.

Mais les sceptiques ont, ce me semble, trop abusé de l'aveu que l'on fait, d'adorer Dieu sans le connaître.

Lorsque les Athéniens élevèrent un temple *au Dieu inçonnu,* sans doute ils entendirent, par ce mot *Dieu,* un être d'une nature excellente et infiniment supérieure à celle de l'homme; ils le supposaient immortel, puissant, éclairé, juste et sage, enfin digne de leurs autels, et meilleur que leurs dieux vulgaires; car, sans cela, pourquoi l'auraient-ils inventé? Je vous ai dit ailleurs qu'il est impossible de penser à une substance sans lui donner quelque attribut, et regarder comme impossible d'attacher à l'idée de l'existence d'un Dieu aucun attribut concevable, c'est interdire à l'homme toute faculté d'y penser.

J'accorde au pontife Cotta, et à Montaigne qui le copie, qu'aucune des qualités humaines, ni la prudence, ni la raison, ni l'intelligence, ni la tempérance, ni la force, ni même la justice, telles qu'on les entend lorsqu'on les attribue à l'homme, ne peuvent convenir à la Divinité. *Quid enim? prudentiam ne Deo tribuemus, quæ constat ex scientiâ rerum bonarum et malarum, et nec bonarum nec malarum? Cui mali nihil est nec esse potest, quid huic opus est delectu bonorum et malorum? Quid autem ratione? Quid intelligentiâ, quibus utimur ad eam rem, ut apertis obscura assequamur? At obscurum Deo nihil potest esse. Nam justitia, quæ suum cuique tribuit quid pertinet ad Deos? Hominum enim societas et communitas, ut vos dicitis, justitiam procreavit. Temperantia autem constat ex prætermittendis voluptatibus corporis, cui si in cœlo locus est, est etiam voluptatibus. Nam fortis Deus intelligi qui potest, in labore an in dolore! an in periculo? quorum Deum nihil attingit. Nec ratione igitur utentem, nec virtute ullá præditum Deum intelligere qui possumus?* (Cic. de Nat. Deor.) Non, rien de tout cela, comme vous l'entendez, aurais-je répondu au pontife Cotta, ne peut s'attribuer raisonnablement à un Dieu. Mais ne dites-vous pas vous-mêmes qu'un Dieu n'a pas besoin de ce discernement que l'on nomme prudence? Que l'intelligence et la raison qui, dans l'homme, découvrent les choses inconnues par le moyen de celles dont il a connaissance, sont inutiles à un Dieu, puisqu'il n'y a pour lui rien d'obscur? Que, n'ayant aucune société, aucune convention qui l'oblige à rendre à l'homme ce qui lui appartient, il n'y a point en lui de cette espèce de justice? Qu'étant inaccessible aux voluptés des sens, la tempérance lui est étrangère? Qu'exempt de travaux, de douleurs et de périls, on ne voit pas à quoi lui servirait la force humaine? Vous reconnaissez donc dans l'essence divine des attributs incompatibles avec ceux que vous rebutez.

Dieu n'est pas prudent; il est sage : il voit le vrai, il veut le bien. Sa force est la toute-puissance; sa justice n'est que bonté. Il est de soi, il est en soi; et, pleinement heureux dans son éternelle existence, rien ne manque, rien ne peut nuire à son intarissable et profonde félicité. Voilà, je crois, en l'adorant, ce qu'il est permis de penser; et c'est ainsi que la faible idée que l'on peut concevoir de la Divinité, ne laisse pas de lui être propre et de ne convenir qu'à l'être infini et parfait.

En vous parlant de l'infini, j'essaie de vous faire entendre ce qui semble devoir passer mon intelligence et la vôtre; mais, sans mesurer l'infini, sans prétendre sonder la profondeur de cet abyme, voyons s'il est absolument impossible à l'esprit humain de s'en former, je ne dis pas une image, mais une idée; car l'image et l'idée, dans notre entendement, ne sont pas une même chose; et bien souvent l'esprit conçoit très-nettement ce qu'il ne peut s'imaginer. Ni l'idée du vrai, ni l'idée du juste, n'est une image dans votre esprit; et cependant rien de plus clair pour vous, de plus distinct que ces idées; mais, comme assez souvent l'idée d'un objet est revêtue de son image, on s'habitue à les confondre; et c'est en prenant l'une pour l'autre, qu'on nous dit qu'il est impossible d'avoir l'idée de l'infini.

Il est certain que, dès que l'idée de l'existence est figurée par une image, elle est l'idée du fini; car l'image la circonscrit et la limite dans la pensée. Par exemple, on s'est peint le ciel comme une voûte de crystal ou d'azur qui enveloppait le monde, et au-delà duquel était le néant. Voilà l'image du fini, le dieu de Xénophane et des stoïciens.

Mais concevez-vous quelque espace au-delà duquel il n'y ait pas encore de l'espace? quelque enfoncement dans l'étendue où se termine l'étendue? quelques étoiles, par exemple, qui soient le terme de l'immensité? Non, et quel qu'en soit l'éloignement, votre pensée va au-delà, et encore au-delà, sans jamais trouver de limites. Si donc il vous est impossible de concevoir un point où finisse l'espace; si, au contraire, il vous est évident qu'il est de son essence de n'avoir point de fin, vous avez une idée très-nette et très-distincte de l'infini dans l'étendue, et cette idée, toute vague qu'elle est, ne laisse pas d'être assez précise pour n'admettre rien qui répugne à l'essence de son objet; car si l'on dit de l'espace infini ce que l'on dit d'un corps ou d'une étendue figurée, votre esprit s'y refuse. Par exemple, lorsque Pascal vous dit que *l'immensité est un cercle*, aussitôt vous sentez que l'idée de circonférence et celle de rayons égaux répugnent à l'idée d'un espace infini; qu'il ne peut être, même intellectuellement, ni figuré, ni mesuré; et que, s'il se divise, ce n'est jamais que fictivement et par abstraction. Il faut donc qu'à ces mots, *l'immensité est un cercle*, Pascal ajoute, *un cercle dont le centre est par-tout, et dont la circonférence n'est nulle part.* Alors ce *cercle*, qui n'est plus un cercle, ne signifie qu'un espace qui, de quelque point idéal d'où la pensée le parcourt, lui présente l'immensité.

Nous avons de même l'idée de l'infini dans la durée; et, comme il nous est impossible de diviser, de mesurer l'espace, il nous est de même impossible de diviser, de mesurer l'éternité. Soit donc qu'on pense à la durée ou à l'espace, les limiter, ce n'est qu'oublier qu'il en est encore au-delà; et l'image qui les termine n'est qu'un point de repos, une borne fictive à laquelle notre pensée a résolu de s'arrêter. Il est bien vrai que, si nos sens ne nous avaient pas transmis l'image de l'espace fini, nous n'aurions jamais eu l'idée de l'infini dans l'étendue; mais cette idée des trois dimensions ayant une fois dépouillé les terminaisons, les figures, les contours, les couleurs, les formes, qui en font une image sensible, et s'étant affranchie de ses limites intellectuelles, ce n'a plus été que la notion pure de l'infini.

La plus légère attention à cette idée de l'infini nous fait voir qu'il est incompatible avec un autre infini du même genre; car ils seraient exclusifs l'un de l'autre; et ce qu'on nous dit de deux infinis dans l'espace, de deux infinis dans la durée, n'est rien qu'une subtilité. Non, deux espaces infinis n'en font qu'un; et lorsqu'on s'imagine que l'infini dans le passé, et l'infini dans l'avenir, sont, chacun, plus petits que l'un et l'autre ensemble, ou que l'infini vers l'orient, et l'infini vers l'occident, ne sont chacun que la moitié de l'infini dans l'un et l'autre sens, c'est dans le fini qu'on retombe : le plus et le moins, la moitié, la mesure, la quantité, la grandeur relative, sont des termes qui impliquent contradiction avec l'idée de l'infini. Une infinité de minutes, ou une infinité d'atômes, n'est pas moindre qu'une infinité de siècles ou qu'une infinité de mondes. Toute comparaison de grandeur ou de quantité suppose des limites. L'idée qui exclut toutes limites exclut donc toute comparaison de grandeur et de quantité.

Mais deux infinis de genres différents, loin de s'exclure et d'être incompatibles, s'identifient et n'en font qu'un. La seule difficulté d'en concevoir la coexistence se réduit à savoir quel en est le sujet. L'éternité, l'immensité, ne sont que des attributs qui supposent une substance; s'il n'y avait rien qui fût réellement d'une étendue sans limites, ou d'une durée éternelle, l'infini en durée, ou en étendue, ne serait qu'une idée fantastique; et, au-delà des bornes du temps et de l'espace, il n'y aurait que le néant. Or, un néant immense, un néant éternel, sont des termes vides de sens. Y a-t-il donc en réalité un objet qui réponde à l'idée de l'infini? et s'il y en a un, quel est-il? Il y en a un, et ce n'est pas le monde.

Au-delà des sphères célestes et des étoiles mêmes que nous n'apercevons qu'avec l'aide du télescope, notre pensée, en s'enfonçant dans l'immensité de l'espace, conçoit au moins encore la possibilité d'un nombre indéfini d'autres étoiles, d'autres mondes; et, dans le temps de leur durée, elle ne trouve point de terme où s'arrêter. L'imagination pourrait donc aisément s'égarer dans ces profonds abymes; et, s'il ne s'agissait que de réunir ces deux infinis de l'étendue et de la durée, peut-être croirions-nous les voir dans l'existence de l'univers.

Mais dans l'univers tout annonce une intelligence, une force, une prévoyance infinie; mais en même temps tout démontre que cette force active, intelligente et prévoyante, qui meut et gouverne le monde, n'est pas à lui, et n'est pas en lui. Aucune partie de l'univers ne sait le secret de son existence ; tout l'univers ensemble n'en est pas mieux instruit. Chacune des intelligences qui anime les corps organisés, a le sentiment de son être, et quelques perceptions de ce qui l'environne ; aucune n'a l'idée de l'ensemble et du tout. Les éléments, les corps célestes ; et, depuis le grain de poussière jusqu'au globe du soleil, tous les corps obéissent aux lois du mouvement ; mais aucun ne commande ; et le conseil, et la sagesse, qui préside à ces lois n'est pas du monde et n'est pas dans le monde. Si donc le monde était infini en durée et en étendue, l'intelligence toute-puissante qui le meut, qui l'anime, qui le gouverne, qui l'embrasse, devrait être infinie comme lui en durée et en étendue ; et de plus elle aurait sur lui ces avantages de puissance et de providence, de force et de domination ; elle aurait sur lui cette action irrésistible, cet empire, qui ne peut être que l'attribut d'un être créateur. Il y aurait deux infinis coexistants dont l'un obéirait à l'autre, dont l'un serait l'ame de l'autre ; et c'est encore la moins absurde des hypothèses dans le système de l'éternité de la matière ; car au moins elle fait du monde un composé de corps et d'ame ; et l'homme a pu s'imaginer que le monde est fait comme lui ; mais cela même est insensé.

Si la matière est éternelle, son existence est absolue : elle est en soi, elle est de soi, elle est à soi, elle a tout ce qui lui est propre, et tout ce qu'elle peut avoir. A quelle action serait-elle accessible? Je vous l'ai dit : un seul atôme, s'il était incréé, serait indépendant. L'action suppose la création; elle en est une suite; et, entre des êtres coéternels, il est impossible de concevoir d'autres rapports que celui de coexistence. C'est une vérité inébranlable que je vous donne pour appui. Souvenez-vous donc bien que la matière n'obéit à l'action d'un moteur, que parce qu'elle est son ouvrage. Si, comme lui, elle était incréée, ce serait un être absolu et immuable comme lui. La matière n'est donc pas infinie dans sa durée; et plus évidemment encore elle ne l'est pas dans son étendue. Il est de l'essence des nombres d'être composés d'unités. Aucun nombre ne peut donc être actuellement infini. La matière est divisible à l'infini, mais cette divisibilité à l'infini n'est qu'une qualité virtuelle. Un tout composé de parties réellement distinctes n'en contient qu'un nombre fini. Or, les parties de la matière sont si réellement distinctes qu'elles sont même, dans leur apposition et dans leur contiguité, impénétrables l'une à l'autre; et chacune de ses parties a ses dimensions, ses limites. Donc le tout qui en est composé est aussi terminé dans ses dimensions : l'infini ne peut être composé de finis. Donc, quelle que soit l'étendue de la matière, elle a ses bornes. Donc le monde, qui n'est qu'un tout matériel, est nécessairement borné.

Nous voilà revenus à cette vérité, qu'il n'y a qu'un seul infini. Quel est-il donc cet infini unique, absolu par essence; cet être qui est tout par lui-même; cet être simple, indivisible, inaltérable, et dont l'idée exclut tout ce que n'admet pas l'idée de l'infinité? Cet être, mes enfants, c'est Dieu. Voilà le mot de la grande énigme, sans lequel tous les prétendus interprètes de la nature ne feront que balbutier.

Toute existence finie a une cause et un commencement. Le seul être infini n'en a point et n'en peut avoir. Il est donc essentiellement la cause universelle. Tout ce qui n'est pas lui n'existe que par lui. Or, le principe de l'existence doit contenir éminemment tous les modes de l'existence. Par exemple, il n'est pas étendu; il est immense. Il n'est pas durable; il est éternel. Il n'est pas mobile; il est la puissance motrice. Il n'est pas susceptible de plaisir et de peine, de joie et de tristesse; mais il est le principe de toute sensibilité. Il n'a aucune de nos vertus humaines; mais il est par essence dans un degré suprême, la bonté, la sagesse, la vérité, la sincérité, l'équité, etc. C'est ainsi qu'en perfections, tous les infinis concevables se réunissent et n'en font qu'un.

Et au contraire, supposez, mes enfants, que

l'infini en étendue et en durée fût le monde. Quels seraient dans cet infini matériel les attributs d'où émaneraient les dons de la vie et de la pensée, l'intelligence, la mémoire, la prévoyance, la raison, le génie, et tout ce qui dans l'homme est si supérieur aux phénomènes de la matière? Quoi! cette parcelle du monde, cette molécule animée, l'homme aurait dans ses facultés ce que le monde n'aurait pas! il concevrait dans sa pensée un infini d'une excellence et d'une plénitude de perfections si supérieure aux qualités et aux modes de la matière; et cette idée sublime, dans un corpuscule vivant, ne serait que l'effet d'un mouvement fortuit, accidentel ou mécanique! Non, mes enfants, toute vague et confuse qu'elle est, cette idée d'un Dieu ne peut venir que de lui-même; elle ne peut avoir pour principe que son objet. L'homme, sans un rayon de la Divinité, n'en eût pas entrevu l'essence. On a raisonné juste, lorsqu'on a dit : s'il est possible que Dieu existe, il existe réellement. Car, à l'égard d'un Dieu, la possibilité emporte la réalité. Mais ce sera bien raisonner encore que de dire : si j'ai l'idée d'un Dieu, il existe. Car l'idée d'un Dieu ne peut être qu'un don divin. Or, cette idée qui vient de lui, qui ne convient qu'à lui, je l'ai, je la possède; et autant ma raison rebute obstinément l'idée d'un infini défectueux, autant elle adopte et conçoit facilement l'idée d'un infini absolu et complet, d'un infini qui soit l'être par excellence et dans toute sa plénitude, et qui seul, existant par lui-même et sans cause, soit la cause première et le principe unique de tout ce qui, n'étant pas lui, ne peut exister que par lui.

LEÇON DIXIÈME.

Des facultés de l'entendement humain, la mémoire, la réflexion, la prévoyance, l'imagination, le sens intime.

Quoique, dans l'homme, toutes les facultés intellectuelles soient bien évidemment des dons divins, comme vous l'avez vu, le plus étonnant de ces dons et le plus merveilleux est encore la mémoire. Les perceptions directes, les conceptions isolées et fugitives, la simple intelligence, la sensation, l'idée, ont un objet présent, une cause immédiate. L'objet de la mémoire est absent, éloigné, souvent même il n'est plus. La mémoire est dans l'entendement une reproduction perpétuelle des impressions qu'il a reçues : c'est une faculté de l'ame qui lui rend présent le passé, qui lui en retrace l'image, et qui, même de loin, le lui rappelle à volonté, souvent sans autre cause que sa volonté même, et seulement par l'inexplicable pouvoir qui lui est donné, de mettre en mouvement dans le cerveau les mêmes fibres, ou les mêmes esprits qu'a ci-devant émus l'action des objets sur les sens.

Souvent aussi le souvenir, l'effet de la mémoire, est mécanique, involontaire, et n'est produit dans l'ame que par l'ébranlement fortuit des fibres du cerveau. Cette espèce de souvenir me semble être commun aux hommes et aux bêtes : c'est le sens qui agit sur l'ame. Au lieu que la mémoire volontaire est exclusivement propre à l'homme : c'est l'ame qui agit sur le sens, et qui, pour ainsi dire, lui commande de répéter l'émotion qu'il lui a causée, et de laquelle a résulté la pensée ou le sentiment. Ainsi l'organe de la mémoire est tantôt comme un instrument dont le mobile est hors de l'ame, et tantôt comme un instrument qu'elle touche elle-même, lorsqu'elle veut qu'il lui rappelle l'impression qu'elle en a reçue, l'effet qu'elle en a ressenti. Mais, dans l'une comme dans l'autre espèce de mémoire, soit mécanique, soit volontaire, c'est toujours immédiatement du jeu de cet organe mystérieux et incompréhensible que résulte le souvenir.

Et remarquez que ce n'est pas uniquement de l'impression directe, renouvelée dans le cerveau, que dépend la reproduction de l'idée qu'elle a fait naître, ou le ressouvenir du sentiment qu'elle a causé. Un trait d'analogie, de ressemblance, un seul point de relation entre deux impressions diverses, fait que l'une rappelle ce que l'autre a produit. On dirait que des fibres du cerveau la nature a fait un tissu, dont un fil remué fait mouvoir les fils qui le touchent. Il n'est pas même nécessaire que la relation des idées soit naturelle, comme de la cause à l'effet, du principe à la conséquence, du simple au composé, etc. Le seul usage, l'habitude monte et accorde l'instrument de la mémoire, de façon que, si telle corde est pincée, telle autre corde résonnera.

Enfin, non-seulement l'usage et l'habitude forment ces relations, produisent ces accords dans l'instrument de la mémoire; une fantaisie, un caprice de la volonté en décide, et les établit. J'ai connu un homme qui, s'étant dit une fois que tel objet réveillerait en lui l'idée de tel autre objet très-dissemblable, retenait cette liaison. On lui donnait des nombres à calculer ensemble: il attachait, me disait-il, l'un de ces nombres à quelque objet frappant, l'un, par exemple, au dôme des Invalides, un autre au frontispice du Louvre, d'autres aux tours de Saint-Sulpice, etc., et il avait présente une longue série de nombres dans le même ordre qu'on les lui avait dictés; si bien qu'il en donnait la somme, la racine, le quarré, le cube.

Vous concevez sans peine que l'action de l'ame sur l'organe de la mémoire a plus ou moins de force, de facilité, de durée dans ses effets, selon que cet organe a plus ou moins de souplesse, de consistance et de ressort. Vous concevez aussi que la mémoire involontaire, le souvenir que laissent les impressions du dehors, dépend des mêmes qualités de l'organe; et ces qualités naturelles se perfectionnent dans l'homme par un exercice modéré, mais habituel. Car, mes enfants, si la contention d'un travail excessif énerve la mémoire, la négligence et l'oisiveté la paralyse et la détruit.

On a distingué figurément trois sortes de mémoire : celle où l'impression des objets se fait aisément, mais d'où elle s'efface avec la même facilité ; celle où les objets se gravent difficilement, mais d'où ils ne s'effacent jamais ; et celle qui retient long-temps les impressions qu'elle reçoit sans peine : celle-ci également docile, fidèle et durable, est la plus heureuse des trois ; mais elle est aussi la plus rare.

En vous parlant des impressions que le cerveau retient, des impressions qui s'en effacent, j'adopte moi-même un langage reçu, un langage métaphorique. Pris à la lettre, il signifierait des images tracées, et des images effacées. Or, il est absurde de supposer que le cerveau soit susceptible de pareilles empreintes. Plus on dissèque cette substance molle, plus on trouve impossible que du mouvement d'oscillation, de pression, de ressort des corpuscules qui la composent, ni du mouvement des fluides qui l'arrosent, et qui coulent dans les rameaux des veines capillaires dont elle est sillonnée, résultent des reproductions d'idées, de sensations ou d'images, encore moins de longs souvenirs. Lorsqu'un homme retient une harangue qu'il entend ; lorsque, d'une seule lecture, il enlève cinq cents et jusqu'à mille vers (car on en a vu des exemples), il ne faut donc pas croire que tous ces mots liés ensemble soient imprimés dans son cerveau, ni que la symphonie que tel autre exécute après l'avoir entendue une fois, soit notée dans sa mémoire. Le souvenir, du côté de l'organe, n'est qu'une suite d'émotions renouvelées; et ces émotions physiques n'ont rien de ressemblant au son, à la couleur, à la figure de l'objet qui les a causées. Ce n'est qu'un mouvement auquel le sentiment, l'idée, les souvenirs, sont attachés par la cause première, par la cause incompréhensible. Dans le pouvoir donné à l'ame de reproduire ces mouvements, voici encore une singularité remarquable. Un mot, un nom, un fait curieux, un trait intéressant m'est échappé; je veux m'en souvenir, je le cherche dans ma mémoire. Ma pensée rode alentour, si je puis m'exprimer ainsi; je sens que j'en approche; je l'ai au bout de la langue (pour me servir de l'expression vulgaire). Que fait mon ame dans ce moment? elle ébranle dans mon cerveau toutes les fibres analogues ou voisines de celle dont l'émotion l'intéresse. Enfin cette fibre est émue, et tout-à-coup je me souviens de ce que j'avais oublié. Quelquefois même c'est dans le sommeil, et à mon insu, que se passe cette recherche vague, ce mouvement inquiet de mes esprits dans mon cerveau; et ce dont je n'ai pu me souvenir la veille, vient comme de soi-même se présenter à mon réveil.

Les songes sont eux-mêmes les erreurs d'une mémoire vagabonde. C'est communément un retour de pensée ou d'images incohérentes, mais qui nous sont familières. Souvent aussi c'est un mélange d'objets confus, auxquels on n'a jamais pensé, ou qui depuis long-temps nous sont sortis de la pensée. Il semblerait que le cerveau serait organisé comme un clavecin, sur les touches duquel des souris se promènent. Elles rencontrent quelquefois des accords, mais parmi ces accords une foule de discordances.

Qu'est-ce donc enfin que cet organe de la mémoire ? est-ce, comme on le dit communément, un dépôt d'idées divisé en cases, en cellules, en rayons, où les souvenirs sont recueillis, distribués, rangés, en attendant que l'ame y donne son attention, et les retire de l'oubli? Ce langage peut satisfaire des esprits superficiels; mais à l'approfondir, il n'y a rien de raisonnable. En se succédant l'une à l'autre, les idées se chassent comme les flots. Leur cause immédiate n'est que du mouvement; et, dès que ce mouvement cesse, l'idée se dissipe et se perd dans l'oubli. Que serait-ce en effet, soit dans la moëlle du cerveau, soit dans les veines qui le sillonnent, dans les fluides qui l'humectent, que serait-ce que des idées, des images, des tableaux mêmes, qui d'abord aperçus, et qui, cessant de l'être, ne laisseraient pas d'y rester présents, et cachés comme sous un voile? que serait-ce que les traces qu'auraient laissées dans mon cerveau, une longue lecture, un morceau d'éloquence ou de poésie, un long récit d'événements? il y a dix ans que telle chose m'a passé de l'esprit; je veux m'en souvenir, et je me la rappelle. Les caractères en étaient-ils déposés invisiblement dans un coin de ma tête; et, comme dans l'obscurité, attendaient-ils là que mon ame y voulût porter la lumière? Certes, le magasin de la mémoire dans le cerveau serait immense, s'il contenait tout ce qu'un homme instruit se rappelle quand il lui plaît!

Toutes ces figures de mots dont l'imagination se contente, lorsqu'on définit la mémoire, sont vaines et frivoles à l'examen de la raison. Il n'y a qu'une manière simple et vraie d'en concevoir et d'en expliquer les prodiges. A tel mouvement d'une fibre ou d'une molécule particulière du cerveau, la cause universelle a voulu que fût attaché le souvenir de telle idée ou de telle affection de l'ame. Une première impression que l'ame a reçue par les sens, lui a fait concevoir telle pensée ou éprouver tel sentiment: la cause n'agit plus; l'effet cesse avec elle; tout s'éteint, tout s'évanouit. Mais soit par accident, soit par la volonté de l'ame, l'émotion de la même fibre se renouvelle; et la même idée, ou le souvenir du même sentiment se reproduit. Il n'y a de différence entre l'effet accidentel et l'effet volontaire, que celle de leurs causes secondes, l'une spon-

-tanée et fortuite dans les mouvements organiques; l'autre délibérée, et soumise à la volonté.

Mais quel empire la volonté de l'ame peut-elle avoir sur les mouvements du cerveau? aucun par elle-même ; mais tout celui qu'il aura plu au créateur de lui accorder; le même empire qu'elle exerce sur les organes destinés à lui obéir, sur les nerfs qui sont les mobiles de l'œil, de la main, de la langue, etc. Cela posé, rien de plus concevable que la mémoire involontaire, qui dans les bêtes, comme dans l'homme, est le principe des inclinations, des aversions, des ressentiments, etc.; rien de plus concevable encore que la mémoire volontaire, que l'homme se donne à lui-même et qui n'appartient qu'à lui seul.

Le chasseur et le chien se souviennent également du lièvre qu'ils ont poursuivi, et l'un comme l'autre, en dormant, ils rêvent qu'ils chassent encore : ces souvenirs sont mécaniques. Mais l'homme se rappelle les événements de sa vie, ses méditations, ses études, et cette suite de souvenirs délibérés et volontaires. Aucun des animaux ne peut se la donner. C'est le principe de la prudence et la base de la raison. Car le jugement ne peut s'exercer que sur des idées coexistantes : sans leur présence simultanée, il serait impossible à l'ame d'en apercevoir le rapport. Or, la mémoire est la faculté qui les retient, qui les empêche de se dissiper, de se dérober l'une à l'autre, soit en obligeant celle qui arrive la première d'attendre celles qui la suivent, soit en ramenant celles qui se sont échappées pour les réunir en un point : sans quoi toutes nos perceptions isolées et fugitives, comme les vapeurs du sommeil, n'auraient jamais aucun ensemble.

Vous concevez combien cette faculté de l'entendement, plus ou moins perfectionnée, donne plus ou moins d'avantage à l'esprit et à la raison. J'ai vu Fontenelle, sur la fin de sa longue vieillesse, gémir à chaque instant de la défaillance de sa mémoire, et, en s'arrêtant au milieu de l'énoncé de sa pensée, avouer que le fil de ses idées était rompu. Son silence, et le geste qui en exprimait la cause, nous affligeaient sensiblement.

Locke a fait voir qu'en nous le sentiment d'identité, de continuité d'existence individuelle, tient essentiellement à la mémoire. Et en effet, sans le souvenir au moins confus de sa propre existence, l'homme du lendemain ne serait plus l'homme de la veille ; ce serait un homme nouveau. C'est ce qui rend si frivole et si vain le vieux système de la métempsycose.

Mais une autre sorte d'identité qui est démontrée par la mémoire, c'est l'indivisible unité de la substance pensante.

Vous avez vu qu'il est de l'essence de la matière d'être étendue, et que le plus petit atôme est composé de parties réellement distinctes. Si donc l'être pensant était matériel, étendu, divisible ; si la mémoire était un mode de cet organe matériel; quelle en serait la parcelle unique et centrale, où aboutiraient les souvenirs? Tous les modes des corps, la couleur, la chaleur, la pesanteur, le mouvement, etc., y sont distribués en autant de parties que la masse en contient; nous l'avons déja dit. Il en serait de même des souvenirs dans l'ame, si elle était matérielle. Chaque point de son étendue en aurait retenu quelque parcelle, et ce serait comme une suite d'images dont les traits seraient joints par apposition; mais la perception commune de ce recueil d'idées, l'identité, l'unité de l'acte de la réminiscence, où résiderait-elle? Et soit qu'on place la mémoire dans la substance médullaire, ou dans les fibres du cerveau, ou dans une seule molécule, comment cette ame divisible concevrait-elle indivisiblement, et en un point mathématique, tous ces souvenirs ramassés? La faculté de la mémoire, comme celle de la pensée, comme celle du jugement, est donc une preuve évidente de la spiritualité de l'ame, de son indivisible et parfaite simplicité.

La réflexion est quelque chose de plus que le repos de l'ame sur la pensée qui lui est présente. Ce n'est pas même une simple attention qu'elle donne à des idées fugitives, à des sentiments passagers. L'ame, en réfléchissant à ce qui se passe en elle-même, a le don de fixer et de rendre immobile ce mode de son existence. Le présent, le passé, l'avenir, sont les objets qu'elle médite tantôt séparément et tantôt par comparaison. La réflexion est comme la balance du jugement et de la volonté; c'est le conseil de la raison; et, comme la mémoire est la mère de la science, la réflexion est la mère de la prudence et de la sagesse. Le juste, l'honnête, l'utile, le bien, le mal, et leurs contraires, ne sont connus que des esprits qui, dans le calme et le silence des passions, recueillis en eux-mêmes, sont en état de réfléchir, et sur leurs sentiments innés, et sur les perceptions et les affections qui leur arrivent par les sens.

Je vous ai fait observer ailleurs combien la méditation ajoutait à la force, à la fécondité de la pensée et du génie. Or, la méditation n'est qu'une réflexion plus fixe encore et plus profonde. Elle a produit les Archimèdes, les Newtons, les Pascals : les lois, les arts, presque toutes les grandes conceptions, lui doivent l'existence. Lorsqu'on demandait à Newton comment il avait découvert le système du monde; c'est, répondait-il, en y pensant toujours. Voyez combien il est absurde d'imaginer que l'être qui agit ainsi sur lui-même soit la moëlle du cerveau !

La prévoyance n'est que la réflexion qui, du présent et du passé, se porte et s'enfonce dans l'avenir. Ce qui a été, sera : mais quand? dans quelles circonstances et par quelles combinaisons? C'est ce qui exerce la prévoyance et qui la rend en même temps si active et si incertaine. Que du passé à l'avenir tout se ressemble dans les causes, hors un seul point qui échappe à la comparaison, l'événement ne sera plus le même. L'induction n'est juste qu'autant qu'elle est complète; elle ne l'est presque jamais. Aussi la prévoyance dans les choses humaines n'obtient elle presque jamais qu'une certitude morale. L'exemple du passé peut être un bon avis, mais rarement est-il un fidèle garant.

L'imagination se mêle fréquemment aux calculs de la prévoyance et la rend à-la-fois plus vive et plus trompeuse. La force en est incalculable, et n'a pour mesure que le degré de chaleur dans le sang et dans les esprits, que le degré d'irritabilité dans les nerfs, de mobilité dans les fibres.

L'imagination est, comme la mémoire, tantôt passive et remuée par l'organe des sensations, tantôt active au gré de l'ame et soumise à sa volonté.

L'imagination passive, mécanique et involontaire, semble aussi, comme la mémoire, être commune à l'homme avec les animaux.

Mais, dans les animaux, l'imagination est incohérente et passagère; dans l'homme, elle est fixe et constante. Modérée, elle fait les délices du sentiment et de la pensée; trop forte ou trop ardente, elle en fait le tourment.

Comme elle embrasse tous les temps, elle répond à toutes les vues de l'esprit. A l'égard du passé, c'est une sorte de mémoire, colorée, animée, en images et en peintures. Pour les temps à venir, c'est une prévoyance inquiète, ardente, exagérée et féconde en présages. Quant aux objets présents de la pensée, elle en produit des conceptions, elle en compose des tableaux dont l'ensemble n'a point de modèle dans la nature : ce sont comme des rêves entre la veille et le someil. En général, c'est dans l'entendement une faculté créatrice d'illusions et de chimères. Dans le passé, elle exagère les souvenirs, les ressentiments, les regrets; dans l'avenir, elle exagère les espérances, les désirs et les craintes; dans le présent, elle s'environne de visions fantastiques, de mensonges flatteurs, ou de prestiges effrayants.

Dès que l'imagination est frappée de quelque vraisemblance, le possible pour elle n'est plus incertain, il existe. Est-ce un danger, il est instant. Est-ce un malheur, il est actuel; est-ce une peine, est-ce un plaisir, elle en affecte l'ame si vivement, que la réalité même lui serait moins sensible; et de là vient que ceux en qui l'imagination domine, ont des moments si enchanteurs, et des moments si douloureux.

Plus la raison médite et réfléchit, plus elle s'éclaire. Plus l'imagination se fixe sur son objet, plus elle s'éblouit.

Lors même que l'objet a un fonds de réalité, l'imagination, comme le prisme, en altère encore les couleurs, ou, comme la lentille, elle en grossit le volume.

Selon la teinte qu'elle a prise de l'humeur ou du caractère, elle éclaircit ou noircit ses peintures, amplifie ou réduit et rehausse ou rabaisse ce qu'elle présente à l'esprit : brillante dans la joie, sombre dans la tristesse; complaisante ou sévère au gré de ses caprices, ou des accidents qui l'affectent, elle agit sur nos passions, nos passions agissent sur elle : l'amour, la haine, la colère, l'ambition, l'envie, la vengeance, la peur, tout ce que l'ame éprouve d'émotions violentes tire sa force de l'imagination, et réciproquement l'imagination s'allume au feu des passions qu'elle a elle-même excitées. De là, la fièvre, le délire, la frénésie des désirs, le trouble et les accès des inquiétudes et des craintes. Si l'on voyait au naturel et avec l'œil nu de la raison les biens et les maux de la vie, le plus souvent il y aurait à peine de quoi s'en émouvoir. Dans la lumière pure de la vérité, rien ne serait apprécié qu'à sa juste valeur. Ce n'est qu'à travers les vapeurs d'une pensée nébuleuse ou d'un pressentiment confus, dans les fausses lueurs du doute ou dans l'ombre de l'ignorance, que l'imagination engendre ses fantômes. C'est là que s'enflent et se grossissent les idées vagues et vaines des biens de fantaisie, des maux d'opinion; et ce qu'on a dit des soupçons qu'*ils se nourrissent de fumée* (le chancel. Bacon.), on peut le dire de presque toutes les inquiétudes de l'imagination : nous sommes comme les enfants que les ténèbres épouvantent.

Vous entendez dire que l'homme, soit dans la bonne, soit dans la mauvaise fortune, se trouve souvent moins sensible et aux faveurs de l'une et aux rigueurs de l'autre que lui-même il ne croyait l'être. Rien n'est plus vrai : ni l'ambition, ni l'avarice, ni la volupté, ne tiennent ce qu'elles promettent. On passe sa vie à courir après des biens dont on dit, lorsqu'on les possède, ce n'est donc que cela que j'ai tant désiré? L'imagination qui décorait la perspective n'embellit plus l'objet présent; le charme en est détruit. D'un autre côté, lorsque arrive le moment où l'ame est aux prises avec les grands maux de la vie, avec l'adversité, la douleur ou la mort, on se sent quelquefois une force, un courage qu'on n'avait point à leur approche; c'est que la part de l'imagination est alors retranchée du vrai sentiment de ces maux. Je conviens cependant que l'imagination anime la pensée; qu'elle échauffe le sentiment; que, sans son influence, les conceptions de l'ame et ses affections seraient souvent froides et lentes; que la raison même a besoin qu'elle vienne à son aide, pour remédier à l'indolence d'une volonté sans ressort. Mais le même vent qui, docile aux vœux et à l'art du pilote, enfle modérément la voile, et d'un souffle léger remue et pousse le vaisseau, ce même vent le précipite à travers les écueils lorsqu'il est trop impétueux. Telle est la différence d'une imagination douce et d'une imagination violente, lorsque sa fougue est telle que la raison n'a plus le pouvoir de la tempérer.

Ce danger ne regarde point l'imagination volontaire. J'appelle ainsi celle que l'ame, en vertu de l'empire qui lui est donné sur les sens, excite et retient à son gré, comme un coursier plein de vigueur, mais obéissant et docile.

Je vous ai fait voir, en parlant du mécanisme de la mémoire, par quel prodige inexplicable l'ame agit sur le sens, et le sens réagit sur l'ame; cette action, cette réaction, sont les mêmes pour l'imagination quand la volonté lui commande.

Virgile a voulu peindre la mort de Laocoon, l'incendie de Troie, le combat d'Hercule avec Cacus, le bouclier d'Énée. Que s'est-il passé dans son ame? Les traits de ces tableaux n'étaient présents à sa pensée que d'une manière confuse et vague : il a voulu que son imagination lui en présentât les détails; et, docile à sa volonté, son cerveau s'est ému; les nerfs, les fibres, les esprits, les molécules organiques, ont éprouvé les mêmes mouvements d'oscillation, de vibration que leur aurait causés l'impression de l'objet lui-même; et Virgile l'a vu comme s'il eût été présent.

Ce travail est le même dans le cerveau de l'artiste. Le peintre ou le sculpteur commande au même organe de lui former une figure d'Apollon, de Vénus, de Diane ou d'Hercule, d'un gladiateur ou d'un faune; l'organe se met en mouvement pour obéir à l'intention de l'artiste, et lui compose des modèles qu'il corrige et perfectionne jusqu'à ce que le caractère de l'image, son expression, sa beauté, soit telle que le demande la pensée; et, quand le modèle est formé dans l'imagination, le pinceau, le ciseau l'imite.

En quoi consiste le travail de cet organe incompréhensible? Je vous l'ai dit; dans des frémissements de fibres, dans des oscillations de molécules médullaires, remuées par les esprits qui circulent dans le cerveau. Mais à ces mouvements sont attachées, par le législateur suprême, les conceptions innombrables que peut former l'esprit humain.

C'est cette invention, cet accord, cet ensemble dans les productions, que le génie enfante, qui, dans l'ordre intellectuel, est une espèce de création; et par là l'imagination se distingue de la mémoire. Le siège physique en est le même, et la vivacité de l'une et de l'autre dépend de la mobilité et du ressort des fibres, de la chaleur du sang, de l'activité des esprits dans ce même organe. Mais l'imagination diffère de la mémoire, d'abord, en ce que la mémoire est souvent froide et sans couleur, au lieu que l'imagination est toute en mouvements, en images et en peintures; et puis, en ce que la mémoire ne fait que reproduire ce qu'elle a reçu, au lieu que l'imagination produit, invente, crée en quelque façon ses ouvrages.

L'Iliade d'Homère n'est point un souvenir; ce n'est point un récit d'événements transmis et retracés par la mémoire. C'est tout un système d'action, de causes et d'effets, que le poëte a feint et composé lui-même; et non-seulement l'ordonnance, mais les traits, les couleurs, les figures de ce tableau si vaste et si varié, sont à lui. Homère n'a jamais vu Achille, Agamemnon, Diomède, Ajax, Ulysse, Hector; mais il veut se les peindre, il veut les voir agir. Et d'après l'idée abstraite et vague des mœurs, de l'âge, du caractère, du rôle, qu'il leur attribue, il en commande les modèles; et l'organe qui lui obéit compose à son gré le tableau, les scènes, les combats, toute l'action de *l'Iliade*. C'est l'invention, la création d'une grande et haute pensée; c'est Minerve qui, toute armée, sort du cerveau de Jupiter.

L'invention n'est pourtant pas exclusivement propre à l'imagination. La loi de la gravitation universelle fut dans la tête de Newton une conception sublime, et ne fut point l'ouvrage de l'imagination. Une vérité froide et nue est le partage de l'invention philosophique; une vraisemblance embellie de tous les charmes de la fiction est l'attribut de l'invention poétique.

Lors même que l'esprit de système s'égare dans des fictions, ses inventions fantastiques, si elles manquent de chaleur et de vie, ne sont pas du nombre de celles que l'imagination produit. Vous distinguerez aisément, dans le poëme de Lucrèce, la sèche et stérile invention de la physique d'Épicure et de Démocrite, d'avec l'invention fière et hardie du poëte, lorsqu'après avoir laborieusement expliqué l'inexplicable mouvement des atômes, il en revient aux grands phénomènes de la nature, et que, sur un fonds de mauvaise philosophie, il verse, en épisodes, ou en peintures animées, les richesses de son génie, poétiquement créateur.

Souvent un fonds de vérité soutient la fiction ; et alors l'imagination ne fait qu'étendre, agrandir, embellir, et rendre plus vivant, plus riche, plus fécond, le sujet dont elle s'empare. Le fonds du poëme du *Tasse* lui a été donné par l'histoire; mais *Armide* et *Clorinde* sont de son invention. L'action de nos plus belles tragédies, comme de *Cinna*, d'*Athalie*, de *Britannicus*, de la *Mort de César*, les sujets mêmes pris dans le temps fabuleux, comme ceux d'*Andromaque*, des deux *Iphigénies*, n'ont pas laissé aux poëtes modernes la gloire de les inventer. Qu'a fait alors l'imagination poétique? ce qu'elle a fait en composant les *Harangues* de Tite-Live, celles de Cicéron, les *Oraisons funèbres* de Bossuet, *le Paradis terrestre* et *l'Enfer* de Milton : elle n'a pas créé le fonds, mais elle a inventé les formes. Elle a trouvé dans la nature du cœur humain des traits d'une énergie et d'une beauté singulière. Elle a pris entre les possibles ce qu'il y avait de plus intéressant et de plus vraisemblable. L'analogie et les convenances ont rendu comme naturel le merveilleux qu'elle a produit. Dans les mœurs, dans les caractères, dans les peintures, dans les tableaux qu'elle a composés, soit au moral, soit au physique, elle s'est fait une nature idéale plus belle que la nature même; et c'est à son dernier période de force, de richesse et de fécondité, qu'à-la-fois raisonnable, étonnante et sublime, elle a éminemment obtenu le nom de génie.

Au reste, l'imagination ne se tient pas toujours dans les hautes régions du sublime et du merveilleux. Elle se rapproche souvent d'une vérité familière. La comédie du *Tartuffe*, le roman de *Clarice*, sont comme *l'Iliade* des ouvrages d'invention, et, quoiqu'au naturel des mœurs, des caractères si naïvement exprimés, on fût bien tenté de les prendre pour des portraits de famille, ce ne sont pas moins des tableaux d'imagination. Il est bien vrai que les traits en sont pris dans la société, et appartiennent à la mémoire; mais l'ensemble en est inventé. De là dépend la vraisemblance des ouvrages de fantaisie, de là résulte cette illusion si forte qu'ils font, non-seulement sur nous, mais bien souvent sur celui qui les a formés.

> Pygmalion devint amant
> De la Vénus dont il fut père.

Cette fable est l'histoire du génie inventeur; et l'illusion qu'on se fait à soi-même par la force de son génie, est le plus grand prodige de l'imagination. Dès qu'elle domine dans l'ame, elle écarte la réflexion, en impose à la raison même, et s'empare si bien du cœur et de l'esprit, qu'on sent tout ce qu'on imagine, et que l'on semble croire tout ce que l'on a feint. Racine lui-même s'afflige avec Andromaque, ou tremble pour Iphigénie; Corneille frémit en voyant la coupe sur les lèvres d'Antiochus; Voltaire, en mettant le poignard dans la main ou d'Orosmane ou de Mérope, tremble pour Zaïre ou pour Égisthe. Plein des passions qu'on exprime, on est soi-même tour-à-tour les personnages qu'on fait agir. L'illusion n'est pas complète, on est du secret, du mensonge et de l'erreur à laquelle on se livre; et on s'y livre pourtant jusqu'à baigner de larmes le tableau que l'on peint. C'est ce délire des passions fictives, qui fait le grand talent d'intéresser et d'émouvoir.

> .... *Si vis me flere dolendum est*
> *Primùm ipsi tibi.*

Ainsi se montent les ressorts de l'imagination; et cela fait voir, mes enfants, combien, dans la conduite de la vie, l'ascendant en est redoutable.

Ces ressorts, direz-vous, doivent être infinis en nombre, pour suppléer non-seulement à l'action des objets réels sur nos sens, mais encore à l'action de tous les objets fantastiques.

A cela je réponds que l'invention a ses bornes et dans la vraisemblance et dans le nombre des possibles auxquels l'inventeur peut atteindre. Je réponds que dans tous les hommes l'imagination n'a pas la même force et la même étendue, et cela tient indubitablement aux différences de l'organisation. Je réponds enfin que, si dans le petit nombre des cordes d'une harpe ou d'un clavecin, la musique trouve à former tant de sons, tant d'accords, tant de modulations diverses, il n'est pas étonnant que, dans le nombre incalculable des fibres du cerveau, et de ses molécules, la nature ait donné à l'ame une diversité inépuisable de résonnances à produire; et qu'à ces émotions de l'organe soit attachée une variété presque infinie de perceptions. Voyez dans la simplicité apparente du tympan de l'oreille et du nerf auditif, combien de sons divers cet organe transmet. Il en est de même de l'œil pour la lumière et les couleurs, et de même des fibres et des houpes nerveuses qui forment le tissu de l'organe du tact et de celui du goût. Dans l'organisation physique et dans ses rapports avec l'ame, tout est merveille, tout est mystère. Mais l'incompréhensible n'en est pas moins indubitable; le merveilleux n'en est pas moins vrai.

Une autre faculté de l'entendement toute contraire à l'imagination, et qui, comme elle, peuple le monde intellectuel d'êtres qui n'ont aucune réalité dans la nature, c'est l'abstraction, c'est-à-dire la simplification et la généralisation des idées.

La sagesse, la vérité, le vice, la vertu n'ont point d'existence individuelle. Les qualités physiques n'en ont pas davantage. Rien dans le monde n'est la rondeur, la couleur, la solidité, le repos, le mouvement pris en eux-mêmes. Par quelle opération de l'esprit se forment donc ces conceptions génériques ou spécifiques? Je vous l'ai déja fait entendre; par l'oubli des propriétés individuelles et par le souvenir des qualités communes à toute une classe d'individus qui, sous ce point de vue, sous ce rapport de ressemblance, se réunissent en une seule idée. Ainsi j'appelle la rondeur, la chaleur, la couleur, le mouvement ou le repos, un certain mode qui me paraît semblable, et de même j'appelle la bonté, l'équité, le vice, la vertu, ce qui, dans l'ame, a telle ou telle ressemblance de caractère.

C'est ce que, dans l'ancienne école, on appelait les universaux; et autant le mot paraît sauvage, autant la chose est familière et commune. L'homme du peuple comme le savant conçoit ainsi les objets par abstraction. La différence de l'esprit juste d'avec l'esprit faux est dans la précision de l'idée ou générique ou spécifique, c'est-à-dire dans le talent de la circonscrire, de manière que, dans l'idée de l'espèce, il n'y ait rien d'exclusivement propre à aucun des individus, et que, dans l'idée du genre, il n'y ait rien d'exclusivement propre à aucune de ses espèces ; ce qui se vérifie par les définitions. Je vous en ai donné les règles. Si quelqu'un définissait l'arbre, *une plante qui produit des glands ou des pommes*, la définition serait fausse, car elle attribuerait au genre ce qui n'appartient qu'à l'espèce. Si l'on définissait le pommier, *l'arbre qui produit des fruits rouges*, la définition serait fausse, en ce que tous les pommiers ne produisent pas des fruits rouges, et en ce que tout arbre qui produit des fruits rouges n'est pas un pommier. Cette inexactitude dans les définitions est fréquente, sur-tout dans la généralisation des idées morales, comme dans les idées du bien, du mal, du juste, de l'injuste. Mais ceci appartient à une autre partie de la philosophie dont nous allons nous occuper.

Une faculté principale qui répond à toutes les autres, c'est le sentiment continu de ce qui se passe dans l'ame, c'est-à-dire des perceptions, des affections qu'elle reçoit, de l'action qu'elle exerce sur elle-même et sur les sens, de ses qualités naturelles, de ses modes accidentels ; des vérités qui lui sont innées, de celles qui lui sont acquises, de ses inclinations et de ses habitudes, de ses vices, de ses vertus, en un mot, de son existence. C'est ce qu'en morale on appelle la conscience, et ce qu'en général nous appelons le sens intime.

Communément on le confond avec la réflexion ;

mais la réflexion est un acte particulier de la pensée; et, comme la pensée, elle est momentanée, intermittente et passagère. Le sens intime est au contraire aussi perpétuel que la vie, et il en est inséparable. Je le crois même, plus invariablement que la mémoire, le signe de l'identité. Car la mémoire a des distractions, des intervalles vides. Le sens intime n'en a point. Chaque oubli du passé nous détacherait du présent, au lieu que la continuité du sentiment de l'existence atteste à chaque instant l'individualité et l'identité successive de l'être sensible et pensant. En morale, ce sentiment inné est dans l'homme l'organe, le juge du bien et du mal, c'est-à-dire l'organe de la loi naturelle. Ceux qui méconnaissent la loi, en méconnaissent aussi l'organe; mais l'incrédulité sur ce point ne fut jamais que le raffinement d'une vanité sophistique, dans des esprits qui voulaient être impunément pervers, ou tranquillement vicieux; par-tout, dans tous les temps, on a déféré au témoignage de la conscience, par-tout elle a fait le repos et le bonheur de l'innocent.

Nil conscire sibi, nullá pallescere culpá.

Par-tout elle a fait le supplice du criminel et du méchant.

Si recludantur tyrannorum mentes, posse aspici laniatus et ictus : quandò ut corpora verberibus, ita sævitiá, libidine, malis consultis, animus dilaceratur.

Dans les sauvages, dans les enfants, l'humanité, la bonté, l'équité, l'amitié, la reconnaissance, la fidélité à tenir sa parole, la bienfaisance et les vices contraires, ont, dans la conscience, un arbitre auquel ils appellent toutes les fois qu'on leur fait injure. Le droit naturel n'est point écrit : c'est dans les cœurs qu'il est gravé, et ce qui nous l'enseigne est cette voix de la conscience, cette tradition d'une loi antérieure à toutes les lois.

Le sens intime n'atteste pas seulement la moralité ou l'immoralité de la pensée; il en atteste la vérité, ou le vague et l'incertitude. C'est par lui que l'ame est avertie qu'elle a saisi le vrai, ou qu'il lui manque et lui échappe. Le doute est l'irrésolution de la pensée; la curiosité en est l'inquiétude; la persuasion en est le repos. Ce sont trois modes du sens intime.

Sa fonction générale et habituelle est de nous rendre compte de la situation de notre ame, de son état de tristesse ou de joie, de trouble ou de sérénité, d'activité ou de langueur, etc. Ne dit-on pas tous les jours, Je me sens de l'ennui, de la mélancolie? ou bien, Je me sens soulagé, j'ai l'esprit tranquille et content? ce ne sont point là des sensations accidentelles et passagères; c'est un état de l'ame dont le sens intime l'instruit. De là lui vient aussi le sentiment de force qui lui élève le courage, ou de faiblesse qui l'abat. De là lui vient encore ce sentiment irrésistible de liberté que l'on s'efforce en vain de révoquer en doute.

Observez cependant que dans le témoignage qu'on se rend de soi-même, les séductions de la louange, les illusions de la prospérité, les erreurs de l'opinion, la vanité dans les petites choses et l'orgueil dans les grandes, l'amour-propre dans toutes, altèrent bien souvent la bonne foi du sens intime. Il est même assez rare qu'en morale il conserve son ingénuité. Il s'émousse comme le tact, il s'obscurcit comme la vue, il se gâte comme le goût. Les passions peuvent ne l'offusquer et ne le troubler qu'un moment. Et dans leurs accès, et dans leurs intervalles, il aura des retours, des moments lucides. Alors on dira comme Médée :

.............*Video meliora proboque,*
Deteriora sequor.

Mais lorsque les vices l'ont dépravé, ou que, par de mauvaises et longues habitudes, il est comme paralysé, tout est perdu. La conscience ne se réveille plus que par les convulsions de la frayeur et du remords.

Le plus grand soin de l'homme qui veut se connaître lui-même, sera donc de conserver pur et sain cet organe intérieur, et de le garantir de tout ce qui peut le corrompre. Car la grande difficulté de cette étude de soi-même, c'est de bien s'assurer de voir jusqu'au fond de son ame, comme à travers une eau limpide. Si le milieu est trouble, s'il est faux et trompeur., l'homme qui regarde en soi-même avec le plus d'attention ne se connaîtra jamais bien. Mais ces réflexions vont bientôt revenir dans nos leçons sur la morale.

Ici, bornez-vous, mes enfants, à observer combien ces facultés de l'ame sont évidemment étrangères à une substance matérielle; combien il est absurde d'attribuer la pensée, la réflexion, la méditation, la mémoire, les productions du génie, à la moëlle du cerveau, à la vibration de ses fibres, au flux et au reflux des liqueurs qui l'arrosent. Certes, en disséquant des cervelles, notre ami Vicq-d'Azyr devait rire ou gémir de pitié d'entendre les matérialistes attribuer à cette pâte molle tous les dons de l'esprit humain.

FIN DE LA MÉTAPHYSIQUE.

TABLE.

LEÇON PREMIÈRE.

La métaphysique est-elle une science particulière ? Quels en sont les objets ?................Page 1
A-t-elle, comme les sciences exactes, ses définitions, ses axiômes ?............................ 4
Premier principe de la métaphysique............... 8
Premières conséquences de ce principe............ 10

LEÇON DEUXIÈME.

L'existence du monde est une démonstration de l'existence d'un Dieu................................. 17

LEÇON TROISIÈME.

Système des matérialistes sur le principe de la nature... 36
Réfutation de ce système......................... 38

LEÇON QUATRIÈME.

De l'ame... 60
Qu'il y a deux substances, l'esprit et la matière....... *ibid.*
Que l'ame est spirituelle et de même nature que l'intelligence qui l'a créée............................. 63
Opinions des anciens comparées à celles des matérialistes modernes.. *ibid.*
Réfutation du matérialisme sur la nature de l'ame..... 72
Union de l'ame et du corps....................... 79

LEÇON CINQUIÈME.

La pensée ne peut être un mode de la matière....... 81
Objection des matérialistes sur l'union de l'ame et du

corps. Réponse à cette objection.............Page 84
Doute de Locke et de Newton. Comment on peut lever
   ce doute................................... 90
Hypothèse de l'intelligence répandue et distribuée à
   tous les corps.............................. 93

LEÇON SIXIÈME.

Prééminence de l'espèce humaine entre tous les êtres
   vivants qui peuplent le monde terrestre........... 103
Présage d'immortalité............................. 109
Liberté morale................................... 113

LEÇON SEPTIÈME.

Objections et difficultés à résoudre contre la liberté de
   l'homme. — Objection des matérialistes.......... 121
Objection des fatalistes........................... 125
La liberté est une preuve de l'immortalité de l'ame.... 130
L'immortalité ne peut être qu'un attribut de la liberté. 133

LEÇON HUITIÈME.

Du mal physique et du mal moral.................. 138

LEÇON NEUVIÈME.

De la Divinité et de ses attributs................... 160

LEÇON DIXIÈME.

Des facultés de l'entendement humain. — La mémoire. 172
La réflexion..................................... 181
La prévoyance................................... 182
L'imagination................................... 183
Le sens intime................................... 195

FIN DE LA TABLE.

LEÇONS

D'UN PÈRE A SES ENFANTS
SUR LA MORALE.

LEÇONS
D'UN PÈRE A SES ENFANTS
SUR LA MORALE.

LEÇON PREMIÈRE.

Excellence de la Morale, seule étude digne du sage. Son objet. Sa définition. Idée de la bonté morale. En quoi elle diffère de la bonté physique.

C'est ici, mes enfants, la partie essentielle de la philosophie, la seule même qui soit digne de ce beau nom, *d'amour de la sagesse;* car le sage n'est pas celui qui cherche à pénétrer les mystères de la nature, à remonter des effets aux causes, et à soumettre à ses calculs l'ordre et le cours de l'univers. Le bon Socrate déclarait qu'il ne savait rien de tout cela. C'était lui cependant que l'oracle proclamait sage, parce qu'il bornait son étude à ce que l'oracle lui-même recommandait à l'homme de connaître avant tout : *Nosce te ipsum.*

C'est dans cette étude de soi-même, dans cette science de l'homme, négligée jusqu'à Socrate, et depuis cultivée avec beaucoup de soin, que se renferme la morale. Mais cette science, comme bien d'autres, a été oiseuse et frivole tant qu'elle ne s'est occupée que de vaines spéculations. Une science peut être curieuse sans être utile; mais elle n'a d'utilité réelle qu'autant que de sa théorie résultent les moyens et les règles d'un art dont elle éclaire la pratique. C'est l'usage qui en fait le prix.

Ainsi, l'astronomie doit sa gloire à l'agriculture et à la navigation; la géométrie aux mécaniques; la chimie à l'art de guérir et à celui de fondre les métaux, etc.

La morale n'est donc une science utile qu'autant qu'elle est réduite en art. Cet art, qui est celui de bien vivre avec soi et avec ses semblables et d'être bon pour être heureux, cet art, borné aux seuls intérêts de la vie, fait la morale philosophique. Les épicuriens n'en connaissaient point d'autres. Les matérialistes modernes la terminent au même but. Mais non-seulement elle est étroite et futile dans son objet, elle est encore incertaine et variable dans ses principes; car, en faisant dépendre le devoir d'être bon du désir d'être heureux durant le court espace de la vie, ils rendent cette règle variable et flexible au gré des affections, des inclinations, des passions, des humeurs et des fantaisies, qui changent et déplacent l'idée du bonheur. L'homme, qui ne se croit obligé d'être bon que pour être heureux dans ce monde, selon ses goûts et ses caprices, changera de moyens, s'il croit aller plus sûrement à son but par une autre route, et sera vicieux et méchant par principe, s'il croit, ou le vice, ou le crime plus convenable à son bonheur. C'est ce qui rend si dangereuse la morale philosophique (1).

La morale religieuse a infiniment plus d'élévation, d'étendue et de consistance. On la définit *la science de vivre pour l'éternité*; or, vivre pour l'éternité, c'est bien aussi vivre pour soi; c'est bien, par excellence, l'art d'être bon pour être heureux. Mais ce n'est là ni une bonté de convenance, ni un bonheur de fantaisie. La volonté divine devient la règle unique des volontés humaines; et les petits intérêts du présent disparaissent devant l'invariable intérêt du grand avenir.

Ainsi, dans la morale religieuse, le principe, la fin, le moyen, tout est fixe, tout est constant; le but en est marqué, la route en est tracée; il ne s'agit, pour l'homme, que de bien savoir à quelles conditions le bonheur lui est promis, et quelle est la bonté dont il sera la récompense.

---

(1) Parmi les anciens, les idées du *bien* et du *mal* variaient d'une école à l'autre. Au portique, l'*honnête* et l'*utile* n'étaient qu'un; ils étaient deux à l'académie.

Je sais qu'on donne à la morale un objet plus sublime encore, celui de conformer l'existence de l'homme à la volonté de son Dieu, dans l'intention unique et pure de lui plaire en lui obéissant, et de lui faire de la vie et de tous les dons qu'il a reçus de lui, un hommage perpétuel de reconnaissance et d'amour.

Rien de plus louable, sans doute, et la morale des stoïciens s'attribuait aussi la pureté de cette morale *ascétique*, en ne laissant au cœur humain, dans la vertu, d'autre intérêt que la vertu même (1). Mais, comme on risque de faire évanouir ce qu'on veut trop subtiliser, je crois ce désintéressement absolu trop exalté pour une morale usuelle. Puisque Dieu a donné à l'homme le soin de son salut, il veut donc bien que son salut le touche; puisqu'il lui a donné l'espérance et lui en a fait une vertu, il veut donc bien qu'elle l'anime, et que ses promesses tempèrent ce qu'il peut y avoir de pénible et de rigoureux dans sa loi.

« Il est indubitable, dit Pascal, que l'ame est
« mortelle ou immortelle : cela doit mettre une
« différence entière dans la morale; et cependant

---

(1) *Interrogas, quid petam ex virtute? Ipsam. Nihil enim habet meliùs : ipsa pretium sui. An hoc parum magnum est? quùm tibi dicam, summum bonum est, infrangibilis animi rigor, et providentia, et sublimitas, et sanitas, et libertas, et concordia et decor; aliquid etiam num exigis majus, ad quod ista referantur?* (SENECA.)

« les philosophes ont conduit la morale indépen-
« damment de cela. Quel aveuglement ? »

Pascal fait donc lui-même de la morale un calcul d'intérêt, dont l'alternative est pour l'homme l'anéantissement ou une éternelle existence.

Je m'en tiens là, et je définis la morale *la science de la vie, en vue de l'éternité*.

Cette science, mise en pratique, sera donc l'art de s'assurer le bonheur pur et plein qui attend l'homme au-delà de la vie, sans toutefois renoncer au soin de se procurer dans la vie les lueurs de cette félicité qui, sur ce passage rapide, sont comme de pâles éclairs échappés du sein des nuages.

« Ce n'est point à nos actions à courir après
« la gloire, a dit Pline le jeune ; c'est à la gloire
« de les suivre. » Il en est de même de tous les avantages qui accompagnent la bonté. Ce n'est pas un salaire, c'est un tribut qu'elle n'exige ni ne refuse, et que Dieu lui permet de recevoir comme en passant. Ainsi l'estime, la bienveillance, la reconnaissance des hommes, obtenues par le mérite, seront des jouissances passagères, mais innocentes ; des biens fragiles et périssables, mais légitimement acquis et modestement possédés.

Par là, mes enfants, je tempère, autant que je le puis, l'austérité de la morale. Je sais que l'ame, une fois exaltée, peut s'élancer vers l'éternité, et ne plus penser à la vie ; que, pleine d'amour pour un être infiniment aimable, elle peut s'oublier pour lui. Je ne prétends borner en vous ni l'essor de la piété, ni celui d'une vertu simplement humaine; mais mon ambition ne va pas jusqu'à faire de vous des saints ou des héros; j'en veux faire des gens de bien. Une doctrine plus relevée que la mienne fera le reste. Je suppose en vous l'homme tel qu'il est naturellement, soigneux de son bonheur présent et à venir, capable de reconnaissance et d'amour pour son Dieu, mais difficilement détaché de lui-même. Ainsi, sans offenser la religion, je ménagerai la nature; et, trouvant sous ces deux rapports à concilier tous nos devoirs, je crois pouvoir réduire la morale à cette règle bien entendue, *d'être bon, afin d'être heureux.* Il s'agit de la bien entendre.

Qu'est-ce que la bonté dans l'homme?

Être bon, dans le sens le plus commun que l'on donne à ce mot, c'est être convenable à quelque usage utile, soit de premier besoin, soit de pur agrément ou de simple commodité. Un air est bon, lorsqu'il est pur et sain; un sol est bon, lorsqu'il est fertile; un vin est bon, lorsqu'il est agréable au goût, sans être nuisible à la santé; un instrument est bon, lorsqu'il exécute facilement et bien ce à quoi il est destiné.

Comme l'utilité est relative, la bonté l'est aussi. Le même vent est bon pour le navire qui va aux Indes, mauvais pour celui qui en revient.

Mais l'utilité seule ne fait qu'une bonté physique. Un arbre qui porte de bons fruits, est bon en lui-même; mais on ne lui en sait aucun gré. Un cheval est bon par sa force, sa docilité, sa vîtesse; un bœuf, lorsqu'il est fort, robuste et capable de longs travaux; un chien, lorsqu'au logis il est fidèle et vigilant, ou intelligent à la chasse. Mais dans les bêtes, cette bonté d'instinct, d'obéissance, d'inclination même, n'a point ce caractère de délibération qui, dans l'homme, distingue la raison et la liberté, et qui fait la bonté morale. Ainsi ni la qualité, ni l'action n'a de moralité, par cela seul qu'elle est bonne ou mauvaise, mais parce qu'on y reconnaît la délibération d'une volonté libre.

Encore l'action, pour être morale, ne doit-elle pas seulement procéder d'un choix libre et d'une intention réfléchie; elle doit s'exercer sur un être capable de sentir le bien ou le mal qu'on lui cause.

L'action du jardinier qui arrose ses plantes, ou qui taille ses arbres, n'a aucune moralité. Même à l'égard des animaux, l'action de l'homme n'est morale que par induction, et que lorsqu'elle annonce en lui une bonté compâtissante, ou une malice cruelle. Il est permis à l'homme pour ses besoins, pour sa défense, de tuer les animaux; il ne lui est pas permis de les faire souffrir. Il est certain que la nature les lui a soumis et dévoués. Le tigre, le lion, et tous les animaux féroces ou malfaisants lui sont livrés comme ennemis. D'autres, laborieux, patients et dociles, lui ont été donnés comme esclaves et compagnons de ses travaux. D'autres, enfin, comme victimes, sont destinés à le vêtir de leur dépouille, à le nourrir de leur substance. Car il ne faut pas se dissimuler que l'homme est né vorace, et qu'il n'est pas moins naturellement carnivore que frugivore, cela est démontré par la structure du corps humain. Il est pourvu de dents canines, comme il l'est d'incisives et de molaires. Ses intestins sont conformés pour l'un et pour l'autre aliment.

On a observé que les mœurs étaient plus douces parmi les peuples frugivores, galactophages, ichthyophages; et véritablement le carnage des bêtes doit accoutumer l'homme à l'effusion du sang. La chasse dispose à la guerre. Mais il n'est pas moins vrai que l'espèce humaine est comprise dans cette loi de la nature que Buffon a si bien exprimée, en disant *que tout vit de mort.*

Depuis les bêtes féroces jusqu'aux insectes, tout conspire à rendre la terre inhabitable à l'homme, si l'espèce humaine, à son tour, n'était pas destructive des autres animaux. Les plus innocents même, la brebis, le chevreuil, le daim, la colombe, la tourterelle, dévoreraient la nourriture que l'homme, en cultivant la terre, se procure par son travail. Il a donc le droit naturel d'en diminuer la surabondance, et de se nourrir à son tour de celles qui s'engraissent des grains qu'il a semés.

Mais l'homme qui pour son plaisir tourmente et fait souffrir l'animal qu'il lui est permis de détruire, annonce un mauvais naturel, et fait craindre que, s'il avait sur les hommes le même empire, il n'exerçât sur eux la même cruauté.

L'aréopage fit mourir un enfant parce qu'il se plaisait à crever les yeux aux oiseaux. Je suis loin d'approuver le décret de l'aréopage. Mais je présume que cet enfant aurait été un méchant homme.

L'induction en est d'autant plus effrayante, que la plupart des hommes regardent comme leurs semblables, quant à la sensibilité, ceux des animaux dans lesquels ils en aperçoivent les signes. Qui de nous ne croit pas réjouir son chien, lorsqu'il répond à ses caresses ; l'affliger, lorsqu'il le rebute ; et, lorsqu'il le bat, lui causer la douleur qu'expriment ses cris.

Chez des nations sages, les hommes habitués par état à répandre le sang des animaux, sont exclus des fonctions qui demandent une grande moralité. Je n'en suis point surpris. L'éloignement et la soudaineté du coup mortel me fait tolérer le plaisir de la chasse. Je ne puis souffrir celle où l'on emploie le plus séduisant des moyens, pour attirer auprès d'une perdrix captive les mâles qui entendent sa voix. Il y a dans cette ruse un mensonge, un abus perfide du penchant le plus doux, en un mot, une fourberie que je déteste ; et pour moi le mâle amoureux est presque un homme que trompe et que trahit un lâche et vil adulateur. Quant aux animaux qu'on engraisse pour notre sensualité, si je vois qu'on leur fait de la vie un supplice, je pense avec dégoût que je vais m'en nourrir; et j'ai bien de la peine à vaincre ma répugnance pour un luxe si cruellement raffiné.

Ainsi, par induction et par analogie, il peut y avoir dans l'homme, envers les animaux, une apparence de morale. Mais ce n'est que dans les rapports de l'homme avec Dieu, de l'homme avec lui-même, et de l'homme avec ses semblables, que l'action volontaire et libre a véritablement de la moralité.

Remarquez, mes enfants, que je ne sépare jamais l'idée de la liberté de celle de l'action moralement bonne ou mauvaise. La volonté n'y suffit pas; il faut qu'elle soit réfléchie et librement déterminée. Vous l'avez vu dans nos leçons sur la métaphysique. Point de morale sans liberté, point de vice, point de vertu. Si tout est nécessaire et mécanique dans la nature; si l'homme lui-même obéit irrésistiblement aux impressions qu'il reçoit; si son ame, comme son corps, n'est que l'une des pièces du mécanisme universel, et si sa volonté n'est que passivement versatile et changeante, cette mobilité, non plus que celle de l'ame des bêtes, non plus que celle d'un roseau qu'agitent les vents, n'est digne ni de louange, ni de blâme; ce qu'on appelle un homme sage ne serait qu'une pendule mieux construite ou plus régulière qu'une autre. Ainsi, pour le matérialiste et pour le fataliste, la morale est une chimère, et, pour nous, son premier principe est le sentiment unanime et l'invincible conviction que l'homme a de sa liberté.

Vous avez vu aussi combien il était digne de la bonté et de la sagesse d'un Dieu de couronner l'ouvrage de la création en formant un être sensible, intelligent et libre, et de lui donner pour épreuve le court espace de la vie, pour terme l'immortalité. Nous reviendrons sur ces idées. Commençons par examiner quel peut être envers Dieu le bon ou le mauvais usage de cette liberté qu'il a donnée à l'homme. Ce sera le sujet de notre seconde leçon.

LEÇON DEUXIÈME.

Dans quel sens la bonté de l'homme peut être en rapport avec Dieu et en rapport avec lui-même. Dans quel sens on peut dire que l'homme est né bon. Et s'il est né bon, qu'a-t-il besoin de morale pour l'être?

Si l'utilité de l'action morale en fait la bonté, et si cette bonté est toujours relative, en quoi l'homme, dans ses rapports avec Dieu, peut-il être bon?

« Y a-t-il, vous disent les impies, y a-t-il, de
« l'homme à Dieu, des offices, des redevances,
« des conditions à remplir? Et ne voyez-vous pas
« que ces idées de tributs et d'hommages sont
« prises du régime de la féodalité, et des droits
« usurpés de la force et de la victoire? Si l'être
« créateur, éternel, infini, existe, comme vous
« le dites; si l'homme, si le monde, ouvrage de
« sa volonté, par elle tiré du néant, est encore
« devant lui comme s'il n'était pas, qu'importe
« à sa puissance et à sa gloire, qu'importe à
« son essence immuable, qu'importe enfin à
« la plénitude de son être et de son bonheur le
« culte que vous lui rendez ou que vous man-
« quez de lui rendre? La superstition vous fait

« de Dieu un homme vain qui se flatte d'être ho-
« noré, loué, servi avec zèle et avec amour; un
« homme qui s'offense d'être oublié, négligé,
« méconnu ou désobéi. Mais qu'a de commun
« l'excellence, la majesté, la grandeur de l'être
« infini, avec la petitesse et l'orgueil d'un atôme?
« Ce Dieu, tel que vous l'annoncez, est tout ce
« qu'il peut être, et l'est tout par lui-même. Il
« n'a besoin ni d'encens ni de vœux. S'il veut
« être obéi, il l'est par la nature entière. Pouvez-
« vous, seul, vous refuser à cette obéissance uni-
« verselle? Et que serait-ce que cette liberté de
« lui désobéir qu'il n'aurait accordée qu'à l'homme?
« Rien, dites-vous, n'arrive que par sa volonté :
« les sphères y obéissent, les cieux y sont sou-
« mis; elle est la loi suprême de tout ce qui vé-
« gète, de tout ce qui respire; et l'homme seul
« pourrait se dispenser de l'accomplir! Renoncez
« à cette folie. Ou votre Dieu existe, ou il n'existe
« pas : s'il existe, il est absolu; sa volonté est im-
« muable ; et l'homme ne peut rien changer, ni
« hors de lui, ni en lui-même, à l'ordre qu'elle
« aura prescrit. Si votre Dieu n'existe pas, le
« monde est éternel, tout y est nécessaire; et la
« vie de l'homme n'est que l'un des anneaux de
« cette chaîne immense de causes et d'effets qui
« roulent dans l'espace et dans l'éternité. Dans
« l'une et dans l'autre hypothèse, la liberté n'est
« donc qu'une chimère; la morale, le vice, la
« vertu, le juste et l'injuste, ne sont que des re-

« lations ou des conventions humaines ; les de-
« voirs ne sont rien. »

Voilà, mes enfants, ce qu'il y a de plus insidieux et de plus corrupteur dans une fausse philosophie. Je vais démêler ce sophisme.

Non, l'éternel n'a aucun besoin des hommages, des vœux, du culte de ses créatures. Sa gloire en est indépendante; elle est pleine, elle est en lui-même; elle est inaltérable, ainsi que son bonheur. Les actions humaines n'intéressent ni son repos, ni son incorruptible félicité; mais comme il est de son essence d'être heureux, d'être indépendant et de se suffire à lui-même, il est aussi de son essence d'être en réalité le modèle accompli des idées qu'il a lui-même et de la suprême sagesse et de la suprême bonté. Or, cette excellence de l'être, peut-on la concevoir dans la molle indolence et dans l'éternelle inertie dont Épicure a fait la félicité de ses dieux?

Non, l'Éternel n'avait aucun besoin de l'homme; mais, en créant le monde, il a été digne de lui de perfectionner son ouvrage, en y plaçant un être sensible, intelligent, doué d'une volonté libre, d'un entendement perfectible, confident, si j'ose le dire, de l'existence de son auteur, témoin de ses merveilles, capable d'élever jusqu'à lui sa pensée, et de se pénétrer pour lui de reconnaissance et d'amour.

Je ne dis pas que l'ame de l'homme soit la plus accomplie des intelligences créées. Dans ces millions de mondes qui vraisemblablement sont semés dans l'espace, il peut y avoir une gradation incalculable d'êtres plus amplement doués de lumières et de vertus. Mais, quoi qu'il en soit de cette hypothèse, ce qu'il y a d'évidemment vrai, c'est qu'il fallait dans l'univers un être intelligent et libre, tel que l'homme, et que c'est, ce qui ajoute au caractère de puissance empreint dans l'ouvrage d'un Dieu, le caractère de sagesse et de bonté qu'il devait avoir.

Si l'univers n'était composé que d'êtres insensibles, et que le créateur, en les formant, n'eût voulu que se donner à lui-même le spectacle perpétuel d'un bel ouvrage de mécanique, dans cet amusement de sa toute-puissance je méconnaîtrais, je l'avoue, et sa sagesse et sa bonté.

Si, en créant le monde, il l'eût peuplé d'êtres sensibles, sans qu'aucun d'eux n'eût reçu de lui que des biens périssables et une fragile existence, je concevrais qu'après les avoir tous soumis aux lois de la nécessité, il les laissât naître, vivre et mourir sans en prendre aucun soin : mais je demanderais encore quelle serait l'intention finale de cette immense création ; j'y chercherais encore sa bonté, sa sagesse, et j'aurais de la peine à les reconnaître dans ces inutiles générations d'animaux, tout occupés d'eux-mêmes, stupidement bornés au soin de la pâture, et dont la fragile existence, presque toujours pénible et souvent douloureuse, se terminerait à la mort.

Ces moments d'une vie si troublée et si fugitive, continuellement tourmentée de besoins et d'inquiétudes, ne me sembleraient pas un don digne d'être la fin de la bonté d'un Dieu (1).

Dans les desseins de sa sagesse, je chercherais aussi la correspondance et l'accord des trois termes de l'action; et, pour objet de la création, je ne verrais que le néant. Ces moyens et ces grands ressorts de la puissance créatrice, cet appareil de lois, ces mouvements des cieux, ces effusions de la lumière, ce jeu des éléments, cet ordre des saisons, cette végétation féconde, ces renaissances des espèces, cette circulation du mouvement et de la vie, tout se terminerait à rien; et, sans cause finale, tout ne serait qu'un cercle d'éternelles vicissitudes. Je ne puis exprimer combien ce contraste d'une puissance si étonnamment déployée, et d'une si profonde inutilité dans l'effet de son action, répugnerait à ma pensée.

Mais, lorsque sur ce globe, qui peut-être est le moindre des mondes habités, il s'élève un contemplateur des merveilles de la nature, un spectateur digne de ce spectacle, et capable d'en adorer et d'en glorifier l'auteur, je commence à comprendre que la création est, dans les vues du créateur, digne de sa bonté comme de sa puissance; je vois à qui les cieux étalent leur splendeur; je vois à

---

(1) *Quæris quid sit propositum Deo? Bonitas, quæ Deo faciendi mundum causa fuit.* (SENECA.)

qui les astres annoncent la magnificence de celui qui les a placés et qui leur a tracé leurs révolutions; je vois à qui l'harmonieux concert de la nature se fait entendre; et, si cet être privilégié dispose de son ame; s'il est libre dans sa pensée et dans sa volonté; si, entre le mal et le bien, entre le vice et la vertu, il est l'arbitre de son choix; enfin si, en raison des dons qu'il a reçus et du pouvoir qu'il a d'en user ou d'en abuser, je l'en crois responsable, je le crois immortel; j'en infère qu'en le créant, Dieu a voulu avoir en lui non-seulement un être sensible à sa bonté, mais comptable envers sa justice.

Observez, mes enfants que je ne parle point d'une justice d'obligation, telle qu'elle est de l'homme à l'homme, mais d'une justice d'essence et de perfection. Car Dieu est juste, comme il est bon, et par cela seul qu'il est Dieu.

Or, dans un monde tout mécanique, nulle place pour la bonté divine; dans un monde où, jusqu'à la pensée et à la volonté de l'être vivant et sensible, tout serait nécessaire, nulle place pour la justice distributive des récompenses et des peines : cela est évident. Ces attributs divins ne pouvaient pas non plus s'exercer en Dieu même. Il leur fallait donc un objet dans l'œuvre de la création.

Vous voyez que toutes les grandes vérités s'enchaînent : l'existence de l'homme, l'existence du monde, l'existence d'un Dieu, et d'un Dieu créateur, ses attributs, sa bonté, sa justice, et, pour exercer l'une et l'autre, un être libre et immortel. Et ces inductions ne sont pas des subtilités vaines; c'est l'évidence même avec toute sa force et avec toute sa clarté. Poursuivons dans tous ses détours le sophisme qu'on nous oppose.

« Comment l'homme serait-il libre de vouloir « et d'agir contre la volonté d'un Dieu? »

Il l'est en vertu même de cette volonté, et comme si Dieu lui avait dit : « Tout m'obéit dans « la nature, et, pour te contraindre toi-même à « m'obéir, je n'ai qu'à te laisser soumis aux lois « universelles de la nécessité. Mais, en m'obéis- « sant, je veux que tu sois libre de ne m'obéir « pas ; et je t'en laisse le pouvoir, afin qu'il y ait « un être sensible, intelligent et raisonnable, qui, « par son choix, puisse être juste et bon ; tu seras « donc placé entre la vertu et le vice; et de toi « seul, dans l'univers, il dépendra de te rendre « digne, ou de te rendre indigne de ce que j'aurai « fait pour toi. »

Ainsi la liberté est une dispense accordée à l'homme, dans ses actions volontaires, d'être soumis irrésistiblement aux lois de l'ordre universel; et, sans cette dispense, il n'y aurait point de morale.

Que les astres observent les lois du mouvement qui leur est imprimé, ce n'est point libre obéissance, c'est nécessité d'obéir ; et il en est de même de tout ce qu'on appelle figurément action dans les corps. Celle des animaux semble plus dépendante de leur volonté, et quelquefois même élective; mais leur choix ne s'étend jamais au-delà de l'objet des sens; et, lorsqu'ils semblent comparer pour choisir, ce n'est jamais qu'entre deux impressions simultanées, dont l'une plus vive que l'autre les détermine et les entraîne (1). La délibération réfléchie, la consultation avec soi-même, en un mot, la balance de la raison est réservée à l'homme, et n'appartient qu'à lui. Voilà pourquoi il n'y a de devoirs que pour l'homme; car le devoir est une obligation que le législateur suprême a attachée aux actes d'une volonté libre, dans leurs rapports avec lui-même, ou avec les êtres créés qu'intéresserait l'action.

« Mais Dieu lui-même, quel intérêt peut-il avoir
« aux actions humaines? que lui fait le bien ou
« le mal auquel il est inaccessible? Il n'est pas
« plus intéressé à ce qui se passe entre les hommes,
« qu'à ce qui se passe entre les fourmis. »

Ainsi, tandis que l'homme religieux s'élève pour se rapprocher de son Dieu, l'impie se rabaisse, se rapetisse et s'avilit pour échapper, s'il lui était possible, aux regards de la Providence : mais il ne peut s'y dérober. La fourmi est ce qu'elle doit être; et Dieu, après l'avoir créée, après avoir

---

(1) *Inter hominem et belluam hoc maximè interest, quod hæc tantùm quantùm sensu movetur, ad id solum quod adest, quodque præsens est, se accomodat, paululùm admodùm sentiens præteritum aut futurum.* (CICERO.)

créé les cieux et la lumière et tout ce qui se meut, et tout ce qui respire, en suivant d'immuables lois, a pu dire, *cela est bien*, et livrer ce monde physique aux lois du mouvement qu'il lui avait imprimé. Après qu'il a eu créé l'homme, il a pu dire aussi, *cela est bien;* car il l'a créé bon; mais il l'a créé libre, et lui a confié le pouvoir de perfectionner en soi ou de dégrader son ouvrage. L'homme est donc comptable envers Dieu et responsable de ses dons.

Si l'on me répète : « Qu'importe à l'Éternel « qu'une parcelle de son ouvrage se perfectionne « ou se dégrade ? » Je répéterai, à mon tour, que rien ne lui importe dans le sens qu'on donne à ce mot, qu'il ne manque de rien, qu'il n'a besoin de rien, et que ces termes de dépendance sont puérilement employés en parlant de Dieu; mais qu'il lui est aussi essentiel d'être bon, juste et sage, qu'il lui est essentiel d'être Dieu. Il est donc essentiellement ami de l'ordre, ami du bien, ami de la justice; et, sous ces trois rapports, il doit vouloir que l'être libre qu'il a créé soit ce qu'il peut être de mieux pour remplir sa destination. Or, dans l'homme, n'est-il pas mieux d'adorer son Dieu que de le blasphémer? d'être envers lui reconnaissant, fidèle, obéissant, qu'infidèle, ingrat et rebelle? N'est-il pas mieux dans l'homme d'être envers ses semblables sincère, que perfide? sensible, qu'inhumain? secourable, que malfaisant? Envers lui-même enfin, n'est-il pas mieux de dominer ses passions, que d'en être esclave, et de se rendre aimable, estimable par ses vertus, qu'odieux et vil par ses vices ?

« Mais, si l'homme est né bon, peut-on nous « dire encore, sa morale est dans son instinct; « il ne lui en a pas fallu d'autre. » Il n'est, hélas! que trop facile de répondre à cette objection.

En parlant du bien et du mal, je vous ai fait voir, mes enfants, par combien de causes accidentelles une bonne inclination peut être contrariée et combattue; combien sur-tout l'amour excessif de soi-même et les passions qu'il engendre altèrent en nous et corrompent un premier instinct de bonté. Dès l'enfance, une envie, un dépit, un ressentiment, un mouvement d'impatience et de colère décèle et fait éclore un germe de malice qui, fortifié par l'habitude, étoufferait bientôt celui de la bonté, si, en cultivant celui-ci, on ne travaillait à détruire, à déraciner l'autre, au moins à l'affaiblir, et ce travail est celui de la vie entière.

« On demande comment un Dieu, qui est la « bonté même, a laissé dans le cœur de l'homme « tant de semences de malice; comment il a per« mis que le principe, que le germe de la bonté « y fût si corruptible? »

La révélation peut seule résoudre pleinement cette grande difficulté. Tout ce que ma faible raison m'y fait apercevoir, je vous l'ai dit; c'est ce que j'éprouve en moi-même, que jamais la passion ne me domine au point que je ne me sente la force de la vaincre si je voulais, et qu'il dépend de moi de le vouloir; qu'en y cédant, c'est ma volonté qui se refuse au combat, et qui renonce à la victoire. « Quel combat, dira-t-on, « qui doit durer toute la vie! » Il est vrai, mes enfants; mais, au-delà, c'est l'éternité.

Au reste, ce Dieu qui propose à la bonté, à la vertu, une éternité de bonheur, après quelques moments de fatigue et de peine, n'a pas livré l'homme sans armes, sans défense, aux ennemis qu'il avait à vaincre. A son inclination vers le bien, il a joint des passions douces, la pitié, l'amitié, l'amour, l'instinct social, le sentiment de sa faiblesse et du besoin qu'il a lui-même de trouver dans ses semblables de l'assistance et des appuis. A son inclination vers le mal, il a opposé une conscience vigilante et sévère, et dans le sens intime, la répugnance de la honte et les angoisses du remords. A côté des promesses dont il encourageait les bons, il a mis les menaces dont il effrayait les méchants. Ainsi, soutenu d'espérances pour se porter au bien, fortifié de craintes pour s'éloigner du mal, l'homme a eu, pour les discerner, cette lumière naturelle qui l'éclaire dès son enfance et qui précède en lui celle de la raison (1).

---

(1) La philosophie païenne reconnaît elle-même, dans les bonnes actions des hommes, une influence et un secours di-

Une réflexion, mes enfants, qui peut vous étonner, mais qui n'en est pas moins fondée, c'est que, tandis que la connaissance du vrai Dieu a été obscurcie sur presque toute la face de la terre, sa loi primitive, la loi que nous appelons naturelle, n'a éprouvé presque aucune éclipse. Peu jaloux que son nom fût publié, pourvu que sa loi fût suivie, il semble qu'il ait consenti à être pour les nations, comme pour les Athéniens, *ce Dieu inconnu* dont Socrate parle à ses juges, et auquel, du temps de saint Paul, on avait élevé un temple (1). Mais il a voulu que sa loi fût répandue comme la lumière, et visible dans tous les cœurs.

Chez les peuples les plus instruits et les plus cultivés, comme chez les peuples incultes, rien n'a été plus difficile à l'esprit humain que de

---

vin. *Credendum est neminem virorum bonorum talem fuisse, nisi adjuvante Deo. Et nemo unquàm fuit vir magnus sine afflatu aliquo divino.* (Cic. de Nat. Deor.)

Nemo vir bonus est sine Deo. An potest aliquis exsurgere suprà fortunam nisi adjutus ab illo? Ille dat consilia magnifica et erecta : ille habitat in unoquoque virorum bonorum. Si videris hominem interritum periculis, intactum cupiditatibus, felicem inter adversa, placidum in tempestatibus ; despicientem, quasi ex loco superiore, humana omnia ; nonne admiraberis eum? Nonne dices? Virtus illa est major et altior corpusculo in quo est : vis divina descendit illuc. (Senec. Epist.)

(1) *Ignoto Deo.* (Actus Apost. c. xvii.)

s'élever par sa propre force à cette idée d'un Dieu unique qui nous semble aujourd'hui si simple et d'une clarté si frappante. Par-tout l'homme en a eu le sentiment confus, mais troublé, altéré par de fausses images. Vous avez vu, parmi les sages de la Grèce, depuis Thalès jusqu'à Socrate, et jusqu'à Platon son disciple, par combien d'erreurs fantastiques il a fallu passer pour arriver à cette vérité qui, une fois mise en lumière, nous pénètre par tous les sens.

Concevoir cet être suprême, comme une substance pure, simple, éternelle, infinie, absolue et parfaite dans son indivisible essence; le concevoir comme une intelligence à qui tout est présent, et qui, dans sa pensée, embrasse les deux immensités de l'étendue et de la durée, pour qui l'avenir, le passé, tous les possibles, ne sont qu'un point; le concevoir comme une volonté féconde et créatrice qui, après avoir tiré l'univers du néant, le régit, le conserve dans l'ordre qu'il lui a prescrit; c'est ce qui n'a jamais pu être que le résultat d'une raison épurée et profondément réfléchie. Encore sans la lumière de la révélation, aucun peuple, aucun sage n'a-t-il pu s'en former l'idée sans y introduire quelque chose de matériel ou d'humain.

Par-tout l'homme a senti sa faiblesse et sa dépendance; par-tout il s'est dit à lui-même qu'il y avait au-dessus de lui une puissance et une volonté à laquelle il était soumis. Mais quelle était cette puissance invisible et suprême dont il reconnaissait l'empire? C'est là que, pressé du besoin de savoir où elle résidait, pour lui adresser des vœux et se la rendre favorable, il la cherchait dans la nature, et croyait l'y trouver par-tout où son imagination, travaillée de frayeurs et d'inquiétudes, lui disait qu'elle pouvait être. De là toutes ces formes diversement bizarres qu'une ignorance superstitieuse a fait prendre à l'idolâtrie.

Ainsi, dans tous les temps, Dieu a permis que l'esprit humain défigurât l'idée de son essence et de ses attributs. Il n'en a pas été de même de sa loi; il l'a rendue universelle, sensible, intelligible à tous; et, tandis que les cieux raconteraient sa gloire, sa grandeur, sa puissance, il a voulu qu'au fond des ames sa loi attestât sa justice et fût l'empreinte de sa bonté.

Le langage que la nature entière parlait aux yeux des hommes pouvait n'être pas entendu sans que l'ordre universel en fût troublé. Mais l'homme, pour remplir sa destination, avait besoin que sa liberté fût éclairée dans le choix du bien et du mal, et que sa volonté eût en lui-même un conseil, un guide, un arbitre. Cela nous explique pourquoi cette loi de l'instinct, ce sentiment intime, cette lumière accordée à l'homme presque en naissant, est commune aux peuplades les plus sauvages et aux nations les plus cultivées.

L'homme de bien, l'homme équitable, l'homme

sincère, officieux, compâtissant et secourable, est le même sur les bords du Sénégal et de l'Ohio, qu'il était sur les bords du Nil, de l'Euphrate et du Gange. Les religions ont changé; les principes de la morale humaine sont restés presque invariables; et, quoique les devoirs de l'homme envers son Dieu soient d'un ordre infiniment supérieur aux devoirs de l'homme envers l'homme, dans les soins de la Providence ceux-ci semblent avoir l'antériorité. L'Inde et les nations hyperborées n'ont pas eu leur Moïse, et la loi qui enseignait aux hommes la bonté, la justice, la sincérité, la bonne foi, s'est étendue sur les deux hémisphères.

Je vous fais faire, mes enfants, cette réflexion, pour vous montrer que Dieu n'a rien fait pour lui-même; que sa puissance, en créant le monde, n'a fait qu'exercer sa bonté; que la fin qu'il s'est proposée, en douant l'homme d'une ame libre et immortelle, a été de lui faire mériter le bonheur; que la condition qu'il y a mise a été principalement l'observation de sa loi; et qu'à l'égard du culte qui lui serait rendu, il l'aura fait dépendre du degré de lumières qu'il serait au pouvoir de l'esprit humain d'acquérir.

C'est dans ces mêmes vues de bonté qu'il a obligé l'homme à des devoirs envers lui-même; car il n'est pas vrai que chacun de nous ait le droit de disposer de soi comme d'une propriété absolue et indépendante. Son existence ne lui appartient pas; il n'en est que dépositaire. Il doit sentir que, dans le mal que ses vices font à son ame, il y a violation du dépôt que la nature lui a confié, puisqu'il abuse de ses dons et qu'il dégrade son ouvrage.

Mais, à ne considérer l'homme que dans l'intimité de ses rapports avec lui-même, on trouve en lui des contrariétés, des contrastes, que Platon n'a su expliquer, comme vous l'avez vu, qu'en divisant l'ame de l'homme en trois, et en lui assignant trois siéges différents : dans le cerveau, l'ame pensante et raisonnable, l'ame irascible dans le cœur, et plus bas l'ame sensuelle; car toutes les fois que, dans Platon, l'esprit philosophique était en défaut, il appelait à son secours l'imagination poétique. Mais, ce qui n'est pas imaginaire, c'est que, dans l'ame, toute indivisible qu'elle est, de violentes émotions troublent souvent, jusqu'au délire, les facultés intellectuelles; qu'une volonté dominée ou par des passions fougueuses, ou par de vicieux penchants, fait souvent violence au sentiment intime du bien, du juste et de l'honnête, et que le meilleur naturel aurait bientôt perdu sa bonté, sa candeur, et cette intégrité qui est la santé de l'ame, si portant dans son sein le germe de tant de maladies, il n'en avait pas le remède. Il y a dans l'homme, dit Sénèque, deux puissances qui se combattent. Si la raison gouverne, l'homme est roi de lui-même; si la cupidité, la sensualité, la passion domine, il en est le tyran (1).

---

(1) *Animus noster modò rex est, modò tyrannus. Rex, cùm honesta intuetur... Cùm verò impotens, cupidus, delicatus est, transit in nomen detestabile et dirum, et fit tyrannus.*

LEÇON TROISIÈME.

Des devoirs de l'homme envers Dieu. En quoi consistent ces devoirs ? Sont-ils les mêmes pour tous les hommes ?

A parler rigoureusement, tous les devoirs de l'homme se rapportent à Dieu. On doit tout à celui de qui l'on a reçu l'existence et la vie, le sentiment et la pensée, tous les dons de l'ame et du corps. On ne doit même, directement, essentiellement, rien qu'à lui. Les devoirs des hommes, entre eux, abstraction faite de la loi de ce Dieu qui les leur impose, ne seraient que des conventions, des transactions volontaires, des échanges de bons offices, des calculs d'un commerce libre, où chacun aurait droit de ménager ses avantages, et de rompre l'engagement toutes les fois qu'il se croirait lésé.

L'amour-propre isole les individus, le besoin les rapproche, l'intérêt commun les rassemble, mais l'intérêt personnel les divise. La loi naturelle, la loi qui les oblige à être réciproquement bons et justes, compâtissants et secourables, est la seule qui les unit. Sans cette loi, dont le sens intime est l'organe, quel droit l'homme aurait-il à la bienfaisance de l'homme ? quel droit la société, l'espèce humaine entière aurait-elle aux services, aux secours de l'individu? L'espèce n'est qu'une collection; et si ce droit est nul pour chacune des unités dont elle est la somme, il est nul pour la somme entière. La loi naturelle est donc le seul lien solide du pacte social. Aussi ceux qui la méconnaissent, réduisent-ils la société à la casuelle hypothèse de l'intérêt particulier compris dans l'intérêt commun. Or, comme entre les hommes l'intérêt personnel est variable, inégal, inconstant, l'ordre social, qui ne serait fondé que sur ce calcul réciproque, n'aurait aucune consistance : ce ne serait que des monceaux de sable que bouleverserait le vent des passions, *arena sine calle.*

La seule base inébranlable, même pour la morale humaine, est donc la loi donnée à l'homme d'être social, humain, juste et bon envers ses semblables, et il n'y a aucun de nos devoirs qui ne remonte à cette loi, comme en étant tous émanés (1).

Mais je n'appelle nos devoirs envers Dieu que ceux qui s'adressent à lui, et qui ne s'adressent qu'à lui.

Croire en un Dieu (2), l'adorer, l'aimer et le

---

(1) *Pietate adversùs Deos sublatâ, fides etiam et societas humani generis, et excellentissima virtus, justitia, tollitur.* (Cic. de Nat. Deor.)

(2) *Primus est Deorum cultus, Deos credere deindè,* red-

craindre, reconnaître dans son essence une indivisible unité, une majesté infinie, une puissance illimitée, une souveraine bonté ; voir en lui la cause des causes et le principe universel ; voir dans le monde un simple effet de sa volonté créatrice et conservatrice ; lui rendre un culte pur d'obéissance, de reconnaissance et d'amour, de soumission à ses décrets, de confiance et d'espérance en sa miséricorde (1) pour les faiblesses et les erreurs de sa fragile créature ; sur-tout conserver dans notre ame, comme dans son image, les traits de bonté, de justice, qu'il y a daigné graver lui-même, et la rendre, par des vertus, aussi ressemblante qu'elle peut l'être à son divin modèle ; c'est là, sans doute, l'abrégé de la morale religieuse et de nos devoirs envers Dieu. Mais, sans une lumière surnaturelle, quel homme les a bien connus, et qui peut les remplir sans un secours divin ?

D'abord, la croyance au vrai Dieu, la notion de son existence est-elle, a-t-elle été d'une égale obligation pour tous les peuples de la terre ? Si le Lapon dans sa tanière, si l'Iroquois dans les forêts, et lorsque, pressé par la faim, il poursuit à vingt lieues la proie qu'attendent sur leur natte

---

dere illis majestatem suam, reddere bonitatem, sine quâ nulla majestas est. (SENECA.)

(1) *Errorem labentium animorum placidus ac propitius fert.* (SENECA.)

sa femme et ses enfants ; si l'homme courbé vers la terre par le travail auquel ses besoins le condamnent, et qui, l'ame toute occupée de la difficulté de vivre, respire l'air, voit la lumière, sans songer à savoir d'où lui viennent ces dons ; si l'homme enfin, presque abruti par la misère et l'ignorance, n'a jamais élevé son ame jusqu'à l'idée sublime et pure d'une intelligence infinie, éternelle, créatrice de l'univers, est-il aussi coupable que l'homme instruit, qui, dans le calme et le loisir d'une vie exempte des soins d'une pénible subsistance, peut fixer sa pensée à la contemplation des merveilles de la nature, ou descendre en lui-même pour y observer des prodiges encore plus étonnants et plus évidemment divins ?

« Que l'homme s'interroge, nous a-t-on dit « souvent, et qu'il se demande à lui-même : que « suis-je? d'où viens-je? où suis-je ? où vais-je ? « et à quoi suis-je destiné? Sa réponse sera pour « lui la solution du grand problême de la vie. »

Oui, s'il y répond bien ; mais, pour bien y répondre, que de connaissances ne faut-il pas avoir acquises! Et, sans la révélation, qui jamais y a bien répondu?

La création, la spiritualité de l'ame, son immortalité, son union avec le corps, et la loi qui en est le lien, son retour vers la source d'où elle est émanée, ne sont pas de ces vérités qu'on aperçoive nettement avec l'œil nu de la raison.

Vraiment, Thalès, Anaxagore, Démocrite, et tant d'autres réputés sages, se demandaient, que suis-je? d'où viens-je? où suis-je? etc.; mais quelles étaient leurs réponses? Vous l'avez vu : des rêveries encore plus creuses que profondes. Platon lui-même, avec son génie, avait plus approché qu'un autre de ces sublimes vérités; mais il n'y avait pas atteint.

A plus forte raison, ces multitudes d'hommes dont l'ame est toute dans les sens, et uniquement occupée des impressions qu'elle en reçoit parmi les dangers, les travaux, les besoins renaissants et pressants de la vie, n'ont-elles pu s'élever, par des méditations, à la connaissance d'un Dieu et du culte qu'on doit lui rendre.

Dans l'homme en qui l'idée de la divinité est obscure, vague et confuse, le culte sera fantastique, et se ressentira de la difficulté qu'a notre faible entendement à croire assez comprendre ce qu'il ne peut se figurer. Alors il croira voir son dieu dans quelque objet qui tombe sous les sens, ou dont il puisse au moins se former une image. Les Égyptiens l'adoraient dans les symboles de la nature, dans les animaux, dans les plantes; les Guèbres dans l'élément du feu; les Péruviens dans le soleil; les stoïciens eux-mêmes dans le globe du monde, dont ils croyaient qu'il était l'ame (1); les sauvages de l'Amérique l'adorent

---

(1) *Quid est Deus?* mens universi. (SENECA.)

dans les lacs, dans les fleuves, dans les tempêtes ; et chacun d'eux croit voir sa divinité tutélaire dans l'arbre, ou dans la pierre, où il lui a plu de la placer.

Tout cela est bien déplorable ; mais tout cela est innocent ; car ces erreurs de l'ignorance, et d'une ignorance invincible, n'ont rien qui répugne à la loi que tous les hommes ont dans le cœur ; et l'on peut être avec cela, juste, humain, secourable, bon sous tous les rapports, et même vertueux. Vous avez ouï dire à un brave homme né parmi les sauvages du Canada, qu'il n'y avait pas de meilleures gens sur la terre.

Il n'en est pas de même des superstitions qu'engendre une brutale et farouche démence, et qui, pour appaiser un Dieu qu'on suppose cruel, féroce et sanguinaire, persuadent à l'homme, ou de se tourmenter lui-même, ou de tourmenter ses semblables, et de faire couler le sang humain sur les autels.

Il est possible que l'imagination plus frappée de l'apparent désordre des éléments que de leur harmonie, et plus épouvantée des convulsions et des ébranlements qui semblent annoncer la ruine du globe, que rassurée par sa longue stabilité, et par la perpétuelle régularité de ses révolutions ; il est possible, dis-je, qu'elle se représente, pour cause de ces phénomènes, un Dieu terrible et menaçant. Et si, dans les accidents de la vie, l'homme voit pour lui-même beaucoup plus de maux que de biens, sans prévoir au-delà un meilleur avenir, cette idée d'une puissance si formidable doit naturellement le saisir de tant de frayeur qu'il ne songe qu'à l'appaiser.

Comment l'appaiser? par des vœux, des offrandes, des sacrifices? C'est bien grossièrement assimiler Dieu avec l'homme. Mais, du moins, cela même est un culte de dépendance, de soumission, d'adoration; et, s'il ne voit sur ses autels que les prémices des moissons et des fruits, que les premiers nés des troupeaux qui font la richesse de l'homme; il ne peut s'offenser du juste hommage de ses dons, pourvu qu'il lui soit présenté par des mains pures; et ne fussent que quelques grains de sel et de froment, l'offrande lui en est agréable.

Les sacrifices abominables devant Dieu, ceux qui souillent son culte, parce qu'ils violent sa loi, sont les sacrifices de sang humain. Je crois l'entendre dire à l'homme : « Je t'ai permis d'é-
« gorger la brebis, le taureau, la douce génisse;
« et si tu crois me plaire en me les immolant,
« ce n'est qu'une erreur pardonnable. Si tu m'a-
« vais pu mieux connaître, tu ne m'aurais offert
« que les vœux d'un cœur droit, et d'une ame
« pure. Mais le sang de l'homme, ton égal de-
« vant moi, qui t'a permis de le répandre? et
« peux-tu m'en croire altéré? Aimer, secourir tes
« semblables, les soulager, les consoler, éviter
« sur-tout de leur nuire; voilà ma loi, elle est

« dans ton cœur, et son caractère est celui du
« culte que tu dois me rendre : culte d'amour et
« d'obéissance envers moi ; de bonté, envers tous
« les hommes. »

C'est d'une idolâtrie homicide qu'on a eu raison de dire qu'elle était plus injurieuse à la divinité que le simple athéisme; car ne pas entendre la voix de la nature qui annonce à l'homme un Dieu, et ne pas reconnaître en soi la preuve de son existence, ce n'est qu'une stupide insensibilité, dont, sans crime, l'homme est capable, et que Dieu peut voir en pitié. Mais croire en lui pour l'outrager, en lui attribuant, ou la férocité d'un tigre, ou le farouche orgueil et la cruauté d'un tyran; croire que, du sein de sa gloire et de sa félicité profonde, il se plaise à voir dans ses temples, l'homme verser le sang de l'homme, et l'égorger sur ses autels; c'est, dans l'instinct même de la nature, un excès de dépravation que rien ne peut excuser devant lui.

Ce fut moins le crime des peuples que le crime des prêtres; je le sais. Mais quel peuple n'avait pas dans le cœur la loi qui condamne ce culte? quel peuple n'en frémissait pas? et quelle croyance insensée donnaient-ils à des impostures qui leur inspiraient tant d'horreurs? On doit à Dieu, leur disait-on, le sacrifice de ce qu'on a de plus précieux, de plus cher; et le sang même de vos enfants doit couler, s'il vous le demande. Oui, mais nous le demande-t-il? est-il de sa bonté, est-il de sa justice, est-il de sa clémence de nous le demander? Ainsi aurait parlé une raison saine et tranquille. Mais les peuples étaient tremblants ; leurs esprits étaient fascinés.

Le fanatisme est un monstre que la terreur conçoit et engendre au sein des ténèbres. C'est dans une imagination peureuse et sombre que commence par se former le fantôme d'un Dieu barbare; et, pour ce spectre horrible et furieux, elle invente les cruautés les plus capables de l'assouvir.

Ce n'était pas à l'intelligence pure et parfaite qui règle l'univers après l'avoir créé, que les Carthaginois, les Mexicains, les Gaulois, du temps des druides, offraient leurs sacrifices de victimes humaines. L'idée d'un Dieu, auteur de cette loi qui inspire aux hommes la bonté, la justice, la bienfaisance, aurait dissipé les prestiges d'une noire superstition. Un culte monstrueux suppose des divinités monstrueuses ; et c'est là le dernier degré d'égarement et de démence où puisse tomber la raison.

Chez les nations cultivées, comme dans la Grèce et dans Rome, l'idolâtrie n'était pas inhumaine : elle était insensée, mais poétique et populaire, toute en images dans ses fables, toute en spectacle dans sa pratique. Des cérémonies pompeuses, des fêtes magnifiques, de somptueux sacrifices, des tableaux animés, brillants, voluptueux, ou sombres et terribles ; des dieux de tous

Métaph. et Morale.

les caractères, sans cesse en action, et en scène avec les mortels; et en un mot tout le merveilleux qu'avait pu inventer le génie de la fiction, faisaient de la religion un jeu de théâtre politique, dont les habiles gens se servaient, comme dit Sévère,

> Pour contenir le peuple, ou bien pour l'émouvoir,
> Et dessus sa faiblesse établir leur pouvoir. (CORNEILLE.)

Mais comment, d'un côté, l'esprit philosophique, et de l'autre, l'esprit des lois avaient-ils pu s'accommoder d'un culte si contraire au bon sens et aux bonnes mœurs; si les dieux de Rome et d'Athènes n'avaient été que des images symboliques, des phénomènes de la nature, ou que des attributs de la divinité, comme on dit que l'étaient l'Isis et l'Osiris, l'Hermès, l'Apis, le Sérapis, l'Anubis des Égyptiens; ces figures n'auraient eu rien d'immoral ni d'impie. Sous ces emblêmes, le vrai Dieu pouvait se voir seul adoré. Mais, dans la mythologie grecque et romaine, presque rien ne peut soutenir le caractère allégorique; c'est un amas de vices et de crimes déifiés. L'impudicité, l'adultère, l'inceste, le viol, le rapt, la fourberie et le larcin, les plus furieuses vengeances, les plus froides atrocités, le parricide même, avaient leurs exemples parmi ces dieux. Un peuple qui aurait formé ses mœurs sur ces modèles, aurait été le plus corrompu de la terre.

On n'y croyait donc pas? Le vulgaire y croyait.

Mais la piété consistait à oublier ces infamies, ou à se les dissimuler. On ne les niait point, mais on les passait sous silence ; et la philosophie, d'accord avec les lois, jetait, sur les scandales de la mythologie, un voile que personne, publiquement, n'osait lever. Ainsi ces turpitudes n'avaient rien de contagieux. La fatalité même et le pouvoir de la fortune, dont on faisait un si grand usage dans les événements publics, n'étaient point une excuse pour les actions privées ; les lois n'en tenaient aucun compte : l'homme était censé libre comme il l'est parmi nous.

On sacrifiait à Jupiter *Stator*, à Jupiter *Férétrien*, à Jupiter protecteur du Capitole, sans penser au Jupiter ravisseur d'Europe, au Jupiter séducteur d'Alcmène et de Léda.

Lisez Platon à côté d'Homère, Cicéron à côté d'Ovide. L'un et l'autre parlent des dieux, mais l'un dans une généralité respectueuse, l'autre dans les récits les plus licencieux. Des dieux amis de la justice, de la pudeur, de la vertu ; des dieux qui ne voulaient qu'on approchât de leurs autels qu'avec une ame pure, un cœur droit, des mœurs chastes (1), n'étaient pas les dieux de la fable, ce n'étaient pas même des dieux ; cette pluralité n'était que dans les mots, et non dans la pensée.

---

(1) *Voluntate purâ et castâ.* (SENECA.)
Pietate et religione et precibus justis. (CIC.

C'était une formule de déférence et de respect pour l'opinion populaire et pour la police du culte. En parlant des dieux comme des *architectes et des recteurs de l'univers*; en disant qu'ils voyaient jusques au fond de la pensée; que, pour se les rendre propices, il ne fallait que les imiter; que nul homme n'était vertueux, magnanime sans leur secours, etc.; on tenait le même langage qu'en parlant du vrai Dieu, du Dieu philosophique : dans la bouche des sages, *Dieu* et *les dieux* étaient donc deux mots synonymes, et, par l'un et par l'autre, on n'entendait que le *vis divina*, le *mens divina*, de Platon, ou que l'*ame du monde*, d'Anaxagore et de Zénon. Sans cela rien n'aurait été plus inconséquent que les discours de Socrate, de Cicéron, de Sénèque, de Marc-Aurèle, tantôt parlant des dieux, tantôt d'un Dieu unique, et en parlant de même. Optez, aurait-on pu leur dire : s'il n'y a qu'un Dieu, selon votre pensée, ne parlez que d'*un Dieu* : s'il y en a plusieurs, ne parlez que *des dieux*. Mais en parlant *des dieux*, en termes vagues et collectifs, ils déféraient à la religion du peuple; et, en parlant d'*un Dieu*, ils professaient la leur.

Au reste, disaient-ils, on peut adorer Dieu sous tous les noms qui expriment ou quelqu'un de ses attributs, ou quelqu'un des effets de sa toute-puissance. C'est ce que le stoïcien Sénèque nous a clairement expliqué. Soit, dit-il, qu'on l'appelle ou la *nature*, ou la *fortune*; ce sont les noms d'un même Dieu (1), selon les différents effets de son pouvoir. Veut-on l'appeler le *destin*, la *fatalité*, on ne se trompe pas; car c'est de lui que tout dépend, il est la cause des causes. L'appelle-t-on la *providence*, on parle bien encore ; car c'est par lui que tout se règle et se conduit, et c'est lui seul qui a pourvu à tout dans le monde. Il est aussi la *nature*, puisque tout lui doit la naissance. Enfin, si on veut l'appeler le *monde*, ajoutait Sénèque, on le peut sans erreur, puisqu'il est tout ce que vous voyez, qu'il se pénètre dans toutes ses parties, et se soutient par sa propre force (2).

On voulait aussi que ce fût le même Dieu qu'on appelait des noms des divinités populaires, comme *du Père libre, d'Hercule, de Mercure, de Jupiter* (3).

Écoutez Lucain, faisant parler Caton, lorsqu'il

---

(1) *Sic hunc naturam vocas et fortunam. Omnia ejusdem Dei nomina sunt, variè utentis suâ potestate.* (SENECA.)

(2) *Vis illum fatum vocare? Non errabis : hic est, ex quo suspensa sunt omnia; causa causarum. Vis illum providentiam dicere ? Rectè dices; est enim, cujus consilio huic mundo providetur, ut inconfusus eat, et actus suos explicet. Vis illum naturam vocare? Non peccabis; est enim ex quo nata sunt omnia, cujus spiritu vivimus. Vis illum vocare mundum ? Non falleris ; ipse enim est totum quod vides, totus partibus suis inditus, et se sustinens vi suâ.* (SENECA.)

(3) *Hunc et Liberum patrem, et Herculem ac Mercurium nostri putant.* (SENECA.)

refuse de consulter l'oracle de Jupiter-Ammon, dans la Libye :

> *Hæremus cuncti superis, temploque tacente,*
> *Nil facimus non sponte Dei. Nec vocibus ullis*
> *Numen eget; dixitque semel nascentibus auctor*
> *Quidquid scire licet. Steriles nec legit arenas*
> *Ut caneret paucis, mersitque hoc pulvere verum.*
> *Est-ne Dei sedes, nisi terra, et pontus, et aer,*
> *Et cœlum, et virtus ? Superos quid quærimus ultrà ?*
> *Jupiter est quodcumque vides, quocumque moveris.*

Ainsi, du moins à Rome et dans toute la Grèce, les gens instruits, les sages, les gens de bien, n'étaient ni impies, ni athées, ni même véritablement idolâtres. Ils rendaient, selon leurs lumières, un culte sincère au vrai Dieu. Ne pouvant réformer la religion politique, ils sanctifiaient la morale; et il est consolant de penser que dans la Grèce, un Épaminondas, un Léonidas, un Solon, un Aristide, un Socrate, un Platon, et dans Rome, un Numa, un Régulus, un Paul-Emile, un Rutilius, un Thraséas, un Séranus, les Catons, et les Antonins, ont trouvé grâce devant le Dieu qu'ils adoraient tous dans le cœur. « Ce Dieu, disait Socrate, qui a bâti l'univers, « et qui soutient ce grand ouvrage... ce Dieu se « rend assez visible par tant de merveilles dont « il est l'auteur; mais il demeure toujours invi- « sible en lui-même (1). »

---

(1) Xénop. Entretien avec Euthydème sur la Providence.

Quant à la religion du peuple, elle était toute de tradition, de coutume et d'exemple. Rien de tout cela ne me semble offensant pour l'Être suprême. C'est trop le faire ressembler à l'homme, que de le supposer jaloux de la fumée de l'encens offert à des dieux fantastiques. S'il est jaloux, c'est de l'amour, de la reconnaissance des hommes dont il est connu. L'impiété, comme la piété envers lui, est un sentiment. C'est le cœur qui l'adore, et c'est le cœur qui le blasphème.

Les préjugés et les erreurs qui ne répugnent point à la loi naturelle, sont dignes de pitié bien plus que de colère. Le faible entendement humain en porte l'excuse en lui-même. Et, si l'homme n'a fait que de ces rêves innocents, s'il a suivi d'ailleurs la lumière du sens intime, Dieu daignera se souvenir qu'il ne l'a éclairé qu'autant qu'il le fallait pour être juste et bon.

Heureux les temps, heureux les peuples à qui, du haut du ciel, ont été envoyées des vérités inaccessibles à toute la sagesse humaine! Le mot de la grande énigme est dit pour eux. Dès qu'il existe une intelligence suprême, créatrice de l'univers, le voile de la nature tombe; la cause première est connue, et les effets quelque étonnants qu'ils soient, n'ont plus rien d'incompréhensible. Ni le mouvement, ni ses lois, ni la vie, ni la pensée, ni la nature de l'ame sensible et pensante, ni son union avec le corps, ni la loi de cette union, ni l'action de l'ame sur les sens, ni l'action des sens sur l'ame, ni le problème d'un avenir après la vie, ne font plus le tourment de la raison humaine. Un être pur, absolument distinct de la matière, a pu créer un être immatériel comme lui. La pensée a donc sa substance, comme l'étendue a la sienne; ni l'une ni l'autre n'a pu se donner à elle-même l'existence. Elles composent donc ensemble l'ouvrage de la création; et la volonté toute-puissante qui leur a donné l'être, n'a pas eu besoin de les rendre homogènes pour les unir. Leur mutuelle dépendance distingue dans la vie humaine l'action mécanique et l'action volontaire. Celle-ci est libre et morale toutes les fois qu'elle est délibérée; et de là le mal ou le bien, le crime ou l'innocence, le vice ou la vertu, dont l'immortalité sera ou la peine ou la récompense. Rien de plus clair que ce système de croyance religieuse.

L'homme, une fois imbu de ces principes, répondra sans difficulté, soit qu'en jetant les yeux autour de lui, il se demande qui a pu produire tant de merveilles qui l'environnent; soit qu'en se regardant lui-même, il se demande ce qu'il est, d'où il vient, ce qu'il va devenir?

Cette dernière vérité sur-tout avait besoin d'être révélée. Je ne vous parle point de la fable des mânes, et des ombres des morts, si célèbre autrefois dans les fictions des poëtes. Je ne vous parle point du système non moins fabuleux de la métempsycose, attribué à Pythagore. Mais rappelez-vous que Platon, le plus ingénieux des philosophes de l'antiquité, après avoir atténué, autant qu'il lui était possible, la substance de l'ame, n'avait su que la dégager de son enveloppe mortelle, et l'envoyer, après le trépas, dans la région de l'éther, où, nageant dans un élément aussi subtil et aussi léger qu'elle-même, elle y serait en équilibre avec ce fluide éthéré, hors d'atteinte, et par conséquent indestructible, inaltérable, n'ayant besoin de rien, et ne manquant de rien. Tel était, mes enfants, le genre d'immortalité et d'éternelle félicité qu'imaginait ce beau génie.

Socrate, et après lui Sénèque, en parlaient d'une manière plus consolante, et comme d'une vie heureuse après la vie. Mais, après avoir réuni tous les motifs de croire à un avenir désirable pour les bons, redoutable pour les méchants, Socrate finissait par dire qu'il fallait *s'enchanter* soi-même de cette espérance bien heureuse. Sénèque aurait voulu s'en pénétrer aussi (1); mais cette pensée qui lui ravissait l'ame, il la regardait comme un beau songe dont il était quelque-

---

(1) *Cùm venerit dies ille, qui mixtum hoc divini humanique secernat corpus, hoc, ubi inveni, relinquam. Ipse me Deo reddam. In alium maturescimus partum. Dies iste quem tanquàm extremum reformidas, æterni natalis est... Hæc cogitatio nihil humile animo subsidere sinit. Quid timeat, qui mori sperat?* (SENECA.)

fois épris (1) : tant il est vrai que cette croyance avait besoin d'être appuyée de la parole infaillible d'un Dieu.

Il est vrai, cependant aussi, que toute sublime qu'elle est, cette pensée qui élève l'ame au sein de la divinité, la raison même y peut conduire; car, pour peu que l'homme médite sur les priviléges de sa condition présente; sur ses qualités singulières; sur les facultés perfectibles qu'il a reçues de la nature; sur cette supériorité d'industrie qui le distingue des autres animaux; sur cette raison progressive; sur cette intelligence active et pénétrante; sur cette mémoire étendue, qui s'enfonce dans le passé; sur cette prévoyance inquiète, qui s'élance dans l'avenir; sur cette curiosité passionnée et insatiable; sur le talent de composer, de décomposer ses idées, de les simplifier, de les lier ensemble, et de les mettre en œuvre; et plus encore sur le discernement du juste et de l'injuste, du bien et du mal, qu'il peut faire, et sur le sentiment profond et irrésistible qu'il a de sa liberté dans le choix; si sa raison cherche un motif, une cause finale, à de telles prérogatives, et à tant de prédilection de la nature en faveur de l'homme, peut-elle ne pas reconnaître qu'il y a pour lui une autre destinée que pour les animaux, et une vie après la vie?

---

(2) *Do me spei tantæ... captus quandòque sum tam belli somnii lenociniis.* (SENECA.)

C'est ici qu'un athéisme réfléchi, volontaire et opiniâtre, me semble le moins pardonnable des travers de l'esprit humain. Dans l'athéisme de Démocrite, je ne vois que sa répugnance à reconnaître des dieux vicieux et méchants; et dans l'hypothèse de ses atômes, je ne vois que le désespoir d'un esprit rebuté de chercher inutilement le premier principe des choses. Mais, dans l'athéisme des matérialistes modernes, je ne vois que l'orgueil d'une fausse philosophie, qui, pour se signaler, brûle les temples du vrai Dieu. Il leur est aussi évident qu'à moi, que rien de variable n'est éternel; que la matière n'a pu se donner les modes de son existence; que le mouvement est une force que les corps ont dû recevoir, et qui ne leur est pas innée, puisqu'elle passe de l'un à l'autre, que ce mouvement a des lois, et ces lois un législateur; que dans l'homme le sentiment et la pensée ne peuvent être le résultat de l'organisation physique; qu'en lui ce qui sent, ce qui pense, n'est ni le muscle de son cœur, ni la moëlle de son cerveau.

Aimer mieux, en pleine lumière, se mettre un bandeau sur les yeux, et en aveugle, errer sans cesse dans un cercle d'absurdités, que d'admettre l'idée d'une puissance que l'univers atteste, d'une puissance dirigée par une sagesse infinie, employée à remplir les vues d'une bonté inépuisable, réglée par une justice infaillible et incorruptible; enfin, plutôt que de se reconnaître dépendant d'un être accompli, se ravaler et s'avilir au point de ne plus voir en soi qu'une matière organisée, et que le résultat fortuit du mélange des éléments, ou d'une rencontre d'atômes; c'est une démence dans laquelle j'ai eu bien de la peine à croire que l'esprit humain soit tombé.

Le sceptique Montaigne en parle comme moi. « L'athéisme, dit-il, étant une proposition comme « dénaturée et monstrueuse, difficile aussi et « malaisée d'établir en l'esprit humain, pour in- « solent et déréglé qu'il puisse être; il s'en est « vu assez, par vanité, et par fierté de conce- « voir des opinions non vulgaires et réformatrices « du monde, en affecter la profession par con- « tenance, qui, s'ils sont assez fous, ne sont pas « assez forts pour l'avoir plantée en leur con- « science. »

Charron s'en explique plus énergiquement encore. « Se déprendre, dit-il, et du tout rejeter et « sentiment et appréhension de déité, chose at- « tachée à la moëlle de nos os, il y faut une « monstrueuse et enragée force d'ame, et telle « qu'il est très-mal aisé d'en trouver. Quoique « s'y soient étudiés et efforcés ces grands et in- « signes athées, qui, d'une très-haute et furieuse « audace, ont voulu secouer de dessus eux la « déité;... mais les plus habiles qui s'y sont éver- « tués, n'en ont pu du tout venir à bout. »

Cependant j'en ai vu plus d'un exemple dans des hommes d'ailleurs honnêtes, équitables et bienfaisants. Ils donnaient, comme Bayle, pour leur raison, qu'il valait mieux ne pas croire en un Dieu que de lui attribuer nos vices. Je pense comme eux sur ce point; mais qui oblige une raison saine de faire cette injure à la divinité? Et si le fanatisme ou la superstition a produit cette monstrueuse erreur dans des esprits atrabilaires, est-ce une maladie si contagieuse qu'on ne puisse s'en préserver?

Ainsi, du moins à l'égard du déisme, les progrès qu'ont fait parmi nous et les connaissances humaines, et les idées religieuses, ne laissent plus d'excuse à l'incrédulité; et vous venez de voir que, de l'existence d'un Dieu, manifestée et reconnue, dérivent nécessairement nos premiers devoirs envers lui.

Mais le déisme pur pouvait-il être la religion du peuple? Très-difficilement, il faut l'avouer. Les idées métaphysiques échappent à la multitude; il lui faut des objets qui frappent l'esprit par les sens. Vous savez que Moïse ne parle au peuple d'Israël, de son Dieu, qu'en termes figurés; et que, pour se manifester et se communiquer aux hommes, Dieu lui-même daignait alors employer un langage et des signes matériels (1).

Ce ne fut qu'à l'époque de la nouvelle loi que

---

(1) *Abscondit se Adam et uxor ejus à facie Domini... Cùm audissent vocem Domini Dei deambulantis in paradiso, ad horam post meridiem... Pœnituit eum fecisse hominem...*

la religion, sans être emblématique, devint sensible et populaire : époque mémorable, où une morale sublime et simple n'eut qu'à se conformer à son divin modèle, pour recevoir de son exemple une empreinte de sainteté.

Recordatus autem Deus Noë... odoratusque est Dominus odorem suavitatis...

Descendit Dominus, ut videret civitatem et turrim.

Abiit Dominus, postquàm cessavit loqui Abraham...

Toute la Genèse est écrite dans ce style métaphorique.

LEÇON QUATRIÈME.

Morale évangélique. Devoirs de l'homme envers un Dieu son rédempteur et son modèle.

Jusqu'ici, mes enfants, je ne vous ai conduits à la foi que par la raison. Je suivrai la même méthode à l'égard de la religion dans laquelle vous êtes nés. Elle est fondée sur des dogmes incompréhensibles pour nous, et humainement incroyables. La foi en doit venir du ciel; et ce serait en moi une folie que de prétendre vous la donner. Le péché originel, la trinité, l'incarnation, le prodige d'un Dieu fait homme, d'un Dieu humilié, d'un Dieu souffrant et patient jusqu'à la mort, sont infiniment au-dessus de nos faibles conceptions et de toutes nos vraisemblances. Je ne me propose donc pas de vous en donner la foi, mais de vous la rendre désirable, en vous persuadant, comme j'espère le pouvoir, qu'il n'y a rien de plus doux, de plus humain, de plus consolant, de plus propre à former un homme de bien, dans toutes les situations de la vie, que la doctrine de l'Evangile. Je vais en exposer le dogme en peu de mots, pour arriver à la morale; car je vous en parle en moraliste, et non pas en théologien.

L'homme, par sa désobéissance, s'était rendu coupable. Essentiellement juste, Dieu devait l'en punir; essentiellement bon, il voulut le sauver de la rigueur de sa justice. Mais il fallait à sa justice une expiation digne d'elle : il fallait à l'homme un médiateur, un réconciliateur, un sauveur qui voulût être sa rançon. Le fils de Dieu s'offrit pour victime à son père; et de là le mystère de la rédemption, le mystère d'un Dieu fait homme, conçu dans le sein d'une vierge, par l'influence de l'Esprit-Saint. Tout cela est inconcevable : pour y croire, je le répète, il faut la vertu de la foi, et celle-là doit nous venir du ciel.

Cependant, ce que la raison peut commencer à voir par sa propre lumière, c'est que le caractère qui nous est peint dans l'Homme-Dieu, n'a point d'exemple dans la nature; que, sans compter tant de miracles qui attestent sa divinité, et qu'il est difficile de révoquer en doute, les seules actions de sa vie ont quelque chose de divin; qu'un caractère de bonté, d'indulgence, de patience, de douceur, de bienveillance pour tous les hommes, et même pour ses ennemis, de sainteté enfin, si égal, si inaltérable, passe notre humaine faiblesse; que jamais tant de calme, tant de simplicité, tant de candeur, de force et d'élévation d'ame, ne se sont réunis dans un simple mortel; que ni les sages, ni les héros, n'ont conservé dans les épreuves de l'adversité, de l'humiliation, de la douleur et de la mort, et d'une mort cruelle et ignominieuse, ce courage serein, cette constance inébranlable, cette égalité de vertu toujours pure et sans tache, sans orgueil, sans faiblesse, sans faste, comme sans effort; qu'une ame enfin à laquelle jamais il n'échappa aucun des mouvements des passions humaines, et qui n'était sensible que pour souffrir et pour aimer, était le plus beau sanctuaire qu'en s'unissant à l'humanité, la divinité pût choisir (1).

Je sais qu'on peut dire que ce caractère est factice, et qu'il a été inventé. Inventé! et par qui? par quelques hommes sans culture et sans art, qui, dans leurs récits unanimes, parlent un langage si simple, qu'il est impossible de n'y pas reconnaître la plus naïve sincérité?

Certes! si les évangélistes ont imaginé ce qu'ils racontent, ce sont les plus habiles, les plus mer-

---

(1) Le caractère de Socrate est beau, mais il n'a rien qui soit au-dessus de l'humain. Il plaide sa cause devant ses juges avec la dignité d'un sage; mais il y rappelle sa vie, ses mœurs, sa doctrine, et les services qu'il a rendus à sa patrie, et le bien qu'ont fait ses leçons. Il méprise la mort, mais à cause de sa vieillesse, et parce qu'elle lui procure une fin douce, au lieu d'une fin douloureuse qu'il trouverait incessamment, et qu'il ne saurait éviter. Et, lorsque l'un de ses amis lui demande pourquoi il a négligé de prolonger ses jours, écoutez sa réponse : *Vel morbis excruciatus vitam clauderem ; vel senectute, in quam omnia molesta, planèque ab omnibus gaudiis secreta confluunt.* (XENOPH.) Assurément, tout cela est d'un homme.

Rien de semblable dans J.-C. Il prédit sa mort à ses dis-

veilleux imposteurs. Quel génie et quel art n'aurait-il pas fallu pour former et pour soutenir un personnage en même temps si simple et si sublime dans sa simplicité!

L'histoire nous a peint des hommes excellents par quelque vertu; la philosophie nous en a vanté quelques-uns; l'éloquence en a célébré; la poésie en a pu feindre; mais un caractère aussi étonnamment accompli ne fut jamais tracé, même dans les fictions les plus fabuleuses des poëtes. Dans leurs héros, ce n'est jamais que quelque qualité dominante, environnée de faiblesse, mêlée d'orgueil, d'ambition, et de quelque intérêt de grandeur ou de gloire. Socrate lui-même ne dissimule ni le soin de sa renommée, ni l'intention de soutenir la dignité de son caractère, en mourant comme il a vécu. Ici, c'est l'accord, c'est l'ensemble de toutes les vertus; c'est la vertu vivante; ce n'est pas même la vertu, c'est infiniment mieux encore : car la vertu dans l'homme

---

ciples. Il leur annonce que l'un d'eux le livrera; il le nomme, et il l'admet à sa table; et, dans le moment que ce disciple le livre, il reçoit son baiser, et il l'appelle son ami; et à ceux qui viennent l'arrêter : Vous venez comme pour saisir un voleur; que ne m'avez-vous pris, leur dit-il, lorsque tous les jours, dans le temple, j'enseignais au milieu de vous? De faux témoins l'accusent; il garde le silence : *Jesus autem tacebat*. Ce n'est qu'au moment que le pontife l'adjure, au nom du Dieu vivant, de dire s'il est le Christ, le fils de Dieu, qu'il répond : *Je le suis*.

n'est que la force qui combat et qui dompte ses passions, qui triomphe de ses faiblesses. Ici nuls combats à livrer, nuls ennemis à vaincre : tout est d'accord, tout est dans l'ordre, tout est bien et le mieux possible. Il n'y a de l'homme que ce qu'il en fallait pour rendre douloureux le sacrifice expiatoire : *Mon ame est triste jusqu'à la mort. Mon père! éloignez de moi ce calice, s'il est possible* (1). Voilà ce qu'en se faisant-homme, le fils de Dieu s'était réservé des faiblesses humaines; et celles-là étaient indispensables : il n'y aurait point eu de victime avec une parfaite impassibilité.

Rien ne serait, je le répète, plus inouï, plus étonnant, du côté de l'art, que la composition de ce caractère adorable, en le supposant inventé par les évangélistes. Mais, dans cette supposition, ils ne seraient pas seulement les plus sublimes inventeurs, ils seraient encore les législateurs les plus sages, et les auteurs de la révolution la plus hardie et la plus étonnante qui se soit faite dans la morale humaine.

Eh quoi! tandis qu'à Rome et dans la Grèce, la philosophie elle-même fléchissait le genou devant l'idolâtrie, et que les passions, sous le nom des faux dieux, exerçaient par-tout leur empire; dans le fond de la Palestine, quatre hommes ob-

---

(1) *Tristis est anima mea usque ad mortem. Pater mi, si possibile est, transeat à me calix iste, verùm tamen non sicut ego volo, sed sicut tu.* (MATH. c. XXVI.)

scurs, inconnus, se disant nés parmi le peuple, auraient inventé, publié une doctrine qui renversait non-seulement toutes les idoles des temples, mais toutes celles du cœur humain; toutes celles de l'avarice, de l'ambition, de l'orgueil et de la mollesse; toutes les idoles des sens; et mettait à la place un Dieu né dans une étable et mort sur une croix; un Dieu qui n'enseignait aux hommes que l'estime et l'amour de ce que le monde méprise, et que la fuite et le mépris de ce que le monde chérit et ambitionne le plus!

Changer ainsi absolument la face du monde moral; transposer toutes les idées et du bonheur et du malheur; éteindre dans l'homme toute cupidité des biens fragiles et périssables, l'enflammer du désir des biens durables et célestes; tourner toutes ses vues, toutes ses espérances vers une heureuse immortalité : le dirai-je enfin? détacher l'homme de la terre, pour l'élever au ciel! Tel aurait été le projet des inventeurs de l'Evangile; et, ce projet, ils l'auraient appuyé de la morale la plus pure, la plus directement tendante au bonheur de l'humanité. Ce sont là, mes enfants, les œuvres d'une bonté, d'une sagesse plus qu'humaine. Voyez combien, en ajoutant à la loi de Moïse, celle de J.-C. l'épure et la perfectionne, sur l'adultère, sur le divorce, et singulièrement sur l'amour du prochain, sur le pardon des ennemis. C'est là le sceau de la divinité; c'est là le degré de vertu où, par sa propre force, jamais le cœur humain n'avait pu se flatter d'atteindre. Le précepte, comme l'exemple, n'en pouvait venir que d'un Dieu (1). Ne pas faire aux autres ce que nous ne voulons pas qui nous soit fait, c'est la simple loi naturelle. Faire aux autres ce que nous voudrions qui nous fût fait, c'est la morale de l'Evangile (2). Et combien celle-ci n'est-elle pas plus élevée! L'une interdit le mal, l'autre commande tous les biens.

De bonne foi, peut-on reconnaître à ces traits le langage de quatre aventuriers incultes, l'ouvrage de quatre imposteurs?

L'Evangile n'est donc pas une fable inventée par ceux qui l'ont écrit, et celui qu'on y fait parler, a parlé véritablement. Or, qu'on le suive, qu'on l'entende, qu'on l'observe, durant les trois

---

(1) *Audistis quia dictum est : Diliges proximum tuum, et odio habebis inimicum tuum. Ego autem dico vobis : diligite inimicos vestros; benefacite his qui oderunt vos ; et orate pro persequentibus et calumniantibus vos : ut sitis filii patris vestri qui in cœlis est : qui solem suum oriri facit super bonos et malos, et pluit super justos et injustos. Si enim diligitis eos qui vos diligunt, quam mercedem habebitis? Nonne et publicani hoc faciunt?... Si ergò offers munus tuum ad altare, et ibi recordatus fueris quia frater tuus habet aliquid adversùm te; relinque ibi munus tuum ante altare, et vade priùs reconciliari fratri tuo; et tunc veniens offeres munus tuum.* (MATH. C. V.)

(2) *Omnia ergò quæcumque vultis ut faciant vobis homines, et vos facite illis.* (MATH. C. VII.)

années de sa vie publique, soit avec ses disciples, soit au milieu du peuple, soit devant les pharisiens, devant les docteurs de la loi, soit en présence de ses juges; c'est toujours le même langage, le même caractère; et ce caractère est divin.

« Oui, nous disent les incrédules, pressés par
« cette vérité, J.-C. fut sans doute un mortel pri-
« vilégié, doué d'une sagesse et d'une vertu sin-
« gulières, peut-être un envoyé du ciel, et di-
« vinement inspiré. Mais n'est-ce pas aller trop
« loin que de le croire un Dieu fait homme? Il
« appelle bien Dieu *son père*; mais lui-même il
« n'a jamais dit qu'il fût le *fils de Dieu*; au con-
« traire, il se dit toujours le *fils de l'homme*. »

Oui, c'est là le nom qu'il se donne; mais, lorsque Jean-Baptiste, du fond de sa prison, lui fait demander s'il n'est pas le Messie; quelle est sa réponse? « Allez, dit-il aux disciples de Jean, et
« rapportez-lui ce que vous avez vu, ce que
« vous avez entendu : les aveugles voient, les
« boiteux se promènent, les lépreux sont guéris,
« les sourds entendent, les morts ressuscitent (1).
« Tout m'a été prescrit par mon père, dit-il ail-
« leurs ; personne ne connaît le fils que le père,
« personne ne connait le père que le fils, et ceux

---

(1) *Euntes renuntiate Joanni quæ audistis et vidistis : cæci vident, claudi ambulant, leprosi mundantur, surdi audiunt, mortui resurgunt.* (MATTH. C. XI.)

« à qui le fils l'a fait connaître (1). » Ailleurs, ayant demandé à ses disciples : « Que pense-t-on « que soit le fils de l'homme (2)? » et Pierre lui ayant répondu : « Vous êtes le Christ, fils du « Dieu vivant (3). Tu es heureux, lui dit-il; car « cela ne t'a point été révélé par la chair et le « sang, mais par mon père qui est dans le ciel (4). » Et au moment qu'on vient l'arrêter, et que Pierre tire l'épée pour le défendre : « Penses-tu, lui dit-il, « que, si je demandais du secours à mon père, il « ne m'envoyât pas sur le champ des légions d'an- « ges (5)? » Enfin, le grand-prêtre Caïphe, qui l'interrogeait, lui ayant dit (6) : « Je t'adjure, au « nom du Dieu vivant, de nous dire si tu es le « Christ, fils de Dieu. Jésus lui répond : *Je le* « *suis.* »

---

(1) *Omnia mihi tradita sunt à patre meo. Et nemo novit filium, nisi pater: neque patrem quis novit, nisi filius, et cui filius voluit revelare.* (MATTH. C. XI.)

(2) *Quem dicunt homines esse filium hominis?* (MATTH. C. XVI.)

(3) *Tu es Christus filius Dei vivi.* (MATTH. C. XVI.)

(4) *Beatus es... quia caro et sanguis non revelavit tibi, sed pater meus qui in cœlis est.* (MATTH. C. XVI.)

(5) *An putas quia non possum rogare patrem meum; et exhibebit mihi modò plus quàm duodecim legiones angelorum?* (MATTH. C. XXVI.)

(6) *Et princeps sacerdotum ait illi : adjuro te per Deum vivum ut dicas nobis si tu es Christus, filius Dei. Dicit illi Jesus : tu dixisti.* (MATTH. C. XXVI.)

Jésus lui-même s'est donc bien positivement annoncé comme le fils de Dieu. Or, quoi de plus contradictoire que l'idée de l'imposture, et l'idée du caractère de Jésus-Christ dans l'Évangile! Quoi! celui qui, toute sa vie a été la candeur, la sincérité même; celui qui a recommandé à ses disciples la simplicité des enfants, comme ce qu'il y avait de plus digne du ciel (1); celui enfin, en qui tout respire l'innocence, la sainteté, le plus humble respect, pour la volonté de son Dieu, en l'appelant *son père*, aurait abusé de ce nom; et, après l'avoir blasphémé par le mensonge le plus impie, il se serait plaint, sur la croix, d'en être abandonné (2); c'est là ce qui est incroyable et moralement impossible. Ce n'est cependant jusque-là que la simple raison qui nous mène à la foi. Et combien plus encore, par sentiment, sommes-nous disposés à croire ce qu'il est si doux de penser! Quoi de plus désirable, en effet, qu'une religion qui ne défend à l'homme que des vices, l'orgueil, la haine, la vengeance, la dureté du cœur, le mensonge, l'ingratitude, la mauvaise foi, le parjure, l'hypocrisie, etc.; qui n'inspire et qui ne commande que les plus douces et les plus

---

(1) *Amen dico vobis : nisi conversi fueritis et efficiamini sicut parvuli, non intrabitis in regnum cœlorum.* (**Matth.** c. xviii.)

(2) *Deus meus, Deus meus! ut quid dereliquisti me ?* (**Matth.** c. xxvii.)

sublimes vertus, et dont toute la loi se renferme dans deux préceptes; le premier, d'aimer Dieu de tout son cœur, et de toutes les forces de son esprit et de son ame; le second, d'aimer ses semblables comme soi-même (1).

Quoi de plus désirable qu'une religion qui promet le bonheur céleste à l'homme dont l'esprit reconnaît humblement sa faiblesse et son indigence, à l'homme qui éprouve les amertumes et les afflictions de la vie, à celui qui aura faim et soif de la justice, à l'homme doux et pacifique, à l'homme miséricordieux, à celui dont le cœur est pur, à celui qui, pour la justice, souffre la persécution (2) : ce sont là les amis et les frères de Jésus-Christ, c'est pour eux qu'il ouvre le ciel et le royaume de son père.

Quoi de plus désirable qu'une religion qui met les œuvres de miséricorde à la place des sacrifices (3), et qui, écartant, comme intolérables,

―――――――――

(1) *Diliges Dominum Deum tuum ex toto corde tuo, et in totâ animâ tuâ, et in totâ mente tuâ. Hoc est maximum et primum mandatum. Secundum autem simile est huic : diliges proximum tuum sicut te ipsum. In his duobus mandatis universa lex pendet et prophetæ.* (MATTH. c. XXII.)

(2) *Beati pauperes spiritu... beati mites... beati qui lugent... beati qui esuriunt et sitiunt justitiam.... beati misericordes... beati mundo corde... beati pacifici... beati qui persecutionem patiuntur propter justitiam.* (MATTH. c. V.)

(3) *Misericordiam volo et non sacrificium.* (MATTH. c. IX.)

les pratiques austères dont les pharisiens chargeaient la religion du peuple, réduit tous les devoirs de l'homme en œuvres de justice et de charité (1).

Quoi de plus désirable enfin qu'une religion qui fait voir à l'homme auprès de son Dieu, dans son Dieu, son rédempteur, son sauveur, son ami, son frère, toujours plein de bonté, de douceur, de clémence et d'amour pour le genre humain; en faveur duquel il renouvelle encore tous les jours, sur la terre, l'offrande de son sacrifice.

Ne croyez-vous pas voir, mes enfants, le réconciliateur de l'homme avec son Dieu, en se faisant homme lui-même, remplir, pour ainsi dire, de sa médiation, l'intervalle infini qui sépare ces deux natures?

Considérez combien l'homme doit être reconnaissant et glorieux de cette sublime alliance! combien il doit se sentir élevé au-dessus de lui-même! et ce n'est point ici dans l'homme un mouvement d'orgueil; car il doit bien savoir qu'il ne serait rien que misère et que fragilité, livré

---

(2) *Alligant enim onera gravia et importabilia, et imponunt in humeros hominum.* (MATTH. C. XXIII.)

Venite ad me omnes qui laboratis et onerati estis, et ego reficiam vos. Tollite jugum meum super vos; et discite à me, quia mitis sum et humilis corde; et invenietis requiem animabus vestris : jugum enim meum suave est, et onus meum leve. (MATTH. C. XI.)

à sa propre faiblesse ; et, malgré tous les dons qu'il a reçus de la nature, tout l'avertit encore assez du néant d'où il est sorti. Mais du fond même de son humilité, avec quel transport d'admiration et d'amour son ame ne doit-elle pas s'élancer vers ce Dieu qui a tant fait pour lui! avec quel abandon ne doit-il pas le suivre, et embrasser la croix sur laquelle il est mort pour lui mériter à lui-même une heureuse immortalité? Ne nous étonnons pas si la foi en un Dieu fait homme, a fait tant de martyrs; si les plus humbles des mortels conservaient, dans les fers, au milieu des supplices, la dignité de leur baptême, la fermeté de leur croyance. De toutes les religions, celle, sans contredit, qui doit inspirer le plus de ce magnanime enthousiasme, c'est le christianisme; et quel nouveau charme y ajoute encore la sainteté de son modèle et la pureté de sa loi! Mais les mystères !... Les mystères sont l'objet de la foi ; et que l'homme à qui elle manque, se dispose à la recevoir par des vertus humaines et par ses bonnes œuvres ; il l'obtiendra, s'il la désire. C'est ainsi que l'ont obtenue les esprits les plus éminents, parmi les anciens, les Ambroises, les Augustins, les Chrysostômes, etc., parmi nous les Pascals, le Newtons, les Bossuets, les Fénélons, etc. C'est dans cette disposition d'esprit, de cœur et d'ame, que je veux, mes enfants, que vous soyez toute la vie. Le moindre avantage qui puisse en résulter pour vous, sera de vivre en gens de bien.

A-présent, quelle différence peut-il y avoir entre la morale du vrai chrétien, et celle du déiste, du stoïcien, par exemple? Aucune dans le fonds ni dans le principe; car la loi naturelle est leur source commune, et leur principe universel. Mais la morale de l'Évangile a des rapports et des motifs dont nulle autre n'est susceptible; elle a un exemple, un modèle, que nulle autre ne peut avoir.

L'homme (je vous l'ai dit) doit tout au Dieu qui l'a créé, reconnaissance, amour, obéissance, et le perpétuel hommage de tous les dons qu'il en a reçus. Mais, lorsque, dans le même Dieu, il trouve encore son rédempteur et son sauveur, combien les prodiges d'amour qu'il aura faits pour lui n'exalteront-ils pas tous les sentiments de son ame! Le culte du déiste est tout en adoration, en humiliation devant l'Être suprême; le culte du chrétien a quelque chose de plus affectueux, de plus sensible et de plus tendre. C'est le même Dieu qu'on adore; mais on ose chérir en lui un ami, un intercesseur, un refuge auprès de son père : le cœur de l'Homme-Dieu touche de près le cœur de l'homme. Aussi dans aucun temps Dieu n'a été aimé comme chez les chrétiens. Un Fénélon, un Vincent de Paule, n'ont point d'exemple chez les déistes.

Les chrétiens ont aussi dans leur Dieu un exemple que les autres cultes n'ont pas. Les attributs de la divinité sont des modèles de bonté, de jus-

tice, de bienfaisance, de libéralité, etc.; mais combien ces modèles sont au-dessus de nous!
! Combien cette magnificence de création, cette sagesse de providence, cette profondeur de conseils et de décrets sont inaccessibles, non-seulement à l'imitation, mais à l'intelligence humaine! D'ailleurs, comment trouver dans l'essence suprême l'exemple des humbles vertus qui n'appartiennent qu'à la faiblesse? Le déiste a-t-il dans son Dieu l'exemple de la modération dans les désirs, de la modestie et de la tempérance, de la frugalité, de la simplicité, de l'égalité d'ame dans l'une et dans l'autre fortune, de la patience à endurer les peines, les maux de la vie, à dévorer les amertumes de l'humiliation et de l'adversité, et d'un courage inaltérable contre la pauvreté, la douleur et la mort? C'est là pourtant de la morale; et quel autre Dieu que celui des chrétiens en aura donné des leçons?

Les stoïciens s'étaient fait une idée sublime de la *vertu*; mais où en était le modèle? où en était la réalité? Ils avaient mis beaucoup de soin à composer, à définir cette essence métaphysique; et il faut avouer qu'en épurant la morale humaine, ils l'avaient portée à un très-haut degré de sagesse et d'élévation. Ce sont pour leur école de grands titres, que d'avoir formé des Rutilius, des Catons, des Thraséas, des Marc-Aurèles. Mais il n'est pas moins vrai que leur vertu n'avait aucun symbole, aucun modèle invariable. « Si la sa-

« gesse, disait Platon, se montrait à nos yeux,
« de quel ardent amour elle nous remplirait pour
« elle! Mais la sagesse n'est point visible (1). » Les
stoïciens se proposaient pour modèle quelque
homme sage et vertueux : mais ce témoin, mais
ce modèle, chacun le choisissait à son gré, à
son point; et vous voyez combien peu sûre était
la règle que chacun pouvait se donner (2).

Le principe des stoïciens était de suivre constamment la nature, laquelle, disaient-ils, veut que l'on fasse en toutes choses ce qui est le plus honnête, jamais ce qui serait honteux (3). Mais ce principe trop dépendant de l'opinion, en rendait la vertu elle-même trop dépendante. « *L'hon-*
« *nête*, disait Cicéron, est ce qui est louable de

---

(1) *Quæ si oculis cerneretur, quàm illa ardentes amores excitaret sui! Oculorum est in nobis sensus acerrimus, quibus sapientiam non cernimus.* (In Phædo.)

(2) *Aliquis vir bonus nobis eligendus est, ac semper antè oculos habendus; ut sic tanquàm illo spectante vivamus, et omnia tanquàm illo vidente faciamus... Elige itaque Catonem. Si hic videtur tibi nimis rigidus, elige remissioris animi Lælium; elige eum, cujus tibi placuit et vita et oratio. Et ipsius animum antè te ferens et vultus, illum semper tibi ostende vel custodem vel exemplum. Opus est aliquo, ad quem mores nostri se ipsi exigant. Nisi ad regulam, prava non corriges.* (Seneca.)

(3) *Omnes actiones totius vitæ honesti ac turpis respectu, temperantur. Nullum aliud bonum quàm honestum, nec aliud malum quàm turpe.* (Seneca.)

« sa nature, et sans avoir besoin d'être loué (1). »
Mais qu'est-ce qui, de sa nature était louable ?
C'était là le problême ; et où en était la solution ?

« Peut-il y avoir, nous dit le même, un plus
« grand crime que d'assassiner, non-seulement un
« homme, mais son ami ? Et celui qui, dans un
« tyran, a tué son ami, ne s'est-il pas rendu cou-
« pable ? Le peuple romain, répond-il, ne le croit
« certainement pas ; puisque des actions les plus
« illustres, celle-ci lui paraît la plus belle (2). »
Mais Tacite, plus impartial et plus sincère, dit
que, dans Rome, les opinions étaient partagées
sur le meurtre de César, *les uns le regardant comme
une belle action, les autres comme le plus détestable des crimes* (3). Ainsi, rien de plus équivoque et de plus variable, même chez les Romains, que ce principe d'honnêteté, d'où l'on
faisait dépendre la vertu (4).

---

(1) *Honestum dicimus quod etiamsi à nullo laudatur, naturâ est laudabile.* (De Off. l. 1.)

(2) *Quod potest majus esse scelus, quàm non modò hominem, sed etiam familiarem occidere ? Num igitur se obstrinxit scelere, si quis tyrannum occidit quamvis familiarem? Populo quidem romano non videtur, qui ex omnibus præclaris factis illud pulcherrimum existimat.* (De Off. l. 3.)

(3) *Cum occisus dictator Cæsar aliis pessimum, aliis pulcherrimum facinus videretur* (Ann. l. 1.)

(4) Cicéron lui-même en convient. *Honestum factu sit an turpe, dubitant id quod in deliberationem cadit : in quo con-*

La patience et la résignation à la providence et à la volonté des dieux était le grand caractère de la vertu stoïque. Mais quelle était cette providence, qu'ils appelaient la *destinée;* et quelle liberté laissait à l'homme cette destinée inflexible, par laquelle il fallait *qu'il fût conduit, ou qu'il fût entraîné* (1)? La vertu, disait-on, donnait la force, l'élévation, la grandeur d'ame (2). Mais César qui ne manquait ni de force, ni d'élévation, ni de grandeur d'ame, et qui croyait son parti le plus juste, le croyait aussi le plus honnête. Quel en était l'arbitre, entre lui et Pompée, entre lui et ses assassins (3)? On avait beau dire qu'on prendrait pour juge *sa conscience* (4) *et non l'opinion;* l'opinion en impose à la conscience, et sur ce qui est louable et sur ce qui est honteux; n'est-ce pas plutôt l'opinion que la conscience qui décide? Rougit-on, même à ses propres

---

siderando, sæpè animi in contrarias sententias trahuntur. (De Off. l. 1.)

(1) *Ducunt volentem fata, nolentem trahunt.* (Carneades, ap. Senec.)

(2) *Validiorem animum excelsiorem et ampliorem faciet virtus... Vir bonus quod honestè facturum se putaverit, faciet, etiamsi laboriosum erit, etiamsi damnosum, etiamsi periculosum.*

(3) *Quis justius induit arma? scire nefas.* (Lucan.)

(4) *Nihil opinionis causâ; omnia conscientiæ faciam* (Seneca.)

yeux, ou d'une gloire injuste, ou d'un vice applaudi?

Le triomphe du stoïcisme était la constance dans les travaux, dans les périls, dans l'exil, dans les fers, dans les épreuves les plus rudes du malheur ou de la douleur. Mais combien de méchants l'avaient aussi cette constance? Marius et Catilina savaient tout endurer, et n'étaient pas des stoïciens.

O combien la morale de l'évangile est plus droite et plus sûre, et plus solidement fondée! Son symbole n'est pas une idée abstraite et variable; ce n'est pas tel ou tel homme de bien, au choix et au gré de chacun; c'est le législateur lui-même qui en est l'exemple et le modèle; c'est dans sa vie qu'en est la règle. Ce qu'il a fait enseigne et prescrit ce que l'on doit faire; et c'est bien de lui qu'on peut dire que c'est en l'imitant qu'on observe sa loi (1).

Le premier devoir envers lui, c'est de croire en lui; et ce don de la foi ne peut venir que de lui-même. Le second devoir est de l'aimer; et que peut-il y avoir de plus juste et de plus facile? Le troisième est de l'imiter, d'abord dans son obéissance et son humble résignation à la volonté de son père, ensuite dans son dévouement par amour pour le genre humain; et c'est là ce

---

(1) *Satis coluit, quisquis imitatus est.* (SENECA.)

qui donne un caractère religieux aux devoirs de l'homme envers l'homme.

Observez, mes enfants, que l'un des articles de notre foi est que le fils de Dieu, dans sa résurrection, n'a rien laissé, dans le tombeau, de l'humaine dépouille qu'il avait revêtue et qu'il enlevait à la mort. Le corps et l'ame qu'il avait pris dans le sein d'une vierge, sont restés à jamais unis à sa divinité, mais purs, inaltérables, dans un état de gloire et d'heureuse immortalité. Ce n'est donc pas seulement la divinité, cette sublime essence que la pensée a tant de peine à concevoir, qu'on adore dans l'homme Dieu; ce n'est pas seulement cet infini qui nous engloutit dans son immensité profonde, et au nom duquel nous nous sentons troublés et comme anéantis; c'est encore cette humanité sainte, indissolublement unie à la divinité, c'est l'Homme-Dieu qui reçoit nos adorations : et tel que ses disciples le virent sur la montagne de Thabor, entre Elie et Moïse, rayonnant de lumière, environné de gloire, nous le voyons nous-mêmes des yeux de l'imagination, ainsi que des yeux de la foi (1). Nous croyons entendre cette voix qui dit du haut du ciel (2) : « C'est là mon fils bien-aimé, en qui

---

(1) *Et resplenduit facies ejus sicut sol. Vestimenta autem ejus facta sunt alba sicut nix : et ecce apparuerunt illis Moïses et Elias cum eo loquentes.* (Matth. c. xvii.)

(2) *Hic est filius meus dilectus in quo mihi benè complacui; ipsum audite.* (Matth. c. xvii.)

« je me complais ; écoutez-le. » Sur son visage resplendissant, nous voyons encore la douceur, la bénignité, la clémence de celui qui, du haut de la croix, demandait à son père le pardon de ses ennemis; de celui qui, pour tout reproche au disciple perfide qui le livrait, reçut son baiser, et lui dit : *Mon ami, à quel dessein êtes-vous venu* (1)? Mot sublime et divin, qu'un chrétien véritable doit toujours avoir dans le cœur. Enfin, nous croyons voir encore sur ce corps glorieux les marques de ses plaies, les vestiges de son supplice. Ainsi la morale chrétienne a, comme présent et visible, son objet, son modèle, et tout ce qui l'éclaire, et tout ce qui peut l'animer; avantage auquel aucune autre religion n'a rien à comparer, et qui est la faveur la plus inestimable que pouvait accorder à l'homme toute la bonté de son Dieu.

---

(1) *Amice, ad quid venisti?* (MATTH. c. XXVII.)

LEÇON CINQUIÈME.

Devoirs de l'homme envers l'homme. Ordre de ces devoirs réglé par la nature, renversé par la politique, rétabli par la morale.

Les devoirs de l'homme envers l'homme sont antérieurs à toute convention sociale. L'intention de la nature nous a fait à tous une loi d'être, les uns envers les autres, secourables et bienfaisants. Et que cette loi soit entrée dans les desseins du Créateur à l'égard de l'espèce humaine, je crois vous l'avoir démontré dans nos leçons sur la métaphysique. Je n'y ajouterai qu'une réflexion.

Il est évident que sur ce globe, et parmi les êtres vivants dont il est peuplé, la nature a voulu que l'homme eût la prédominance sur tous les autres animaux. Son intelligence, son industrie, l'étendue de sa pensée, toutes ses facultés intellectuelles en sont la preuve; et cet empire qu'il s'est fait sur la terre, n'est pas un empire usurpé. Mais, si la nature le lui destinait, comment a-t-elle créé si faible celui qui devait être si puissant? Quoi! le souverain de ce monde y arrive nu, débile, sans armes, sans défense; et il y est jeté au milieu d'une foule d'ennemis redoutables par leur force ou par leur adresse, les uns affamés de sa chair, altérés de son sang, les autres occupés à lui ravir sa nourriture. Tout le menace, et tout lui manque. Son dénuement égale sa faiblesse. Pressé encore plus par le besoin que par le danger, il est, pour comble de misère, celui des animaux qui traîne la plus longue enfance, et dont les facultés, les forces et l'instinct sont les plus lents à se développer.

Pourquoi du moins n'est-il pas né l'égal des animaux qu'il avait à combattre ou qu'il avait à subjuguer? Pourquoi la nature lui a-t-elle refusé la force du taureau, l'agilité du cheval ou du cerf, les armes du lion ou du sanglier? Est-ce parce qu'en lui l'intelligence et l'industrie devaient tout compenser, lui tenir lieu de tout? Faible ressource pour des hommes épars, incultes, encore sauvages, et qui ont à peine sur les bêtes quelque avantage du côté de l'instinct. Les développements de facultés humaines, les grands progrès de la raison, de l'industrie et des lumières, le commerce, les arts, les lois, sont inconnus dans de bien vastes régions; et, quoique Buffon attribue la supériorité de l'homme au don de la parole et à l'adresse de la main, l'espèce humaine diffère peu, dans ces misérables contrées, des animaux avec lesquels elle est en guerre ou en rivalité de besoins et de subsistance.

Non, mes enfants, ce n'étaient pas ces premiers dons qui devaient suppléer dans l'homme aux avantages qu'avaient sur lui tant d'autres animaux. Son vrai titre de royauté, son grand moyen de domination sur eux, c'est l'instinct social qu'il a reçu de la nature, et c'est par l'état de faiblesse où il est réduit en naissant, qu'elle semble s'être appliquée à fortifier cet instinct.

Si l'homme avait pu se suffire; si, après l'allaitement, si, après quelques mois de soins de la part de sa mère, de protection de la part de son père, il avait pu leur échapper; s'il avait pu, sans assistance, pourvoir à ses besoins et à sa sûreté, il serait encore dans les forêts. Les nœuds du sang auraient été trop faibles; ceux d'un hymen fortuit l'auraient peu retenu. A ces liens, qui n'auraient pas seuls formé la chaîne sociale, la sagesse éternelle a joint la force irrésistible des besoins mutuels et des offices réciproques.

D'abord, comme parmi le plus grand nombre des animaux, les premiers nés, parmi les hommes, ont eu besoin de leurs parents, leurs enfants ont eu besoin d'eux : ces familles se sont accrues, se sont alliées l'une à l'autre : de là vous voyez naître les hameaux, les cités, les républiques, les empires. Ainsi de la faiblesse et de l'indigence de l'homme ont résulté sa force et sa richesse. La misère individuelle a fondé la puissance et la prospérité communes; et cette enfance, si étonnamment prolongée au-delà de celle des bêtes, principe merveilleux d'une société durable et d'une communication continuelle entre le père, la mère et les enfants, a non-seulement resserré les liens du sang, mais donné lieu au développement des facultés intellectuelles, à la formation des langues, à l'instruction, à l'éducation, et successivement à l'invention des arts, aux progrès de l'expérience et des connaissances transmises.

Le principe et la base de la société, et des devoirs de l'homme envers l'homme, est donc le besoin d'assistance que la nature a sagement voulu que nous eussions les uns des autres; et n'y eût-il que deux hommes dans une vaste solitude, ils éprouveraient le besoin de se lier, de vivre ensemble, de se secourir, de s'aimer, sur-tout de ne jamais se nuire l'un à l'autre. L'homme ennemi de l'homme est un être dénaturé.

Neque hic lupis mos, nec fuit leonibus :
Nunquàm, nisi in dispar, feris. (Horat.)

C'est là ce que j'appelle l'intention de la nature; car, en voulant que les espèces se perpétuent, elle veut que les individus de chaque espèce s'épargnent réciproquement; et je vous ai fait voir que rien ne serait plus pernicieux à l'espèce humaine que l'état de société, si l'homme, abandonné à ses passions, n'avait pas dans les lois un frein qui les réprime et qui le force d'être humain. Or, la première de ces lois et leur règle commune, est la loi naturelle.

Suivons, mes enfants, les progrès de la société

naissante. Chacun des ses degrés nous marquera le degré d'affection que l'homme doit à ses semblables, et les préférences que la nature a voulu qu'il donnât à ses devoirs les plus étroits et les plus saints (1).

Je dois ici vous prévenir que les conventions politiques tendent à renverser cet ordre naturel, et que les sociétés factices ont souvent usurpé les droits de la société primitive. On a voulu, dans ces grandes associations, fortifier l'esprit public, donner au caractère national le plus haut degré d'énergie, et, pour cela, on a cru devoir mettre la patrie avant la famille. « Nos premiers « devoirs, dit Cicéron, regardent les dieux im-« mortels, les seconds, la patrie, les troisièmes, « nos pères et mères, ainsi de suite et par de-« grés (2). »

Ce système de morale publique est imposant ; il a pour lui de grands exemples et de grandes autorités ; il offre de grands avantages. Quoi de plus respectable en effet que de voir les hommes,

---

(1) *Prima societás in ipso conjugio est : proxima in liberis: deindè una domus, communia omnia. Id autem est principium urbis, et quasi seminarium rcipublicæ. Sequuntur fratrum conjunctiones.* (Cic. de Off. l. 1.)

(2) *In ipsâ communitate sont gradus officiorum, ex quibus quid cuique præstet intelligi possit. Ut prima diis immortalibus, secunda patriæ, tertia parentibus, deinceps gradatìm reliquis debeantur.* (De Off. l. 1.)

en se donnant une patrie, se dévouer à son service, et se faire de sa défense, de son repos, de son bonheur, de sa puissance et de sa gloire, le plus cher de leurs intérêts et le premier de leurs devoirs? C'est à ce dévouement que Sparte, durant six cents ans, dut sa force, sa liberté, sa sûreté, son existence; c'est aussi à ce dévouement que Rome dut son accroissement, sa grandeur, l'empire du monde. Mais observez d'abord que ces deux exemples ne se ressemblent pas, et la différence que j'y vois jette sur la question une grande lumière.

Qu'une petite ville de la Grèce, environnée d'ennemis plus puissants qu'elle, et prête à succomber, cherche à se donner une force morale qui supplée à ce qui lui manque de force réelle et physique, et qu'il s'élève un homme qui lui dise :
« Vous n'avez qu'un moyen de vous rendre in-
« vincible dans vos foyers; c'est de réunir tous
« vos intérêts en un seul, le salut public; de con-
« centrer toutes vos affections en une seule, l'a-
« mour de la patrie; d'éloigner de vous tout ce
« qui divise les hommes, les corrompt et les avilit,
« l'or, le luxe, les arts, la mollesse et l'oisiveté;
« de ne former qu'une famille, et qu'une famille
« guerrière, où tout citoyen soit soldat, où vos
« enfants soient élevés ensemble dans la sévérité
« d'une vie sobre et frugale, n'ayant d'autre école
« que l'arène, et d'autre passion que la gloire;
« rendus patients et dociles aux rigueurs de la

« discipline, exercés dans leurs jeux, et familia-
« risés avec l'image des combats; endurcis et
« pourvus de courage contre la faim, la soif, les
« veilles, les travaux, contre la douleur même;
« instruits à prodiguer leur vie et à marcher gaie-
« ment à la victoire ou à la mort; alors je vous
« réponds que Sparte sera redoutée. » A ce langage de Lycurgue, il n'est pas étonnant de voir
un peuple naturellement brave et à demi-féroce,
lui demander des lois et se soumettre à celle de
la nécessité. Il y allait du salut commun; et, lorsque ce grand intérêt se fait entendre, tous les
autres se taisent. On se récrie sur la constance
de cette république à garder les lois de Lycurgue; il fallait bien qu'elle les gardât; ces lois faisaient sa sûreté, et ses dangers étant les mêmes,
ses mœurs ne devaient pas changer. Elle se cor-
rompit dès que ses alliances, en augmentant ses
forces, lui rendirent moins nécessaire l'austérité
de ses vertus, et enfin s'accomplit ce que lui
avait prédit l'oracle d'Apollon, qu'elle ne péri-
rait que d'avarice (1).

Il en fut de même dans Rome, tant qu'elle
eut autour d'elle tous les peuples de l'Italie à redouter et à combattre; lorsque Pyrrhus ou An-
nibal vint la menacer dans ses murs, sans doute
alors, *pro aris et focis*, les devoirs envers la pa-

---

(1) *Spartam nullâ re aliâ, nisi avaritiâ perituram.* (Cic. de Off. l. 2.)

trie y furent les premiers devoirs (1). Mais lorsque le sénat de Rome, soit orgueil, soit prudence, et pour occuper au-dehors la valeur d'un peuple aguerri, dont il craignait l'inquiétude, se fût mis dans la tête de subjuguer le monde, fallait-il que, pour le plaisir de voir mener au Capitole les rois de l'Orient enchaînés au char d'un consul, fallait-il que tout citoyen fût l'instrument et la victime de l'ambition du sénat? Cicéron lui-même convient que, de son temps, il n'y avait plus de république (2); et, dans son sens, *patrie* et *république* sont synonymes.

Sparte fut donc pour les siens, tant qu'elle subsista, une véritable patrie, parce que l'intérêt commun, la volonté publique, les lois furent toujours les mêmes. Mais Rome, qui, dans tous les temps, s'appelait aussi la patrie, eut-elle constamment cette communauté d'intérêts, cette volonté unanime, cette conformité de lois? Que devint la patrie après la mort des Gracques? Que devint-elle après la prise de Numance et la destruction de Carthage? Que devint-elle après les conquêtes d'Asie? La patrie était le sénat et la classe des patriciens; c'était pour elle qu'on transportait à

---

(1) *Suscipienda bella sunt ob eam causam, ut sine injuriâ in pace vivatur* (Cic. de Off. l. 1.)

(2) *Si mihi esset obtemperatum; si non optimam, ut aliquam rempublicam, quæ nulla est, haberemus.* (Cic. de Off. l. 1.)

Rome les richesses de l'Orient; c'était pour elle qu'autour de Rome les champs autrefois labourés par la charrue de Camille, par la bêche de Curius, se réunissaient pour former de vastes et riches domaines.

> .... *Tunc longos jungere fines*
> *Agrorum, et quondam duro sulcata Camilli*
> *Vomere, et antiquos Curionem passa ligones,*
> *Longa sub ignotis extendere rura colonis.* (Lucan.)

Et c'est une telle patrie que Cicéron plaçait immédiatement au-dessous des dieux, et au-dessus de la société domestique! mais la société domestique n'est-elle pas aussi une patrie; et la première; et celle à qui nous tenons de plus près; et la seule dont la nature ait formé les sacrés liens?

C'était à César et à Brutus que Cicéron pensait, lorsqu'il a dit qu'il fallait que le fils assassinât le père, ou l'ami son ami, pour sauver la patrie (1). Non, mes enfants, jamais, et pour aucun intérêt public, l'homme ne doit trahir les saints devoirs de la nature, ni ceux de l'hospitalité, ni ceux de l'amitié, ni ceux de la foi mutuelle. Le sophisme de Cicéron est de confondre

---

(1) *Quid si tyrannidem occupare, si patriam perdere conabitur pater; silebit ne filius? Imò verò obsecrabit patrem ne id faciat. Si nihil proficiet, accusabit, minabitur etiam: ad extremum, si ad perniciem res spectat, patriæ salutem anteponet saluti patris.* (De Off. l. 3.)

la société politique avec la société naturelle. Les lois de celle-ci sont humaines, justes et simples: celui qui les enfreint, trahit la nature elle-même. Faire tout le bien que l'on peut, ne faire de mal à personne, c'est l'abrégé de ces lois (1); Cicéron lui-même en convient; il reconnaît qu'il y a des choses que l'homme de bien ne doit pas faire, quand même il s'agirait du salut de la patrie (2): il reconnaît que la plus grande ennemie de la nature humaine, c'est la cruauté (3). Or, y a-t-il rien de plus cruel et qui répugne plus à l'homme de bien, que d'accuser son père, et de le traîner au supplice, que de l'égorger de sa main ? la politique peut le vouloir, et c'est un de ses crimes. Mais la nature le défend.

J'entends nos frénétiques déclamateurs me reprocher de vouloir énerver les mœurs patriotiques, et refroidir ce noble enthousiasme dont on ne peut trop exalter et entretenir la chaleur.

Je leur réponds que l'enthousiasme n'est souvent que le délire des passions; qu'il a ses erreurs et ses crimes; et que tout fanatisme est à craindre, même celui de la vertu.

---

(1) *Vir bonus est qui prodest quibus potest; nocet nemini.* (De Off. l. 3.)

(2) *Quæ ne conservandæ quidem patriæ causâ sapiens facturus est.* (De Off. l. 3.)

(3) *Hominum naturæ, quam sequi debemus, maximè inimica crudelitas.* (De Off. l. 3.)

Je définirai la patrie : je dirai combien l'homme qui a le bonheur d'en avoir une, lui doit de reconnaissance, de fidélité, d'amour, d'obéissance, de soumission à ses lois; mais je commence par observer que ces devoirs ont leurs degrés, leurs restrictions, leurs limites ; que tout ne lui est pas dû; que tout n'est pas permis pour elle; et que, si l'on demande en son nom des traîtres, des brigands, des incendiaires, des assassins, de sanguinaires dévastateurs, des délateurs, des parricides, on n'a pas droit d'être obéi.

C'est sur-tout dans la bouche des oppresseurs des peuples, et des tyrans ambitieux, que retentit le nom de patrie; et pour eux un vrai citoyen est celui qui leur dit comme le centurion Lélius à César : *Je dois pouvoir tout ce que tu commandes.*

Pectore si fratris gladium, juguloque parentis
Condere me jubeas, plenæque in viscera partu
Conjugis, invitâ peragam tamen omnia dextrâ.
(Lucan.)

C'était ainsi que, du temps de Marius et de Sylla, du temps des triumvirs, du temps de Tibère et de Domitien, on était citoyen dans Rome. C'est ainsi que, dans tous les temps de factions et de discorde, chaque parti s'appelle la patrie; et que le devoir envers elle oblige un père à dénoncer son fils; un fils à trahir, à livrer, à accuser son père; un ami, son ami; ou une mère, ses enfants; ou une épouse, son époux : monstrueux renversement des lois de la nature, où menerait cependant cette priorité, cette prédominance des devoirs envers la patrie, sur nos devoirs envers nos pères, nos enfants, etc. !

Les institutions politiques sont faites pour étendre la société naturelle, la défendre, la conserver, et non pour la dissoudre. C'est là le fondement du pacte social. Que faire donc, si le pacte est rompu, ou injustement violé? faire ce qu'avait fait Socrate, se renfermer dans les devoirs d'homme privé, et plus étroitement qu'il n'avait fait lui-même. « Ne vous fâchez point, je
« vous prie, disait-il à ses juges, si je ne vous
« déguise rien, et si je vous parle avec liberté
« et vérité. Tout homme qui veut s'opposer gé-
« néreusement à un peuple entier, soit à vous,
« soit à d'autres, et qui se mettra en tête d'em-
« pêcher qu'on ne viole les lois, qu'on ne com-
« mette des iniquités dans la ville, ne le fera ja-
« mais impunément. Il faut, de toute nécessité,
« que celui qui veut combattre pour la justice,
« pour peu qu'il veuille vivre, demeure simple
« particulier, et ne soit pas homme public. »
(PLATON. Apolog. de Soc.)

Ainsi pensaient Tacite et son beau-père Agricola, sous le farouche Domitien, et de même tout homme sage dans des temps de dépravation. Il se retire au sein de sa patrie naturelle, occupé en silence de ses devoirs de père, de fils, d'époux, d'ami, etc., gémissant du malheur public, et toujours disposé à rendre à la cité, lorsqu'il en sera temps, un fidèle et bon citoyen.

Au reste, quel que soit l'état de la chose publique, jamais le dévouement pour elle ne peut être que personnel; et c'est par là sur-tout que l'héroisme patriotique se distingue du fanatisme. On peut disposer de soi-même, et s'immoler pour son pays. Cela est beau; cela peut même être doux pour de certaines ames. Mais, lorsqu'il s'agit d'envoyer son fils à la mort, comme Junius Brutus; d'assassiner son frère, comme Timoléon; ou de plonger le poignard dans le cœur de son ami, de son père, comme Marcus Brutus; plus de devoir qui le commande. La patrie aurait beau le demander, le cri de la nature s'élève contre la patrie. Et si une barbare politique y attache de la gloire, cette gloire est mêlée d'horreur et tourmentée de remords. Voyez Timoléon, après le meurtre de son frère, sombre, solitaire, odieux à lui-même comme à sa mère. Voyez Marcus Brutus, après le meurtre de César, se croyant poursuivi par un fantôme menaçant jusque dans les champs de Philippe. Voilà deux hommes que les vertus, d'ailleurs, les plus douces, les plus aimables, n'ont pu laver, ni rendre intéressants aux yeux de la postérité!

Quelle comparaison de cette héroïsme farouche avec le vertueux et magnanime dévouement d'Attilius Régulus; même avec la résolution ferme et calme de Caton d'Utique!

L'un, après avoir dissuadé le sénat de racheter des prisonniers flétris, se refuse aux embrassements de sa femme et de ses enfants, comme étant dégradé lui-même, résiste aux instances du peuple, aux prières de ses amis, et, fidèle à sa parole, s'en retourne à Carthage, mourir au milieu des supplices qui l'attendent (1). C'est là de la vertu, et de la plus pure, et de la plus haute : il n'y en a point au-delà.

L'autre, Caton d'Utique, inébranlable au milieu des ruines de sa patrie (2), préfère la mort à la honte de devoir la vie à César.

Mais, cette résolution, qu'il croit seule digne

---

(1)   *Fertur pudicæ conjugis osculum*
    Parvosque natos, ut capitis minor,
     A se removisse, et virilem
      Torvus humi posuisse vultum :
    Donec labantes consilio patres
    Firmaret auctor nunquàm aliàs dato ;
     Interque mœrentes amicos
      Egregius properaret exsul.
    Atqui sciebat quæ sibi barbarus
    Tortor pararet : non aliter tamen
     Dimovit obstantes propinquos,
      Et populum reditus morantem,
    Quàm si clientûm longa negotia
    Dijudicatâ lite relinqueret,
     Tendens venafranos in agros
      Aut Lacedæmonium Tarentum.
       (Hor. Carm. l. 3. od. 5.)

(2)   *Cuncta terrarum subacta,*
    Præter atrocem animum Catonis.
       (Hor. Carm. l. 2. od. 1.)

de lui, Caton n'en fait un devoir à personne, non pas même à son fils : il trouve bon que ses soldats aillent se rendre à César, et implorer leur grace; il aide à composer leur supplication; il prend soin d'assurer la fuite de ceux des sénateurs qui sont auprès de lui; il recommande ses amis et son fils à Lucius César, parent du vainqueur. Seulement il refuse toute intercession pour lui-même. « Quant à son fils, nous dit Plutarque, « il ne lui suada point de s'en aller, ni n'estima « point qu'il le dût presser d'abandonner son père. « Mais il lui dissuada de s'entremettre jamais du « gouvernement de la chose publique : pour ce « que le faire ainsi qu'il appartiendrait à la di- « gnité d'un fils de Caton, la qualité du temps « et des affaires ne le permettait pas; et de le faire « autrement, il ne serait pas honnête. »

Ainsi, non-seulement le devoir envers la patrie ne prend rien sur le devoir envers les parents. L'héroïsme, la vertu même la plus haute, la plus sublime, le dévouement des Fabius, celui des trois cents Spartiates aux Thermopyles, laissent aux droits du sang leur inviolable sainteté. « Passant, va dire à Sparte qu'ici trois cents de « ses citoyens sont morts pour obéir à ses saintes « lois. » Rien de plus simple et rien de plus beau que ce dévouement de soi-même.

L'homme de bien n'a pas besoin de maximes outrées pour soutenir son caractère. Il sait ce qu'il doit à la société, dont les lois le protègent, et dont les forces le défendent : il tient par sentiment autant que par principe aux lieux qui l'ont vu naître ; et, tant que les devoirs de citoyen n'exigeront pas le sacrifice des devoirs naturels qui l'attachent à ses parents, il ne négligera ni les uns, ni les autres. Il souhaitera même qu'ils ne soient jamais opposés et en concurrence. Mais, dans l'alternative, qui heureusement est fort rare, ou de manquer à la nature, ou de manquer à la patrie, il n'y aurait pas à balancer. Les liens politiques sont l'ouvrage des hommes; les liens naturels sont l'ouvrage d'un Dieu.

LEÇON SIXIÈME.

Devoirs des pères et des mères envers leurs enfants.

Nous avons déja vu que la première des sociétés est la société conjugale : mais on n'est époux que pour être père et mère : c'est la fin de cette union. Ainsi, quoique la cause en doive précéder l'effet, comme c'est à l'effet que doit se conformer la cause, c'est, dans l'ordre de nos idées, par l'effet qu'il faut commencer. La famille est d'institution naturelle; d'abord par le besoin indispensable que les enfants ont de leurs père et mère; et dans la suite, par le besoin que le père et la mère auront eux-mêmes de leurs enfants. Mais ce serait faire injure à l'amour des pères et des mères pour leurs enfants, de ne l'attribuer qu'à une prévoyance intéressée. Dans les bêtes, c'est un instinct involontaire, inné, égal au moins à l'amour de la vie. Dans l'homme, c'est un sentiment invincible, et divinement inspiré.

Une fausse philosophie, en voulant n'y voir qu'un effet de l'économie animale, ou que le froid calcul d'une utilité personnelle, méconnaît et dégrade cette vénérable affection.

La mère, dit-on, a besoin de son enfant pour

la soulager de son lait. Quoi! c'est ainsi que l'on explique la joie sensible et soudaine que ressent une mère, au premier cri de l'enfant qu'elle a mis au jour! c'est ainsi qu'on explique l'émotion délicieuse qu'elle éprouve en le recevant dans ses bras, et la tendresse inexprimable qu'elle conçoit pour lui dès le moment de sa naissance, et ce premier sourire de la nature qui est le signal divin de la maternité (1)!

Dans son enfant, dit-on encore, le père voit son sang et l'espérance de sa vieillesse. Enfin, l'un et l'autre chérissent le fruit de leurs amours et l'émanation de leur être, flattés de se voir reproduire et renaître dans leurs enfants.

Ces motifs ont sans doute une grande influence sur les sentiments naturels, dans des esprits où l'imagination et la réflexion dominent. Mais, sans compter les peuplades incultes, où l'on ne pense à rien de tout cela, où cependant un père se consume, une mère s'épuise pour nourrir ses enfants, voyons ce qui se passe parmi les animaux : c'est là que la nature parle et qu'elle agit sans équivoque.

L'oiseau n'espère et n'attend rien de ses petits. Il ne les a point vus : les œufs qui les renferment sont encore au sein de la mère. Voyez-la cependant, elle et le père, travailler sans relâche à leur façonner un berceau, le plus com-

---

(1) *Incipe, parve puer, risu cognoscere matrem.* (VIRG. ecl. 4.)

mode, le plus doux, le plus sûr qu'il leur est possible. Voyez lorsque les œufs sont pondus dans le nid, la mère les couver, le père se mettre à sa place, lorsque le besoin d'aller prendre un peu de nourriture l'oblige à les quitter. Approchez du nid, et voyez le plus timide des animaux y rester immobile, et vous regarder d'un œil fixe, comme en vous disant : Prenez ma vie, ou laissez-moi échauffer dans mon sein ces embryons à qui je dois donner le jour. Écoutez dans ce moment même les cris du mâle qui voltige autour du nid, avec l'inquiétude de l'amour paternel. Et, lorsque les petits sont éclos, avec quelle ardeur et le père et la mère leur donnent la pâture ! quelle désolation pour eux, quelle douleur, lorsque vous êtes assez cruels pour les leur enlever !

> *Qualis populeá mœrens Philomela sub umbrá,*
> *Amissos queritur fœtus, quos durus arator*
> *Observans, nido implumes detraxit : at illa*
> *Flet noctem, ramoque sedens, miserabile carmen*
> *Integrat, et mœstis latè loca questibus implet.*
> (Virg. Georg. l. 4.)

Ah! du moins suspendez aux rameaux de quelque arbre voisin cette cage qui les renferme. Vous verrez le père et la mère ou se laisser prendre avec eux, ou passer leur bec à travers les bâtons de la cage, pour donner la pâture à ces tendres captifs.

Après cet exemple, il serait inutile de vous

citer celui du tigre, du lion, et de tant d'autres animaux. Tous obéissent au même instinct; et, dans le soin qu'ils prennent de leur progéniture, nul intérêt, nul amour-propre, nul retour sur eux-mêmes : il est inné, il est involontaire, il est universel, il est donc le même dans l'homme, tant que l'homme n'est pas absolument dénaturé. Les institutions sociales, l'opinion, la coutume, les mœurs, ont pu modifier de diverses manières ce sentiment d'amour des pères et des mères pour leurs enfants, y mêler des motifs de vanité, d'ambition, de bienséance, l'altérer même et l'affaiblir. Mais tel qu'il est donné par la nature, il est de tous nos sentiments le plus vrai, le plus ingénu, et le plus désintéressé.

Non, mes enfants, ce ne sont point les espérances, les appuis, les consolations de ma vieillesse, que j'aime en vous; j'aime en vous mes enfants. Mes jouissances seront plus douces et mes soins mieux récompensés, si vos talents, vos vertus, vos lumières, honorent votre éducation, font chérir et bénir les parents qui vous l'ont donnée, et répandent un doux éclat au bord du couchant de ma vie. Mais, quand vous auriez eu le malheur de rendre mes soins inutiles et de tromper mes espérances, je vous aurais aimés encore, et j'aurais dit, comme le vieil Euphémon :

Je pleure, hélas! leur vie et leur naissance.

J'avouerai cependant, d'après l'exemple que j'en

ai sous les yeux, et quelques autres dont le monde et l'étude m'ont donné connaissance, que le cœur d'un père n'égale pas, en sensibilité et en amour pour ses enfants, le cœur d'une excellente mère.

J'aime à me rappeler la réponse de celle qui, ayant perdu son fils unique, s'abandonnait à sa douleur, et à qui, pour obtenir d'elle d'en faire à Dieu le sacrifice, son directeur citait l'exemple d'Abraham. « Comme vous, il n'avait qu'un fils, « lui disait-il; et Dieu lui ayant commandé de le « lui immoler, il allait obéir. » « Ah! monsieur, « lui répondit-elle, Dieu n'aurait jamais com- « mandé ce sacrifice à une mère. » Ce mot sublime fait sentir la différence que la nature a mise entre l'amour paternel et la tendresse maternelle. L'un a quelque chose de sérieux, d'austère et de viril. L'autre est plus vive, plus délicate, plus inquiète et plus craintive, sans en être moins courageuse pour la défense de son enfant, si elle le voyait menacé. On l'a dit avant moi, et je le répète pour l'avoir éprouvé, comme vous l'éprouvez vous-mêmes : le cœur d'une mère dans toute sa bonté, est le chef-d'œuvre de la nature.

Plus d'une cause y peut contribuer : la différence des organes plus déliés et plus flexibles dans l'un des sexes que dans l'autre, les douleurs de l'enfantement, les fatigues qui le précèdent, et les dangers qui l'accompagnent, l'allaitement, l'assiduité des soins et des peines qu'il cause; enfin, le charme qui nous attache à nos propres bienfaits; tout cela s'accorde à remplir l'intention de la nature. Mais une raison primordiale et universelle de cette différence, est que celui des deux époux dont les soins étaient le plus essentiellement nécessaires à leurs enfants, était aussi celui dont l'amour pour eux devait être le plus actif et le plus tendre.

Parmi les animaux cela est ainsi sans autre cause, et uniquement par instinct. Dans la poule il n'y a point la raison de l'allaitement, et l'incubation est aveugle. Dans la laie et dans la panthère il n'y a point la raison de la délicatesse et de la sensibilité. Même parmi le plus grand nombre des espèces, le mâle n'est compté pour rien : dès que la mère a conçu, elle est abandonnée; et tout le soin de ses petits lui étant confié, son amour y suffit.

Il y a donc, mes enfants, dans la nature entière, un instinct de maternité. Celui de la paternité l'a secondé par-tout où il a été nécessaire; et, à l'égard de l'espèce humaine, ils ont été, l'un comme l'autre, de première nécessité. Ce n'est pas seulement comme parmi les animaux un être vivant et sensible que la mère et le père ont à nourrir, à défendre et à protéger. Les nouveaux nés, parmi les animaux, n'apprennent rien de leurs pères et mères. Par instinct ils seront instruits de tout ce qu'ils doivent savoir. L'homme en naissant ne sait rien que pleurer, comme l'ont dit Lucrèce et Pline; et son instinct développé serait encore loin de suffire à l'instruction dont il a besoin pour remplir sa destination. C'est donc au père et à la mère que la nature a confié l'éducation de leurs enfants. Et cette éducation commune, mais différente comme les sexes, exige, pour remplir l'intention de la nature, un partage de fonctions relatives à leur objet. Ainsi, tandis que l'éducation virile d'un fils occupera le père, l'amour de la mère aura droit de réclamer la priorité des devoirs et des soins dans l'éducation de sa fille. L'assiduité, la vigilance, l'intimité des leçons, des conseils, des exemples sur-tout dont ce sexe a besoin, touchent la mère de plus près, et lui conviennent beaucoup mieux. Mais, entre les parents, aucun de ces devoirs n'est exclusif; plus d'un fils reçoit de sa mère des leçons de courage, de loyauté, de grandeur d'ame; plus d'une fille a reçu de son père des instructions de bienséance, de modestie et de pudeur.

En un mot, l'éducation domestique est un sanctuaire où les fonctions des parents sont comme un sacerdoce d'institution divine, dont ils ont été revêtus. Et c'est là ce qui donne à leur autorité un caractère religieux.

Dans l'état de faiblesse et de dénuement de l'enfance, les animaux ainsi que l'homme reçoivent de leur père et de leur mère une assistance proportionnée à leurs besoins physiques; et c'est ainsi que la nature a pourvu à leur subsistance et à leur conservation. L'homme seul a besoin d'une autre espèce de secours : une raison saine, un cœur droit, des qualités sociales, des lumières, des mœurs, de bonnes habitudes, des goûts sages, des inclinations vertueuses; et contre les dangers qui environnent son innocence, contre les passions et les vices dont en naissant il a le germe dans son sein, des préservatifs, des remèdes; ce sont là dans l'homme les besoins de l'être moral.

Dans les bois, parmi les sauvages, l'instruction de l'homme ne s'étend guère au-delà des besoins physiques. Ses devoirs de société sont simples, et bornés comme ses rapports : et ils lui sont dictés par la loi naturelle. L'équité, la sincérité, la droiture, la bonne foi; un vif ressentiment du mal qu'on lui a fait, mais aussi pour le bien une vive reconnaissance; une fidélité à toute épreuve aux offices de l'amitié; l'honneur attaché au courage, à la patience, au mépris de la vie, de la douleur et de la mort; l'ambition de gagner l'estime de ses pareils dans les combats, leur confiance dans les conseils : tel est au bord des lacs de l'Amérique le résultat de l'éducation de celui qu'on appelle l'homme de la nature. Et combien cela même ne se ressent-il pas de la tradition domestique, de la coutume, de l'exemple, de l'opinion transmise des pères aux enfants! même à l'égard de l'industrie, pour se bâtir une cabane, pour allumer du feu, pour y cuire ses aliments, pour se défendre soi et les siens de la rigueur des éléments, des insultes de l'homme et de celles des bêtes! quelle suite de tentatives n'a-t-il pas fallu faire, avant d'obtenir le succès! la seule invention de l'arc et de la flèche, la construction de la pirogue à voile, a demandé peut-être autant de siècles, que l'invention de la boussole, ou que celle du télescope. Les idiômes des sauvages, quelle qu'en soit la pauvreté, ne laissent pas de supposer une longue cohabitation. Leur éloquence si brute encore, mais si vraie, si énergique dans ses figures et dans ses mouvements, n'atteste pas moins l'exercice d'une vieille société. L'homme abandonné et solitaire dans les bois, serait autant inférieur à l'Algonquin et à l'Iroquois, que ceux-ci le sont aux nations civilisées.

Cependant quelle différence de cette éducation avec celle qu'exigent les grandes sociétés, où tant d'intérêts se combinent et se combattent; où tant de passions fermentent; où tant de concurrences et de rivalités se disputent la préférence des devoirs; où les usages, les bienséances, les lois, les mœurs, l'opinion, les relations sociales et les affections domestiques sont bien souvent comme autant d'ennemis qu'il faut savoir concilier!

L'homme social, à former sous tant de rapports, ne pouvait être abandonné à l'instruction casuelle et tardive du temps et de l'expérience : ce n'était pas même assez qu'il fût mis sous la garde et sous la tutelle des lois.

La société a fait des lois répressives contre le crime; mais les passions et les vices dont le crime est la suite, la loi ne les réprime pas; elle n'atteint que l'action; les inclinations lui échappent; et l'homme est déja corrompu avant d'avoir été répréhensible devant elle.

Les lois divines sont les seules qui, jusqu'au fond du cœur de l'homme, attaquent le mal dans sa source; et ces lois sur la terre n'ont point de force coactive : on les publie, on les annonce, on attaque les mœurs dont la licence les enfreint; mais cette censure publique n'est jamais personnelle. Ce n'est qu'au tribunal des pères et mères que sont repris les vices, les erreurs, les faiblesses de leurs enfants; c'est là que leurs égarements sont annoncés par de premiers écarts, dont on peut de bonne heure corriger l'imprudence; c'est là qu'ils trouvent dans leurs premières chûtes une force qui les relève; c'est là que leur faiblesse aura des refuges et des appuis.

Mais, sans leur ôter cette crainte, qui, quelquefois du moins peut les empêcher de faillir, ni cette pudeur ingénue qui les fait rougir de leurs fautes, il faut les préserver d'une lâche et mauvaise honte qui aggraverait, par le mensonge ou par la dissimulation, ce qu'un aveu sincère ou rendrait excusable, ou ferait pardonner.

La vertu la plus naturelle aux enfants c'est la candeur; mais cette candeur est timide. A la peur du reproche et du châtiment, il faut savoir opposer l'indulgence et l'amour de la vérité. Être vrai dans tous ses discours, est le caractère d'un homme libre; mentir, est celui d'un esclave. Il y a donc autant de bassesse à trahir sa pensée, que de noblesse à l'énoncer sagement et modestement. C'est un principe qui, dès l'enfance, doit être gravé dans le cœur. Mais, si mentir à ses semblables est une action servile et basse, mentir à ses parents, aux vivantes images du Dieu qui nous a donné l'être, serait non-seulement une bassesse, mais une impiété; et, quand même on les tromperait, tromperait-on ce Dieu de vérité qui lit dans la pensée et qui voit jusqu'au fond des cœurs?

Et ce n'est pas une menace vaine et puérile que la présence de la Divinité à tout ce qui se passe en nous; c'est un principe reconnu par les sages même du paganisme, que cette présence immédiate d'un Dieu à qui rien n'est caché, et qui nous environne et nous pénètre de ses regards.

Mais un autre témoin qu'un père et une mère doivent donner à leurs enfants, c'est une conscience intègre, incorruptible, et à qui nulle passion, nul intérêt, nul artifice de l'amour-propre n'en impose. Que ce soit là pour eux une compagne assidue et fidèle qui jamais ne les abandonne, et qui ne les trompe jamais.

Au reste, il ne faut pas se dissimuler que l'éducation domestique, dans sa perfection, est le chef-d'œuvre de la prudence humaine. Et la difficulté n'en est pas dans la méthode que l'on doit suivre. Cette méthode est simple et tracée par la nature, au moins pour la première enfance. Avec l'âge, les dispositions naturelles, en s'annonçant, décideront des convenances de l'instruction particulière et propre à chacun des enfants. Mais il s'agit d'abord de leur éducation commune; et celle-ci consiste à disposer l'enfant à ce que l'on veut que soit l'homme, c'est-à-dire, à lui faire aimer, estimer ce qu'on veut qu'il aime, qu'il estime toujours, et de même à lui faire mépriser et haïr ce qu'on veut qu'il haïsse et méprise toute sa vie. Or, ces premières inclinations seront l'effet de l'habitude, et l'habitude ne peut être que l'effet de l'assiduité.

Faut-il donc avoir à toute heure auprès de soi ses enfants? A toute heure, non pas; mais à toutes les heures où l'on peut disposer de soi. Le secret de cette éducation habituelle est de la rendre désirable aux enfants, en l'accommodant à leur âge. Les caresses, l'amusement, les jeux mêlés parmi les occupations utiles; l'aménité d'une humeur egale et doucement sévère; l'air de la liberté, de l'enjouement, s'il est possible; l'aisance et la facilité de ces entretiens familiers où le caractère se développe, et dont les impressions se gravent comme sur la cire dans l'ame tendre des enfants, leçons qui n'auront ni la gêne ni l'ennui de l'enseignement; ce sont là, je crois, les attraits que peut avoir pour les enfants la société d'un père et d'une mère qui veulent bien sincèrement les voir s'élever sous leurs yeux. Mais cette volonté sincère n'est pas commune dans le monde.

En cela, les enfants du peuple des campagnes me semblent plus heureux. Au sortir du berceau, leur éducation commence. Il ne se fait rien, il ne se dit rien autour d'eux qui ne les instruise de ce qu'ils doivent être. Près de leur père et de leur mère, ils n'ont devant les yeux que les images et les exemples d'une vie laborieuse, frugale et simple. L'activité, la diligence, la sobriété, l'économie, l'ordre et la suite dans le travail, leur sont enseignés en action. La chaumière, la grange, la bergerie, sont leurs écoles. Leur père et leur mère en sont les premiers professeurs; et dans les champs, les laboureurs, les moissonneurs leur donnent aussi des leçons. A mesure que l'âge et l'exercice augmentent leurs forces, elles sont employées à l'usage qui leur convient. Familiers avec les troupeaux et avec les chiens qui les gardent, ils apprennent de ces régents la vigilance et la prudence. En maniant les instruments de la culture, ils se naturalisent dans l'état de cultivateurs. L'exemple, l'habitude, l'instinct imitatif, leur en font aimer les fatigues. Témoins des malheurs qu'on y éprouve, ils apprennent à les souffrir; et, lorsque l'orage ou la grêle détruit en un moment l'espérance de la récolte, le fruit des travaux de leur père, sa patience leur enseigne cette résignation aux accidents de la nature, dont les stoïciens faisaient la première de leurs vertus.

Voilà l'éducation que je donnerais pour modèle à tous les états de la vie. Ne faire entendre et voir, chez soi, à ses enfants, que ce qu'ils doivent apprendre; et pour leçons, dans sa propre conduite, leur montrer ce qu'on leur enseigne; telle est, à leur égard, la tâche des pères et mères. Mais cette tâche n'est pas facile à remplir constamment.

Je ne parle point des pères et des mères dont les déréglements seraient pour leurs enfants un scandale perpétuel. Ceux-là font bien, sans doute, de se dérober à leur vue; les éloigner, c'est les préserver d'un air contagieux; ils seront mieux par-tout ailleurs. Mais, pour les plus honnêtes et les plus gens de bien, c'est encore une situation pénible que d'être habituellement en présence de leurs enfants; car ils ont eux-mêmes leurs défauts, leur humeur, leurs inégalités, leurs saillies de caractère, et quelquefois des mouvements passionnés qu'ils ne modèrent pas assez. Ils savent qu'ils ne sont exempts ni de faiblesses, ni d'erreurs; qu'ils ne sont infaillibles ni dans leurs opinions, ni dans leurs sentiments; qu'involontairement leur langage est imbu des vices de leur siècle, et que souvent un mot échappé devant leurs enfants peut être comme une goutte de poison qu'ils laissent tomber dans leur ame. Ils savent, comme l'ont dit les sages, qu'on doit un respect religieux à cet âge de l'innocence. Que faire donc? car qui peut se flatter d'être soi-même irréprochable dans l'intimité domestique? et les enfants sont de bonne heure des observateurs pénétrants. Que faire? S'observer soi-même devant eux le plus sévèrement qu'il est possible; et puis, lorsqu'on se sent répréhensible d'imprudence, d'impatience, de quelque mouvement fougueux et déréglé dans l'humeur, dans le caractère, en faire ingénuement l'aveu et la censure. Ce sera leur donner un exemple, une leçon de modestie et de sincérité, leur faire voir qu'en s'accusant soi-même on est impartial et juste, et leur prouver qu'on l'est de même envers eux, lorsqu'on les reprend. Enfin, ce sera donner lieu à d'utiles réflexions sur la faute où l'on est tombé, et sur l'attention continuelle dont on a besoin à tout âge, pour en éviter de pareilles. Il n'y a que les vices du cœur, les sentiments pervers, les inclinations basses, les habitudes vicieuses et les goûts dépravés dont il ne soit jamais permis de faire à ses enfants la dangereuse confidence. Et ni les mères, ni les pères dignes d'élever leur famille n'ont de tels secrets à garder.

Le choix d'un état pour les enfants a toujours

quelque latitude; et, sur de spécieux indices, il est facile de s'y tromper. Ne pas légèrement ajouter foi à ces présages, ne rien donner à sa vanité, à son ambition, à son goût personnel et à son amour-propre; laisser le naturel se prononcer lui-même, le talent s'annoncer, et, en attendant, s'appliquer à former l'homme qui appartient à tous les états, l'homme vrai, l'homme juste, l'homme honnête, l'homme de bien; bons parents, c'est là votre tâche. La nature aura donné à votre enfant le courage et l'ardeur propre au métier des armes, le calme et la réflexion qui convient au jurisconsulte, etc.; mais vous lui aurez appris à connaître ce qui, dans toutes les professions, est honnête, juste et louable; vous lui aurez appris à être modeste, sincère, équitable, compâtissant, à n'attacher aux maux de la vie que le degré de crainte et d'aversion qu'ils méritent, à n'attacher aux biens d'opinion que leur véritable valeur.

Les deux écueils de l'éducation domestique sont, du côté d'une bonne mère, un excès de faiblesse, de complaisance et d'indulgence; du côté d'un bon père, un excès de sévérité. Ils doivent savoir l'un et l'autre que le naturel n'est jamais assez bon pour être livré à lui-même, ni assez mauvais pour ne pouvoir être dompté sans violence et sans rigueur. Redressez l'arbrisseau, mais ne le brisez pas. On a dit avec raison que, dans quelques enfants, le naturel a besoin de l'éperon pour l'exciter, et que, dans d'autres, il a besoin du mors pour le conduire et pour le retenir; mais il ne faut ni que le mors le blesse, ni que l'éperon le déchire.

On a dit aussi mille fois, et toujours inutilement, qu'il ne fallait jamais châtier les enfants dans un mouvement de colère. Le moyen de s'en préserver serait de n'y jamais employer que des privations : tout autre châtiment me semble trop servile, sur-tout pour un enfant qui touche à l'âge de raison. Rien ne serait plus dangereux que de l'habituer à la honte. J'en ai vu que des peines humiliantes et souvent répétées ont réellement avilis.

Heureux les pères et les mères qui, pour faire sentir à leurs enfants un vif regret de la faute qu'ils ont commise, n'ont qu'à laisser apercevoir la tristesse qu'elle leur cause : ceux-là peuvent bien se promettre d'avoir des enfants vertueux; mais qu'ils s'accordent, et que jamais l'un des deux n'autorise ce que l'autre blâme et reprend. Une excuse légère et douce en faveur de l'enfant est quelquefois permise à l'indulgence d'une mère pour fléchir un père irrité ; mais, si l'enfant se sent protégé d'un côté, tandis qu'il est repris de l'autre, l'éducation n'a plus aucune force, et tout le fruit en est perdu.

Il nous reste à répondre à deux grandes objections, l'une, du côté de la mère sur l'impossibilité d'allaiter ses enfants, et l'autre, du côté du père sur l'impossibilité de vaquer lui-même au soin de leur éducation. Ces objections sont particulièrement celles des gens du monde, et je ne prétends pas qu'elles ne soient jamais fondées ; mais le plus souvent elles n'ont pour raison que la mollesse, l'indolence, l'aversion pour la gêne, le goût de la dissipation, c'est-à-dire que les vices, enfants du luxe.

Une femme demandait au prédicateur Bourdaloue si elle faisait mal d'aller au spectacle. — Madame, lui répondit cet homme sage et modéré, c'est à vous-même à me l'apprendre.

Je répondrai comme lui à la mère qui doute si elle est obligée d'allaiter ses enfants, et au père qui doute s'il doit les élever lui-même.

Qu'une femme soit d'une faible ou mauvaise complexion, que sa santé soit chancelante, qu'il y ait pour elle à craindre quelque altération dans les organes de la vie, assurément aucun moraliste n'aura la cruauté de lui faire un devoir d'allaiter son enfant ; mais si, dans la fleur de la jeunesse et de la santé, elle le livre à une étrangère, quel est le moraliste qui excusera cet abandon ? A peine pardonnera-t-il à cette étrangère infortunée d'écarter de son sein son propre nourrisson : celle-ci cependant ne vend son lait que pour du pain ; c'est la ressource la plus cruelle de la dure nécessité.

Mais quelle est l'excuse de l'autre ?

Qu'un père ait eu lui-même le malheur d'être

mal instruit de ce que son fils doit savoir, ou que les fonctions de son état l'occupent tellement qu'il n'aurait à donner à son élève que des moments échappés et sans suite, il se ferait un devoir bien mal entendu de le garder auprès de lui, sans se donner pour suppléant un instituteur plus habile ou plus assidu que lui-même.

Mais si, en l'abandonnant aux soins d'un étranger, il ne peut, ainsi que la mère, alléguer pour excuse que sa liberté, son repos, sa dissipation, ses amusements, ses plaisirs, il doit sentir lui-même qu'il est impardonnable. Je m'en tiens donc au mot de Bourdaloue. En dire plus, serait une vaine déclamation; en dire moins, serait une lâche condescendance.

Quoi! nous réplique-t-on, sommes-nous condamnés à l'ennui d'instruire nous-mêmes et de corriger nos enfants?

Ces mots, *condamnés à l'ennui*, ne sont pas du langage de la nature. C'est donc une occupation bien triste, un soin bien importun, bien fatigant, que de semer, de voir éclore, de cultiver soi-même dans l'esprit et dans l'ame de ses enfants les premières idées, les premiers sentiments du juste et de l'honnête, les premiers germes des vertus, et que d'en extirper les semences du vice? Ai-je rien qui soit plus à moi dans la nature et qui me touche de plus près que la raison, le caractère, les mœurs de ces enfants que le ciel me donne à former, comme il me les donne à nourrir?

Y a-t-il rien pour moi-même de plus intéressant? Ne sais-je pas que de leur avenir dépend le mien? Ne sais-je pas qu'il y va de mon repos, de mon bonheur et de ma gloire, et que des habitudes, bonnes ou mauvaises, qu'ils auront prises dès leur enfance, découleront ou les douceurs, ou les amertumes de ma vie? Et si je ne suis pas ou le plus insensé, ou le plus frivole des esprits, y a-t-il encore pour moi rien de plus curieux et de plus amusant que d'observer dans ces jeunes ames les phénomènes de la culture, et que d'en suivre les progrès depuis la naissance des fleurs jusqu'à la formation des fruits et jusqu'à leur maturité; de les voir insensiblement croître, se colorer des teintes de l'instruction, comme aux rayons d'un doux soleil? Combien de pères, combien de mères, seraient embarrassés de dire à quoi se passe plus agréablement le temps qu'ils dérobent à ces devoirs? C'est dans la pénible futilité des dissipations de leur vie, qu'ils trouvent bien réellement du vide et de l'ennui.

Mais ne voyez-vous pas, nous dira-t-on, que vous nous renvoyez nous-mêmes à l'école? car enfin pouvons-nous apprendre à nos enfants ce que nous savons mal, ce que nous n'avons point appris? Non; ce ne sont ni les sciences, ni les arts, ni expressément les belles-lettres, que vous avez à leur enseigner; il y a pour tout cela des écoles, des maîtres; mais ce qui vous regarde et ce qui vous est réservé auprès de vos enfants, c'est de les appliquer à l'étude d'eux-mêmes, de leurs rapports, de leurs devoirs ; et cette étude que vous avez dû faire, que vous ferez encore pour eux, n'a rien d'humiliant pour vous. La vertu, la sagesse, l'art d'être bon pour être heureux, ont des disciples de tout âge.

Tout autre genre d'enseignement aura ses heures ; celui-ci sera continu. Les jeux, la table, la promenade, les spectacles, la conversation, la lecture, les événements journaliers, les exemples bons ou mauvais, tout contribue à l'instruction morale. Comme un ruisseau, elle suivra la pente que l'occasion lui donnera. Il ne sera pas nécessaire d'inventer, comme on fait dans des romans d'éducation, et d'ajuster des scènes de théâtre, pour donner lieu à la leçon ; la nature, le monde, les choses de la vie, et jusqu'aux incidents de la société domestique, y fournissent abondamment ; mais il faut tout mettre à profit, et, pour cela, vivre avec ses enfants.

Je sais qu'il y a des positions où cela est impraticable ; et, pour de bons parents, rien ne sera plus douloureux que la déchirante nécessité de se séparer de leurs enfants. Alors ce qui leur reste à faire, c'est ce que fait une bonne mère lorsqu'elle ne peut elle-même allaiter le sien ; elle choisit pour lui la meilleure nourrice, la plus saine, la plus soigneuse, et la surveille assidûment. Ainsi doivent être choisis et surveillés les suppléants indispensables de l'éducation domestique.

Un point sur lequel il me semble que ne s'observent pas assez les pères et les mères, c'est l'inégalité de leurs inclinations personnelles pour leurs enfants. Le sentiment religieux de la paternité, de la maternité, doit être un fonds inaltérable, et, dans les soins de la nature, aucune distinction n'est permise à de bons parents ; mais, dans les affections intimes, il y a des degrés, des nuances, souvent des prédilections gratuites et involontaires ; et tout ce que peut faire la vertu des parents, c'est de les bien dissimuler. Tant qu'elles n'ont aucun effet marqué, je les crois innocentes ; mais elles sont cruelles, si elles nous rendent injustes ; elles sont au moins dangereuses, si elles se font apercevoir ; car elles blessent plus qu'on ne saurait croire le cœur délicat des enfants : on en a vu sécher, périr de jalousie ; d'autres en sont devenus farouches et dénaturés. C'est l'origine des Caïns.

Mais, en témoignant à ses enfants une même inclination à les aimer et un même désir de les trouver aimables, il est bon, il est salutaire de faire craindre à chacun d'eux également, de voir diminuer pour lui, et par sa faute, la part que la nature lui donne à cet amour d'un père et d'une mère, et cette crainte est sans danger pour eux ; car ils ont dans le cœur un fonds d'équité naturelle, et sentent bien que le plus sage, le plus docile et le plus tendre, en un mot, le meilleur d'entre eux méritera d'être le plus chéri. Il leur suffira de savoir que cet amour est pour eux tous également comme une source intarissable, et que c'est la faute de ceux qui ne veulent pas y puiser.

Ce grand moyen qu'ont les parents d'exercer leur empire sur les mœurs de l'enfance, leur fut aussi donné par les lois sociales, pour être respectés par leurs enfants jusqu'au tombeau. Les lois romaines avaient passé les bornes du droit naturel, en attribuant à un père, sur ses enfants, jusqu'au droit de vie et de mort. Cela prouve la haute idée que les législateurs avaient de la justice paternelle, et l'importance qu'ils attachaient à l'autorité des parents; mais, en évitant cet excès, par-tout les lois ont dû tenir les enfants, à l'égard des pères, dans une étroite dépendance. Cette autorité patriarchale fut, de tout temps, la tutrice des bonnes mœurs.

Sans doute, malheur aux familles où une basse et vile considération d'intérêt sera nécessaire au maintien de l'ordre institué par la nature! Mais, à la honte de l'humanité, il n'est que trop vrai que, dans une vieillesse dépouillée de tous ses droits et de tous ses pouvoirs, l'auguste caractère de la paternité semble presque effacé aux yeux d'une jeunesse ingrate et corrompue.

Montaigne nous a fait, de la vieillesse d'un père et des mœurs domestiques de son temps, un tableau qui dégoûterait de vieillir. (*Essais*, l. 2, c. 8.) Le seul remède qu'il y trouve est de contracter avec nos enfants, lorsqu'ils sont en âge, une douce familiarité, et l'exemple qu'il donne d'une réserve trop austère est une frappante leçon.

Il est vrai cependant que la pure et simple amitié demande une égalité, une liberté mutuelle, dont n'est pas susceptible la communication même la plus intime des pères et des mères avec leurs enfants ; mais combien l'inégalité que la nature a mise entre eux n'est-elle pas adoucie par les effusions de tendresse et de confiance d'un père avec son fils, et d'une mère avec sa fille ! L'amitié même la plus égale et la plus libre n'a certainement rien de plus affectueux.

Il y a de mauvais pères, il y en a d'irascibles, et qu'un mouvement de colère peut rendre injustes et cruels. Aussi nos sages lois, dans un testateur irrité, ne reconnaissent-elles plus la sainteté des volontés dernières. Lors même que, d'un esprit calme, un père disposait de ses biens en mourant, chacun de ses enfants y avait une part assurée ; mais lui-même il en avait une dont il faisait un libre usage. Ainsi, du moins, nos lois humaines étaient un supplément à la loi naturelle, pour conserver aux pères les respects des enfants.

Le moment fatal est venu où tous les liens domestiques étant relâchés ou rompus, un vieux père n'a plus été qu'un importun fardeau, et sa famille, qu'un amas de cohéritiers attentifs aux approches de son dernier moment, et impatients de lui fermer les yeux.

Dans cette horrible dissolution de mœurs, il resterait peut-être encore au père de famille un moyen de rendre inviolable le respect qui lui est dû; ce serait de s'environner par ses vertus, durant sa vie, d'une considération si haute, que, de peur d'attirer sur soi l'indignation universelle, aucun de ses enfants, même le plus pervers, n'osât manquer à son devoir. Mais, quand ils auraient tous perdu toute pudeur, et qu'au dernier degré de la dépravation, ils auraient étouffé et la crainte du blâme, et le sentiment de la honte, le plus cuisant regret d'un père serait encore d'avoir contribué lui-même à dénaturer ses enfants, et sa dernière consolation sera d'avoir fait son possible pour les sauver des vices de leur siècle, et les rendre, par son exemple, aussi bons, aussi vertueux, qu'ils sont corrompus et méchants.

LEÇON SEPTIÈME.

Des devoirs des enfants envers leurs pères et leurs mères. Principe de ces devoirs. Qu'ils sont d'institution divine, absolus et indispensables. Des devoirs fraternels.

Dans les hommes, comme dans les plantes, et comme dans les animaux, la génération est un prodige absolument divin : nulle cause physique ne peut l'accomplir d'elle-même. Dieu n'a pas voulu l'opérer sans nous; mais nous ne l'opérons qu'avec lui; et soit fortuitement, soit volontairement, nous n'en sommes jamais que les causes secondes. C'est ce que dit la mère des Machabées à ses enfants, lorsqu'elle les exhorte à mourir pour le Dieu qui les a formés dans son sein (1).

Il est donc bien aisé à un mauvais sophiste d'instruire des enfants ingrats à méconnaître, dans le don de la vie et de la naissance, un bien-

---

(1) *Nescio qualiter in utero meo apparuistis, neque enim ego spiritum et animam donavi vobis et vitam; et singulorum membra non ego ipsa compegi : sed enim mundi creator.* (Machab. l. 2, c. 7.)

fait personnel de l'homme et de la femme qui les ont mis au jour.

Mais peuvent-ils y méconnaître un don de celui dont les lois ont perpétué dans la nature la reproduction des espèces vivantes ? Peuvent-ils méconnaître les moyens qu'il a pris pour les perpétuer? Et si leurs pères et leurs mères avaient, comme eux, pensé que le hasard de la naissance n'établissait entre eux aucune obligation réelle, après les avoir mis au monde, ne les auraient-ils pas laissés sans assistance et sans appui?

Les pères et les mères n'auront fait qu'accomplir l'intention de la nature à l'égard des enfants. Mais la nature n'a-t-elle rien prescrit aux enfants à l'égard des pères et des mères? Et, en les unissant par les liens du sang, son intention n'a-t-elle été obligatoire que d'un côté?

Ne cessons, mes enfants, de remonter à ce principe universel, *l'intention de la nature.* C'est la cause des causes, c'est la règle de l'univers. Je ne cesse de vous la faire voir, invariablement d'accord avec elle-même, mesurer ses moyens à la fin qu'elle se propose, et graduellement pourvoir aux besoins des êtres vivants.

L'intention de la nature a été que la plante, pour se nourrir et pour se reproduire, n'eût pas besoin de ses semblables. La terre, l'air et l'eau lui ont été donnés pour aliments; dans ses racines et dans ses feuilles elle a eu des organes pour aspirer les sucs qui devaient l'abreuver; et, féconde par elle-même, elle a eu dans ses rejetons, dans ses fruits, dans ses graines, un ou plusieurs moyens de se régénérer.

L'intention de la nature a été que les animaux n'eussent besoin de leurs semblables que quelques mois, quelques jours, quelques heures, quelques moments, selon les espèces; elle a mesuré juste, à la durée de ce besoin, l'instinct de l'amour d'un côté, et de l'autre l'instinct de la reconnaissance; et le besoin cessant, ils se sont méconnus, quittés, réciproquement oubliés.

Je vous ai déja dit que, pour ceux mêmes des animaux dont l'union est la plus longue, la nourriture et la défense sont tous les besoins des petits. Les pères et les mères ne leur enseignent rien. L'instinct leur tient lieu d'instruction, d'expérience et d'habitude. Nos petits chats n'ont jamais vu leur père ni leur mère guetter et prendre les souris. Les canetons que la poule a couvés, en apercevant l'eau, s'y jettent et nagent sans crainte, tandis que, sur le bord, leur mère adoptive s'agite et s'épouvante du danger qu'ils semblent courir. L'aiglon, en s'élançant de son nid, a naturellement l'ardeur et le courage de son père, mais n'a point reçu son exemple; ce sont les vents qui lui enseignent à se balancer dans les airs.

Olim juventus, et patrius vigor
Nido laborum propulit inscium;
Vernique, jam nimbis remotis,

Insolitos docuére nisus
Venti paventem. (Hor.)

Enfin l'intention de la nature, à l'égard de l'homme, a été que sa longue enfance et sa longue imbécillité le rendît long-temps dépendant du père et de la mère qui lui ont donné le jour : et pourquoi? parce qu'il était perfectible, et qu'en lui l'industrie, l'intelligence, le sentiment, l'instinct moral, étaient susceptibles de développement, d'accroissement, d'instruction ; parce qu'il était destiné à être libre, juste et bon ; parce que la raison et la vertu étaient son privilége et sa prérogative, et que ces avantages devaient être le fruit d'une longue éducation. Ce ne sont point ici de vaines conjectures, ce sont des faits incontestables. L'ordre de la nature y est si marqué, qu'il est impossible d'y méconnaître son dessein.

Ce qui, dans cet ordre admirable, devait le plus contribuer à donner à l'espèce humaine la supériorité qui lui est assignée sur tous les animaux, et à l'élever au degré de dignité et de prédominance convenable à sa destinée, le soin des pères et des mères pour leurs enfants, le retour de tendresse et de reconnaissance des enfants pour leur père et leur mère, ont donc été dans la loi naturelle les plus saints, comme les premiers des devoirs de l'humanité.

Ce fut sans doute pour exprimer combien, du côté des enfants, ce sentiment d'amour et de reconnaissance devait être religieux, que les anciens y attachèrent le nom de *piété filiale*. En effet, quoi de plus approchant du culte que l'on doit à Dieu, que les sentiments que l'on doit à ceux dont il a fait lui-même, envers nous, les ministres de sa bonté, les dispensateurs de ses grâces? Cette mère qui m'a conçu, ce père dont le sang m'anime, ne sont-ils pas pour moi les coopérateurs du Dieu qui m'a donné la vie? Et, sans compter ce premier don, sans compter, après ma naissance, le soin dont il les a chargés de me nourrir, de me défendre, ne leur a-t-il pas confié le soin d'observer, de conduire, d'éclairer les progrès de mon entendement? ne les a-t-il pas donnés pour guides et pour conseils à ma raison naissante? n'est-ce pas à leur vigilance qu'il a recommandé la direction de mes premiers penchants? Préposés pour régir mes sentiments et mes pensées, ne les a-t-il pas institués gardiens de mon innocence? n'a-t-il pas remis dans leurs mains les rênes de ma volonté? Chargés de ces fonctions divines, n'ont-ils pas été pour mon ame de seconds créateurs? Dieu même, en les associant aux desseins de sa providence paternelle, ne leur a-t-il rien communiqué de ce caractère divin?

Non, mes enfants, ou rien n'est vénérable et sacré dans le monde, ou un père et une mère le sont pour leurs enfants; et si les sentiments de tendresse et d'amour ne sont pas tout-à-fait bannis du cœur humain, c'est pour les pères et les mères que les dernières étincelles en doivent vivre encore dans le cœur des enfants.

A Dieu ne plaise que je veuille calomnier l'espèce humaine. Quoique vieilli dans un temps où les mœurs sont corrompues et dépravées à un excès bien déplorable, comme j'y vois encore de bons pères, de bonnes mères, je crois y voir des enfants bien nés ; et c'est pour ceux-là que j'écris en écrivant pour vous.

En supposant donc dans les cœurs ce sentiment religieux et tendre, qu'une farouche dureté de caractère peut seule repousser et vouloir méconnaître, je n'ai plus qu'à examiner quelle est la véritable piété filiale, et en quoi ses devoirs diffèrent de ceux de l'amour paternel.

En général, je crois qu'on a pu dire que l'affection des enfants pour leur père et leur mère est moins grande que l'affection des pères et des mères pour leurs enfants. Mais la raison qu'on en donne manque de convenance dans son application.

« Celui qui fait du bien à quelqu'un, dit-on, « l'aime mieux qu'il n'en est aimé ; celui à qui il « est dû, aime mieux que celui qui doit ; celui « qui fait du bien exerce une action belle et hon-« nête ; celui qui le reçoit, l'exerce utile seule-« ment ; et l'utile est beaucoup moins aimable « que l'honnête. » (MONTAIGNE.)

Que tout cela soit naturel au cœur humain,

je veux le croire; mais ces distinctions de *l'honnête et* de *l'utile,* de *ce qui est dû,* de *ce qui ne l'est pas,* de *ce qu'on donne* et de *ce qu'on reçoit,* sont-elles bien réelles entre un père et son fils? Quoi! n'y a-t-il pas de l'un à l'autre un échange de bons offices? N'est-ce pas un tribut qui leur est imposé également par la nature? Nourrir, élever son enfant, est-ce moins un devoir, est-ce un bienfait plus libre et plus gratuit que d'aider, de servir, de soulager son père? Et si le père a l'avantage de s'en acquitter le premier, le fils n'aura-t-il pas son tour? S'il est bien né, ne s'élève-t-il pas dans cette digne ambition et dans cette douce espérance? Si donc, pour l'un, il est honnête de donner, et si, pour l'autre, il est utile de recevoir, cela n'est-il pas réciproque? Le père a eu pour lui la longue enfance de son fils; le fils aura pour lui la vieillesse non moins prolongée de ce bon père. Ainsi les deux extrémités de la vie semblent se réunir pour former ensemble le cercle des devoirs domestiques, et le lien d'un mutuel amour.

Au reste, quelque différence d'affection que l'on ait observée entre les pères et les enfants, ces inégalités que produit l'amour-propre dans des ames communes, ne se font plus apercevoir entre des ames généreuses, dans l'émulation réciproque du devoir et de la vertu : le père est pour le fils, comme le fils est pour le père, ce qu'il y a de plus cher au monde; et s'il y a des pères et des mères qui donneraient leur vie pour sauver leurs enfants, il y a des enfants, et en aussi grand nombre, qui donneraient leur vie pour sauver leur père ou leur mère.

Leur condition respective n'est pourtant pas la même : le père commande et le fils obéit. Or, on sait bien qu'en général l'autorité flatte l'orgueil, et que l'obéissance le fatigue et le gêne; mais un privilége bien remarquable des sentiments de la nature, est d'élever l'ame au-dessus des petitesses de la vanité. Quel est le père assez frivole pour s'enorgueillir de la soumission et du respect de ses enfants? quel est le fils assez hautain pour être humilié du respect qu'il doit à son père? Dans la société même, toute vaine qu'elle est, rien n'est plus estimé, plus honoré que ce respect religieux; et le jeune homme qui serait méprisé, si, devant tel autre que son père, il paraissait obséquieux, humble et craintif, est cité pour modèle et comblé de louanges lorsqu'il fait remarquer dans l'amour filial cette révérence timide. J'ai vu le brave, l'intrépide Gisors, le jeune militaire le plus accompli de son siècle, dans l'âge même où sa valeur allait se signaler aux dépens de sa vie, je l'ai vu aborder le maréchal de Belle-Isle son père, avec cet air humble et soumis dont on approche des autels.

Et c'est là ce que le Dieu de la nature, le père universel a spécialement recommandé à l'homme, pour devoir, envers ceux qui lui auraient donné la naissance, *honore ton père et ta mère*. Il lui est prescrit d'aimer ses semblables comme lui-même; mais un amour accompagné d'un saint respect, Dieu ne le lui a commandé qu'envers ses vivantes images.

Et remarquez bien, mes enfants, quel charme, quel attrait, quelle douceur inexprimable ce Dieu a pris soin d'attacher aux sentiments pieux des enfants pour leurs père et mère. Y a-t-il quelques délices comparables à celles d'un fils qui procure à ses parents un doux repos, une vie exempte de travail et d'inquiétudes, lorsque, sur le déclin des ans, ils ont besoin de son appui? Y a-t-il pour lui de jouissance comparable à celle des beaux jours qu'il leur fait passer et des consolations qu'il verse dans leur ame? On ne lit point sans attendrissement dans la vie d'Épaminondas, du meilleur, du plus vertueux des héros de l'antiquité, qu'il mettait au-dessus de toutes les faveurs des dieux le bonheur d'avoir gagné la bataille de Leuctre du vivant de ses père et mère. Heureux le fils qui, comme lui, par quelque belle ou bonne action, fait couler des larmes de joie des yeux d'une sensible mère, ou qui se sent pressé dans les bras d'un père attendri! plus heureux encore si, tous les jours, il les entend bénir le jour de sa naissance et en rendre grâces au ciel! Que l'on me dise alors si l'amour paternel, si l'amour maternel lui-même a, dans ses jouissances, des plaisirs plus touchants que ceux de l'amour filial.

Je sais bien que, pour excuser les altérations qu'il éprouve dans des cœurs où domine l'intérêt personnel, on ne manque pas de raisons; et la plus commune est cette dureté des pères dont Montaigne a fait la censure, et que Plaute, Molière, tous les comiques, ont attaquée. En effet, je conviens avec eux et avec Horace qu'il y a eu dans tous les temps des vieillards incommodes, avares, difficiles, querelleurs et chagrins.

> *Multa senem circumveniunt incommoda : vel quòd*
> *Quærit, et inventis miser abstinet, ac timet uti;*
> *Vel quòd res omnes timidè gelidèque ministrat,*
> *Dilator, spe lentus, iners, pavidusque futuri;*
> *Difficilis, querulus, laudator temporis acti*
> *Se puero, censor castigatorque minorum.* (Hor.)

En est-ce assez? ajouterai-je qu'ils sont méfiants, soupçonneux, jaloux des jouissances, des plaisirs qu'ils n'ont plus? eh bien! quand même un père aurait tous ces défauts, ce ne serait point une excuse pour les torts d'un fils envers lui. Car la conduite de celui-ci a été invariablement tracée et prescrite par la nature; et c'est sur-tout dans la vieillesse qu'un père, quel qu'il soit, est un objet sacré pour ses enfants. Dieu ne leur a pas dit, Honorez votre père et votre mère s'ils sont justes, s'ils sont exempts des erreurs, des faiblesses, des vices de leur âge; il a rendu le devoir filial absolu et inviolable. Il est gravé de main divine, et, sans un sacrilége, rien ne peut l'effacer.

C'est un très-grand malheur sans doute que d'avoir à chérir, à respecter un père dans un homme d'un naturel qui repousse ces sentiments. Mais c'est alors qu'il est beau d'endurer, de dissimuler, d'adoucir, d'excuser dans un père ce qui est susceptible d'excuse, et de jeter le voile du respect sur le reste, pour tâcher de ne voir dans l'homme que celui que le ciel m'ordonne de respecter et de chérir.

Racine a bien conçu la sainteté de ce devoir, lorsqu'il en a fait le trait le plus touchant du caractère d'Iphigénie. Elle vient d'apprendre que son père Agamemnon la livre au couteau de Calchas. Achille s'exhale en reproches et en menaces contre cet inhumain, qui abusait de son nom pour mener sa fille à l'autel. Ecoutez la réponse de cette fille intéressante :

> Hélas ! si vous m'aimez, si, pour grâce dernière,
> Vous daignez d'une amante écouter la prière,
> C'est maintenant, seigneur, qu'il faut me le prouver.
> Car enfin, ce cruel que vous allez braver,
> Cet ennemi barbare, injuste, sanguinaire,
> Songez, quoi qu'il ait fait, songez qu'il est mon père.
>
> ACHILLE.
>
> Lui, votre père ? après son horrible dessein !
> Je ne le connais plus que pour votre assassin.
>
> IPHIGÉNIE.
>
> C'est mon père, seigneur, je vous le dis encore,
> Mais un père que j'aime, un père que j'adore,
> Qui me chérit lui-même, et dont, jusqu'à ce jour,
> Je n'ai jamais reçu que des marques d'amour.

De telles épreuves sont rares; mais, dans la vie commune et dans l'intérieur des familles, la vertu des enfants a fréquemment à s'exercer; et le principe en est le même. L'avarice, la dureté, l'humeur, la prodigalité, le luxe ruineux, les déréglements même qu'un fils n'aura pu s'empêcher de voir dans les mœurs de son père, seront pour lui de justes sujets de tristesse et d'affliction; mais, comme Iphigénie, il dira, *c'est mon père*. Une mère sera injuste, ou jalouse, ou capricieuse, ou trop légèrement livrée à ses goûts et à ses penchants; sa fille n'en sera pas moins fidèle au devoir de l'aimer. Il lui sera permis de voir que ce n'est pas pour elle, un assez bon modèle à suivre; mais, quelque affligeantes que soient ces réflexions, l'amertume n'en doit jamais altérer la douceur des sentiments qu'elle doit à sa mère. Son cœur est pour l'amour filial un sanctuaire inviolable, et que rien ne doit profaner.

Cependant quelle situation pour une jeune innocente élevée auprès de sa mère, et qui n'a qu'elle pour exemple, si cet exemple est dangereux! l'amour, le respect, la confiance, l'obéissance qu'elle doit à sa mère, sont des piéges dont il semble impossible qu'elle s'échappe. Eh bien! le croiriez-vous? très-souvent il arrive que, par des mères peu estimables du côté des mœurs, des filles vertueuses sont élevées. Et cela vient de ce que des femmes qui, à leurs dépens, ont appris quelles sont les faiblesses, les imprudences, les fragilités de leur sexe, et les séductions du nôtre, en savent garantir leurs filles, et les surveillent de plus près. D'un autre côté, cela vient de ce qu'ayant perdu ce que l'opinion publique a de plus cher pour une femme, elles veulent faire oublier les folies de leur jeunesse, ou se les faire pardonner : et en effet il semble que l'estime des gens sévères ne soit pas sans retour pour elles, et que le mérite d'avoir formé, dans leurs filles, d'honnêtes femmes, supplée, au moins sur leur retour, à celui de l'avoir été.

Heureuses cependant, et bienheureuses celles qui, pour être considérées, n'ont pas besoin qu'on leur accorde cette humiliante compensation! mais ceci tient aux devoirs des époux, dont nous parlerons dans la suite.

Ici nous en sommes encore aux saints devoirs de la nature. Car des mêmes liens dont un père et une mère sont unis avec leurs enfants, leurs enfants sont unis entre eux, ou doivent l'être; et, après l'amour paternel et la piété filiale, ce qu'il devrait y avoir de plus intime et de plus tendre, ce serait l'amitié des frères et des sœurs. L'habitude avec la nature, la naissance avec l'éducation, tout conspire, dès le berceau, à former, à nourrir, à fortifier ce penchant. Comment une amitié si douce puisée avec le sang, sucée avec le lait, et respirée avec la vie, une amitié si saintement recommandée par la nature, et qui, nous étant comme innée, semblerait devoir être inaltérable dans tous les cœurs, est-elle cependant si rare? c'est que dans presque tous les cœurs, sont aussi comme innés des principes de division et de discorde : je veux dire, les germes de trois passions très-vives et très-promptes à s'allumer, la jalousie, l'envie, et la cupidité.

Je vous ai déja fait remarquer par quelle imprudence les prédilections des parents donnent lieu parmi les enfants aux premiers mouvements de la jalousie. Cette passion, vous le savez, est le chagrin de voir qu'un autre nous enlève un bien que nous croyons avoir droit de posséder seuls, ou de partager avec lui.

Or, par un instinct d'amour propre, dès qu'un enfant se voit privé des préférences dont ses frères jouissent, il se persuade bientôt qu'on est injuste à son égard; qu'il a droit à l'égalité; et que, si un autre a sur lui l'avantage de la faveur, il ne l'a qu'à son préjudice. Cette douleur renouvelée, et sans cesse irritée par la présence de son objet, forme dans son ame un ulcère que l'âge et la raison ne guérissent presque jamais.

Ce mal-là cependant peut se prévenir dans sa cause; et par un mélange à-peu-près égal, de douceur, de sévérité, de blâme et de louange, équitablement partagés et distribués à propos, de bons parents peuvent sans peine accoutumer de jeunes ames à un sentiment d'équité qui les préserve de la jalousie, ou qui en soit le contre-poison.

Mais cette passion peut avoir un autre principe dans l'inégalité réelle que la nature a mise entre les qualités dont elle a doué les enfants. Alors ce n'est plus de ses parents, c'est de la nature elle-même que l'on croit avoir à se plaindre ; et, lors même que les parents ont l'attention d'adoucir l'aigreur de ces ressentiments, les passants, qui n'ont pas cette attention délicate, ne manquent jamais d'irriter l'amour-propre des uns, en exaltant celui des autres ; et les louanges indiscrètes qu'ils prodiguent à la beauté, à l'esprit, aux talents du favori de la nature, sont des flèches empoisonnées pour le cœur de l'enfant moins favorablement doué.

La plaie s'envenime encore, si, avec l'âge, la fortune ajoute sa faveur à la faveur de la nature. Alors c'est à l'heureux à n'user de ses avantages que pour adoucir le jaloux, en le servant, en le faisant valoir dans tout ce qu'il a d'estimable, en l'égalant à soi autant qu'il est possible, et en s'effaçant devant lui. Encore ne sont-ce là que des palliatifs : le seul remède à une vive jalousie sera dans les principes d'une morale religieuse. C'est elle qui, en étouffant les murmures de la vanité contre la Providence, ouvrira à l'émulation de deux frères un concours bien plus digne de leur rivalité devant Dieu et devant les hommes, la lice des vertus, la pratique des bonnes œuvres. Là du moins aucun d'eux n'est disgracié par la nature. Il dépend de chacun d'être égal à ses frères en sagesse, en bonté, en modestie, en application à tous les devoirs de son âge; et même, aux yeux du monde, ces qualités que l'on se donne à soi-même, suppléeront, effaceront celles que l'on n'aura pu se donner. J'ai vu des filles à qui la nature avait refusé la beauté, se faire admirer et chérir par l'intérêt qu'elles prenaient aux éloges et aux hommages que recevait la beauté de leur sœur. J'ai vu des frères honorés dans le monde, et comme associés à la réputation des talents de leur frère, par l'affection vive et sincère dont ils paraissaient en jouir.

La vertu, mes enfants, une vertu solide élève l'ame fort au-dessus de tous les vains dépits de l'amour-propre et de la jalousie : elle ne craint aucune rivalité, car elle n'en affecte aucune. On louera dans l'un de deux frères les agréments du corps et de l'esprit, les talents, les lumières, et même le génie. On dira de l'autre qu'il possède toutes les qualités sociales, toutes celles de son état; une raison saine, un cœur droit, une ame égale et courageuse; il est, dira-t-on, juste et vrai, bon ami, fidèle à sa parole, bienfaisant, désintéressé, modéré dans tous ses désirs, invariable dans ses principes, sage et discret dans son langage, mais ennemi de la flatterie et de la dissimulation. Je vous demande lequel des deux sera le mieux loué. Quand même le premier aurait l'éclat d'un météore, ne préférez-vous pas cette clarté douce et durable que répand la renommée du second? eh bien! celle-ci appartient, et la nature l'a laissée à qui voudra bien l'acquérir.

Horace a fait bien des éloges, celui de Drusus, pour la valeur; celui de Pindare, pour le génie; celui de Caton, pour la fierté, la constance et la grandeur d'ame. Je vous demande s'il y en a aucun qui vous touche autant que celui de Quintilius.

> *Ergò Quintilium perpetuus sopor*
> *Urget, cui pudor, et justitiæ soror*
> *Incorrupta fides, nudaque veritas,*
>   *Quandò ullum invenient parem?* (Hor.)

Cependant quel est l'homme qui, par le simple usage de ses facultés naturelles, ne puisse mériter un éloge pareil.

C'est ce qui rend encore plus injuste et plus odieuse dans l'ame d'un frère la passion de l'envie que celle de la jalousie. Car celle-ci du moins suppose quelque droit à un bien dont on est privé; l'autre, sans aucun droit au bien que les autres possèdent, n'est que le noir chagrin de les en voir jouir. Quel vautour, mes enfants, ou plutôt quel reptile venimeux, dévorant, que cette infâme passion! ton frère est plus fortuné que toi, lâche envieux, tout lui réussit, tout prospère dans ses biens, dans ses entreprises; et le chagrin de le voir heureux te ronge, te consume; tu le hais, tu voudrais le voir ruiné, misérable, réduit à te faire pitié! Et qui t'empêche d'être heureux comme lui? Sois sage, modéré, laborieux à son exemple. Tu as en toi-même l'équivalent de tous ses biens; et si dans la médiocrité, content de ta fortune, et soumis à la Providence, tu es plus vertueux que ton frère, tu seras plus heureux que lui. Mais la cupidité, la convoitise insatiable, impatiente de partager l'héritage d'un père, ou celui d'une mère, fait des enfants dénaturés, qui, comme autant d'oiseaux voraces, n'attendent que leur proie, prêts à se déchirer entre eux. C'est là le plus souvent la cause des dissensions domestiques. Dans le partage des dépouilles, chacun craint qu'elles ne lui échappent, chacun voudrait tout envahir; et ces intérêts ennemis sont d'autant plus ardents, plus âpres, qu'ils sont plus opposés, et qu'ils se touchent de plus près.

Loin de vous, mes enfants, cette discorde impie dont je vous vois frémir. Malheur à vous, malheur à moi, si le peu de bien que je vous laisserai rompait, après ma mort, votre pieuse intelligence. Non, jamais l'intérêt sordide ne désunira mes enfants. Je ne veux entre vous que votre loyauté pour juge, si la seule amitié ne vous met pas d'accord. N'oubliez pas la fable du vieillard et de ses enfants : rien n'est plus vrai. Dans les familles, les enfants divisés sont de frêles roseaux; c'est leur union qui fait leur force : mais, pour être durable, elle exige des soins, des complaisances mutuelles, des ménagements délicats pour les faiblesses de l'amour-propre; car il est susceptible de vifs ressentiments. Que votre familiarité ne soit donc jamais offensante. Il y a pour les bons cœurs une politesse de sentiment dont la douceur coule de source, et qui se mêle naturellement aux charmes de l'égalité.

L'âge donne à l'aîné sur le plus jeune un droit de conseil et de réprimande; et, quand le sujet en est grave, la leçon doit être sévère, mais sans aigreur, sans dureté, sur-tout sans aucune amertume de raillerie qui sente le mépris. En même temps qu'un frère trouve dans son frère un censeur, il doit savoir qu'auprès de ses parents il a en lui, dans l'occasion, un ami qui l'excuse, un avocat qui le défend. Si vous aviez des sœurs, je vous recommanderais pour elles la plus sévère attention à ne jamais alarmer leur pudeur; car rien ne vous serait plus précieux que leur innocence. Mais cette réserve sera toujours d'un sexe à l'autre le plus inviolable devoir d'une chaste et sainte amitié. Revenons à celle des frères. Les trois passions dont j'ai parlé, une fois écartées de leur commerce intime, rien ne leur sera plus facile, plus naturel, plus doux que de s'aimer, de s'entr'aider dans le pieux devoir de rendre heureux leur père et leur mère dans leur vieillesse, et de porter chacun, dans une famille nouvelle, cette même prospérité. Alors l'intention de la nature est successivement remplie. L'arbre de la société primitive, au lieu d'être brisé et mutilé dans ses rameaux, s'étend, se fortifie, couvre de son ombrage des générations nouvelles ; et, pour un père de famille, s'accomplit la promesse de voir ses nombreux rejetons s'élever autour de sa table, comme de jeunes oliviers : *Sicut novellæ olivarum in circuitu mensæ tuæ.* (David).

LEÇON HUITIÈME.

Des devoirs du mariage, dans le rapport des deux époux, en société l'un avec l'autre.

Vous venez de voir, mes enfants, quels sont, en qualité de père et de mère, les devoirs des époux, quel est l'objet de leur union, et quelle obligation ils contractent en s'unissant. Mais, pour remplir le vœu et l'intention de la nature, ils ont aussi, l'un envers l'autre, des devoirs mutuels. Ces devoirs sont compris dans un mot, *la foi conjugale*; car qu'est-ce que la foi, *l'incorrupta fides*, dans le commerce de la vie? *Sincérité dans la promesse*; *fidélité, persévérance à tenir ce qu'on a promis.* C'est sur ces deux points que repose la sûreté des engagements. Aussi la bonne foi est-elle appelée par les poëtes la sœur de la justice.

Appliquons cette idée à la société conjugale.

Que se promettent les époux? d'être unis l'un à l'autre, de l'être sans réserve, de l'être sans partage, de l'être pour toute la vie. On est d'accord sur les premiers articles : les deux derniers éprouvent quelques difficultés, l'un du côté des mœurs, l'autre à l'égard des lois.

Je commence par celui-ci : la nature a-t-elle voulu, a-t-elle pu vouloir que l'engagement des époux fût constant et irrévocable? Vous savez déja que je tiens pour l'affirmative. Parmi les animaux, l'intention de la nature est remplie par l'union fortuite et passagère du mâle et de la femelle. Mais je vous ai fait voir qu'il n'en est pas de même de l'homme et de la femme; et ce n'est pas seulement la solennité de leurs vœux à l'autel, qui fait la sainteté de leur engagement : il est saint, parce qu'il embrasse, qu'il étreint dans ses nœuds les plus saints des devoirs, ceux d'un père et d'une mère envers leurs enfants, ceux des enfants envers leur père et leur mère.

Entre le père et la mère, la propriété des enfants est indivisible. Le sang qui coule dans mes veines n'est pas uniquement celui ou de mon père ou de ma mère. Je dois à tous les deux la vie : tous les deux, en me la donnant, se sont également engagés envers la nature, à m'instruire et à me former. De part et d'autre il y a donc unité, communauté indivisible d'obligation et de devoir. De mon côté, je dois également à tous les deux reconnaissance, amour, respect, obéissance, et le plus digne usage de la vie qu'ils m'ont donnée. Tout cela est inséparable. Que serait-ce en effet que l'amour paternel, si un père, dans ses enfants, voyait son sang mêlé à celui d'une femme que le divorce lui aurait rendue étrangère, et souvent odieuse? Que serait-ce que l'amour maternel, altéré et glacé par un pareil mélange? Que serait-ce enfin que l'amour filial, divisé entre deux objets incompatibles, dont chacun à l'envi, et au préjudice de l'autre, attirerait à soi le cœur de ses enfants? même avant le divorce, pourquoi ces deux époux, dont l'union sera fragile et passagère, se croiraient-ils obligés de donner à leurs enfants les soins que nous venons de voir prescrits par la nature à l'amour paternel, à l'amour maternel? Que leur reviendrait-il d'une propriété divisée, affaiblie, altérée dans son principe, souvent même contrariée par des sentiments opposés.

Il est donc bien aisé de voir que, par l'instabilité de l'état des époux, la société domestique serait ébranlée jusque dans ses fondements; que ni les nœuds du sang, ni ceux de la foi conjugale n'auraient plus aucune consistance, et qu'enfin toute loi qui tend à dissoudre ces nœuds, ou à les relâcher, corrompt les mœurs publiques, offense la nature, et blesse au cœur l'humanité.

Cependant une loi qui rend indissoluble un mariage mal assorti n'est-elle pas encore plus inhumaine? et ne vaut-il pas mieux séparer deux époux odieux l'un à l'autre et malheureux de vivre ensemble, que de les tenir enchaînés?

Nous aurions lieu de reconnaître qu'une incompatibilité réelle et sans remède peut rendre inévitable la séparation, et que même, dans certains cas, elle autorise le divorce. Mais une incompatibilité de caprice, de fantaisie, d'humeur, de vice enfin et de libertinage, ne mérite pas l'attention, la condescendance des lois.

Remarquez que, dans les campagnes, parmi des hommes qui sont encore voisins de la nature, et dont les mœurs ne se ressentent pas de la contagion des villes, rien ne paraît plus simple et moins pénible que la perpétuité de l'union conjugale. Vous y voyez de vieux époux qui, sans avoir jamais pensé que le divorce fût possible, se livrant de bonne amitié au pur attrait de la nature, ont passé leur jeunesse à s'environner d'une utile et nombreuse postérité, et qui, jusque dans leur vieillesse, ont conservé inaltérables les douceurs de cette union. La santé de l'ame et du corps suffit à ces heureux ménages. Leurs plaisirs, exempts de dégoûts, n'ont pas besoin d'assaisonnements.

Ce n'est que dans les raffinements d'une société vicieuse, que les caprices de l'inconstance, les délicatesses du luxe, la licence et la volupté, ont mis l'inquiétude, le trouble, la froideur, l'ennui, dans l'ame des époux.

C'est là qu'on a mis en problème si la nature avait pu vouloir, si les lois devaient consentir que l'union conjugale fût perpétuelle et indissoluble, et si, sans imprudence et sans témérité, les époux avaient jamais pu en contracter l'engagement.

Mais si l'engagement est volontaire et libre; s'il est non-seulement possible, mais facile de le remplir; s'il y a mille et mille exemples qu'il l'est fidèlement, heureusement, toute la vie; si d'ailleurs il est démontré qu'il entre dans le plan, dans l'intention de la nature, où est le doute que la nature en ait fait un devoir à l'homme, et que le pacte social ait dû respecter cette loi?

Rien de plus contraire à l'esprit du mariage que de s'imaginer qu'on se marie pour son plaisir. Le plaisir est sans doute un attrait que la nature attache au devoir qu'elle impose. C'est par-là qu'elle invite tous les êtres vivants à régénérer leur espèce. L'amour est le réparateur des ravages de la mort; et ce n'est pas la moindre des merveilles qui éclatent dans l'ordre universel. Mais, dans cet ordre sublime et sage, l'erreur, l'égarement du vice, est de prendre pour l'intention finale, et pour l'objet de la nature ce qui n'en est que le moyen. On se marie pour être père et mère, et non pour être amants : en cessant d'être amants, on ne cesse donc pas de devoir être père et mère.

Heureux cependant les époux dont le chaste et fidèle amour ne cesse de prêter à leurs devoirs de nouveaux charmes. Mais il faut bien entendre quel est cet amour vertueux; car celui qui n'est qu'une fièvre, un délire, une frénésie, ou celui qui, moins insensé, mais plus dissolu, ne connaît la pudeur que pour l'insulter, l'innocence que pour se faire un triomphe de la séduire; l'amour d'Ovide, ou celui de Sapho, n'est pas digne d'entrer dans le lit nuptial; pour lui, ce qui est permis et légitime est sans attraits. L'hymen n'a pas de plus dangereux ennemi. Aussi, chez les anciens, l'avait-on banni de son temple.

L'hymen pudique et chaste veut un amour qui lui ressemble : les plaisirs n'en sont pas effrénés, éperdus; mais, grâce à la nature, ils sont encore assez sensibles, et d'autant plus doux qu'ils sont purs. Ses voluptés les plus délicieuses naissent du fond des ames, de l'accord des goûts, des penchants, de la parfaite intelligence des esprits, de la tendre union des cœurs, de tous les intérêts réunis en un seul, celui de s'aimer, de se plaire, de se rendre heureux l'un par l'autre. C'est le bonheur de la sagesse, de l'amitié, de la vertu. Mais, pour qu'il soit durable, il faut savoir le modérer; et prendre garde qu'avant l'hymen une imagination exaltée n'en exagère l'espérance.

Buffon a donné de l'amour une idée cynique et fausse, lorsqu'il a dit que le physique seul en était bon, et que le reste n'en était que *forfanterie*. Il est vrai cependant que la passion factice de l'amour, assaisonnée et composée, comme on la voit dans les fictions poétiques et romanesques, est l'ouvrage d'une imagination exaltée, et que la source la plus commune des mécontentements, des froideurs, des dissensions qui surviennent après le mariage, est l'opinion trop flatteuse que l'on s'est faite de la personne à laquelle on s'unit, ou de cette union elle-même. Cette erreur, qui peut être celle des ames les plus innocentes, se forme naturellement dans les têtes jeunes et vives. On s'est fait, à plaisir, l'image de l'objet qu'on voudrait aimer. Rien n'y manque : c'est la beauté, la grâce, la sensibilité, l'agrément de l'esprit, le charme du langage, l'égalité du caractère, la complaisance, la douceur, et tout ce qu'une société intime et tendre peut avoir de plus séduisant; d'où il arrive qu'on est d'abord dégoûté de tout ce qu'on voit, comme la dédaigneuse de La Fontaine, ou que, si l'on rencontre un objet qui ressemble à cette flatteuse chimère par quelques qualités aimables, l'imagination complaisante, et d'accord avec le désir, supplée à ce qu'on n'y voit pas, et l'on adore son ouvrage.

Quand l'illusion est réciproque, le désir et le soin de plaire et de paraître aimable à celui, à celle qu'on aime, fait qu'en étudiant ses goûts, ses sentiments, le tour de son esprit, le caractère de son ame, on s'applique à lui ressembler. De là l'idée de sympathie, d'accord, de nœuds secrets formés par la nature, et cette fixité de pensée et d'affection qui exclut tout autre objet, et n'en laisse plus voir qu'un seul avec lequel et pour lequel on puisse vivre. Qu'on l'obtienne, qu'on le possède, on n'a plus rien à désirer. C'est le vrai bien, l'unique bien, le bien suprême; on ne conçoit rien au-delà. C'est ainsi qu'on se fait une idée enivrante des délices du mariage ; et c'est dans cette ivresse qu'on revient de l'autel. Elle dure, elle augmente encore, s'il est possible, dans les premiers transports de la possession. Mais insensiblement, l'habitude, la réflexion, le ralentissement des soins, la négligence, ôte à l'illusion tous les jours quelqu'un de ses charmes. Des deux côtés le naturel se laisse voir, non tel que l'imagination l'a coloré, mais tel qu'il est, avec ses défauts, ses inégalités, ses personnalités, ses saillies de vanité, d'humeur et de caprice : chacun des deux finit par être soi, et ne ressemble plus à l'autre. L'amour-propre revient, et se fait juge de l'amour, dont il est bientôt mécontent. On s'aperçoit qu'on n'est plus aimé comme on se flattait de l'être ; et des deux côtés on s'accuse d'inconstance et de changement. La plainte refroidit encore cette imagination, que flétrit tout ce qui l'attriste ; et, au lieu de dire qu'on s'est trompé soi-même, on dit qu'on a été trompé. C'est ainsi, mes enfants, qu'au plus doux sentiment de la nature, se mêle d'abord l'amertume, et succède bientôt l'aigreur.

Encore le mal serait-il moins grand, si des deux côtés le refroidissement était simultané. Mais, comme la chaleur de l'imagination, la sensibilité de l'ame est rarement égale, celui des deux époux dont le sentiment a été le plus vif, ou dont l'amour-propre est le plus délicat, est aussi celui auquel il en coûte le plus de se voir déçu dans ses espérances. Plus il a mis de soins et de gloire à se faire aimer, plus il lui est douloureux de voir son amour négligé et sa fierté humiliée : sage encore, si cette douleur ne se change pas en dépit, et n'éclate pas en furie.

Vous le dirai-je enfin? ce poison de l'hymen, cette imagination ardente, qui a fait aux deux époux une si flatteuse perspective du bonheur d'être unis, ne s'éteint pas toujours avec l'amour qu'elle a fait naître. L'on est bien détrompé de son erreur; l'on a bien reconnu que l'objet qu'on a choisi n'est pas celui qu'on devait aimer; mais il est possible que celui-ci existe; et l'on n'a pas perdu l'espérance de le trouver. De là ce désir vague, inquiet, vagabond, qui court après une chimère, et qui, d'égarements en égarements, va s'éteindre dans la honte et dans les regrets. Il est donc vrai que, pour être durable, l'amour conjugal ne doit être qu'une inclination modérée et fondée sur une estime réfléchie, car rien d'exagéré ne peut se soutenir; et vous ne sauriez croire combien de mariages n'ont été malheureux que pour avoir commencé par cet amour que l'imagination allume, et qui se dissipe en fumée dès que le prestige est détruit.

Deux époux, destinés par la nature à vivre ensemble, doivent se convenir, et ne voir l'un dans l'autre rien qui répugne au sentiment affectueux et tendre qui naturellement doit naître de leur union. Mais ils ne se flatteront pas d'une harmonie inaltérable. Sans dessein de s'en imposer, la seule envie de se plaire aura dissimulé, avant le mariage, bien des diversités de goûts, d'humeur, de caractère. Aucun des deux n'est accompli; aucun des deux n'est constamment égal et semblable à lui-même; aucun des deux n'est toujours complaisant. Tant pis même si l'un des deux avait cet excès de mollesse. Rien de plus méprisable dans un homme, rien de plus insipide dans une femme, quelquefois même rien de plus dangereux qu'une volonté sans ressort. Mais si les contrariétés en étaient dures et tranchantes, l'un ou l'autre en serait blessé. Ils doivent donc s'attendre que, pour en émousser les pointes, pour en adoucir l'âpreté, la complaisance d'un côté, l'indulgence de l'autre, seront des conciliatrices habituellement nécessaires. Ce sont les compagnes inséparables de l'hymen; et c'est à les entretenir que doit contribuer sur-tout la nécessité d'être perpétuellement et indissolublement unis.

Par-tout ailleurs, si les esprits se trouvent inconciliables, ou d'un commerce difficile, ils peuvent s'éviter; et c'est ce qui rend si commode le divorce, pour cause d'incompatibilité. Car rien n'est plus aisé, aux premiers mouvements de caprice ou de vanité, que de se dire incompatibles, et que d'aller former, chacun de son côté, d'autres liens aussi fragiles : liberté qui n'est, dans les mœurs, qu'un libertinage permis, et que la dissolution de tous les nœuds de la nature.

Et de cette facilité, si favorable à l'inconstance, qu'arrive-t-il le plus souvent? que chacun des époux se livre à ce qu'il appelle son naturel, c'est-à-dire, à ses goûts, à ses fantaisies, à l'attrait de la nouveauté; que chacun mécontent devient de son côté difficile, épineux, impatient, et susceptible d'aigreur dans ses vivacités, d'amertume dans ses répliques, de dépit et de violence dans les débats de deux volontés inflexibles, et de deux vanités jalouses, dont aucune ne veut céder. Ce sont ces mouvements qu'on ne s'est pas donné la peine de réprimer, que l'on croit indomptables, et que chacun, devant les lois, appelle du nom vague *d'humeurs incompatibles.*

Au contraire, dans les liens d'un mariage indissoluble, entre deux époux raisonnables, et qui n'ont pas perdu toute pudeur, que doit-il arriver? que dans l'alternative de se rendre, l'un l'autre, heureux ou malheureux toute la vie, chacun des deux se commande à soi-même les ménagements, la douceur, tous les soins de se rendre aimables; chacun travaille à modérer les fougues de son amour-propre, à donner à son caractère plus de souplesse et de liant. Et, s'il survient quelque violent orage suscité par les passions, chacun regarde autour de soi ses enfants, à qui l'on se doit, à qui l'on doit le bon exemple de l'union et de la concorde, à qui l'on doit surtout de ne pas diviser ce qu'ils ont de plus cher au monde, l'amour d'un père et d'une mère, et cette heureuse communauté d'intérêts, d'affections, de soins, de vigilance, que la nature a établie et perpétuée exprès pour eux. Alors la fougue des esprits s'arrête; le vent tombe, et l'orage cesse. C'est ainsi, mes enfants, que mille vertus sont l'ouvrage de la raison soumise à la nécessité. L'on ne sait pas assez combien la volonté que l'on croit si faible, a de force, lorsqu'elle a besoin d'en avoir pour réprimer les passions.

Si cependant le mal est irremédiable, quelle qu'en soit la cause; si l'un des deux époux se rend si intolérable à l'autre, ou si leur aversion mutuelle est si forte, qu'il n'y ait aucun espoir de conciliation ni de repos entre eux, doivent-ils être condamnés au supplice de vivre ensemble? non : l'humanité demande que la loi les sépare, mais à condition de vivre chacun, jusqu'à la mort de l'autre, dans un état de viduité, qui n'aura ni l'attrait ni les séductions du divorce; car le divorce n'est bien souvent provoqué que par l'inconstance, et par l'envie de se livrer sans honte à une inclination nouvelle. Or, il est juste que la honte reste attachée à ce qui la mérite. La sagesse des lois consiste à mettre à la pente du vice le plus d'obstacles qu'il est possible, comme à ne laisser que le moins possible d'écueils à éviter et de dangers à craindre au devoir et à la vertu.

Aussi, dans nos anciennes lois, n'y avait-il que des cas extrêmes et infiniment rares où le divorce fût permis : comme lorsque l'un des deux époux était attaqué de folie ou flétri de peine infamante; ou que dans l'union conjugale il y avait erreur de personne : exception dont aucune n'était contraire aux bonnes mœurs.

L'autre article, qui dans le monde est si légèrement compté au nombre des devoirs de l'union conjugale, c'est la fidélité que se promettent les deux époux. Les excuses dont s'autorise la licence, sont, du côté des hommes, que de leur part l'infidélité ne trouble en rien l'ordre de la nature, ni l'ordre établi par les lois; que, si les femmes sont fidèles, il n'y aura jamais dans les familles de mélange adultère; et qu'enfin dans la société les infidélités n'étant que des échanges, tout se trouvera compensé. L'excuse, du côté des femmes, est qu'en les exposant à la séduction, on leur a fait de s'en défendre le plus pénible des devoirs, la plus fragile des vertus; et que l'indulgence en faveur de l'infidélité des hommes, est au moins due à celles qui ne font que les imiter.

Cette théorie du vice et du libertinage ne soutient pas un moment d'analyse. Car je demande aux hommes : à qui s'adressera votre infidélité ? sera-ce à l'innocence ? c'est le plus vil des crimes. Sera-ce à la prostitution ? c'est le plus infâme des vices. Sera-ce à la femme d'autrui ? c'est un double adultère qui blesse également les lois divines et humaines. Il ne reste plus qu'une classe de femmes libres par état, et peu sévères dans leurs mœurs. Mais ou celles-ci n'écouteront que des hommes libres comme elles; ou si elles se rendent complices de l'époux infidèle, le crime du parjure qu'elles partageront n'en sera pas moindre pour lui. Quant à ce beau calcul d'échange et de compensation, entre les infidélités, quels sont, même parmi les hommes les plus corrompus, les maris assez déhontés pour avouer qu'ils y consentent? s'il était convenu entre eux, ne fût-ce que tacitement, ce serait le dernier degré d'opprobre dans les mœurs sociales et domestiques.

A l'égard des femmes, si leur faiblesse a tant d'écueils à éviter dans les séductions des hommes, n'en devraient-elles pas être préservées et garanties par l'effroi sans lequel il leur est impossible de regarder l'abyme de honte et de malheur où les fait tomber leur naufrage? ne savent-elles pas que les hommes ont attaché pour elles la plus grave importance à ce qu'ils traitent pour eux-mêmes avec tant de légèreté? Le risque d'introduire l'enfant de l'étranger parmi les enfants légitimes, fait une différence en effet si marqué de l'infidélité de la femme à celle du mari, qu'autant celle-ci peut sembler excusable et sans conséquence, autant l'autre paraît criminelle et irrémissible. Ainsi, tandis que chacun des hommes se fait un jeu cruel, une gloire inhumaine de plaire à la femme d'autrui, tous sont d'accord de déshonorer celle qui se sera laissé séduire.

Oui, mes enfants, telle est l'incohérence des mœurs une fois corrompues, que le même homme qui se croirait vivement offensé, si, dans toute autre convention, il était accusé d'avoir manqué à sa parole, veut bien qu'on sache qu'il y manque dans ce qu'il y a de plus sacré pour lui. Mais il a beau se faire un jeu de la foi conjugale, elle n'est pas plus sainte pour sa femme que pour lui-même. Des deux côtés, si la promesse n'a pas été sincère, c'est une perfidie : si elle a été sincère, c'est une trahison que d'y manquer; et malhonnête est l'homme, comme malhonnête est la femme, qui ne tient pas l'engagement qu'ils ont pris tous deux à l'autel. Volontairement, librement, l'un comme l'autre s'est donné; et ils savent si bien qu'ils s'appartiennent l'un à l'autre, qu'à la première atteinte qui leur semble portée à ce droit mutuel, leur jalousie s'éveille, et commence à troubler leur union et leur repos.

Quelle passion, mes enfants, quelle triste et cruelle passion que celle de la jalousie! d'abord ressemblante à l'amour dont elle a reçu la naissance, elle est douce, tendre et timide, honteuse d'elle-même, elle se cache, et dévore en secret le fiel qui la consume. Mais tout-à-coup elle se dresse et s'élance, comme un serpent gonflé de son propre venin. Et qu'est-ce qui l'irrite? bien souvent on l'ignore. D'autant plus redoutable que l'apparence la plus faible, et l'indice le plus léger en est le germe imperceptible, et qu'une fois jeté dans l'ame, ce germe empoisonné change tout en poison. « C'est des maladies d'esprit, dit « Montaigne, celle à qui plus de choses servent « d'aliment, et moins de choses de remède. » Dans une femme, la jeunesse, la beauté, les talents, les charmes de l'esprit, les grâces du langage, la sensibilité sur-tout, agitent son époux de crainte, d'inquiétude et de soupçons. Plus on doit lui envier sa femme, plus on doit désirer de lui ravir son cœur, plus il en redoute la perte.

Dans son mari, une femme jalouse voit de même tout ce qu'il a d'estimable et d'intéressant comme autant de sujets d'alarmes; et pour peu que, de part et d'autre, il y ait quelque ombre de vraisemblance, on croit ce que l'on appréhende. *Quæ finxére, timent.* (LUCAN.)

Dans les hommes, la jalousie est plus sombre, plus fière et plus humiliante : dans les femmes d'un caractère superbe et violent, elle éclate par des fureurs; mais c'est pour les femmes timides, tendres et délicates, qu'elle est un supplice cruel et digne de pitié.

Je viens de dire que, dans une femme, la *sensibilité* est ce qui cause le plus d'ombrage à son mari, s'il est atteint de jalousie. De tous les moyens de lui plaire, c'est celui qui d'abord lui réussit le mieux, et pourtant c'est celui dont elle doit le plus se défier et se défendre. Telle est l'injustice des hommes. Il est difficile sans doute que, dans la familiarité de l'union la plus intime, une femme sensible dissimule ce qu'elle sent; il n'en est pas moins vrai que la bienséance est pour elle un devoir de tous les moments. Se rendre à son époux aussi respectable qu'aimable, est le chef-d'œuvre de l'amour vertueux et des grâces décentes.

L'amour passionné dont j'ai parlé d'abord ne peut jamais, dans une femme, prétendre à cet heureux accord. L'ivresse et le délire sont pardonnables à l'époux, mais ils déshonorent sa femme. De tous les sentiments, son amour est celui qu'elle doit le plus modérer. On lui pardonnerait plutôt l'emportement de la colère; et celui qui jouit du trouble de ses sens, en tirera lui-même le plus funeste augure. Qu'elle se souvienne donc bien qu'il veut la posséder, mais qu'il veut qu'elle se possède.

La froideur peut bien donner lieu aux soupçons de la jalousie; mais celle-là est faible et vague, en comparaison de celle que fait concevoir un naturel passionné qu'on a surpris soi-même dans des moments d'ivresse. Quel devoir ou quelle pudeur pourra le retenir, si c'est ainsi qu'il s'abandonne? C'est la réflexion funeste que fera un mari jaloux; et dès-lors une femme sensible, quoique honnête, sera perdue dans son esprit.

Au contraire, c'est la froideur du mari qui l'accuse aux yeux d'une femme jalouse : on le croit infidèle sitôt qu'il est changé.

Quel sera donc le préservatif ou le remède à

la jalousie? Le même que pour éloigner le soupçon d'infidélité. Du côté de la femme, une égalité de tendresse sans accès, sans intermittence; le soin de plaire à son mari, d'étudier ses goûts, de lui inspirer les siens, de ne jamais lui parler raison qu'avec la voix de l'amitié, qu'avec le sourire des grâces; de lui rendre leur intérieur si agréable, leur société si riante, leur union si douce, l'éducation de leurs enfants si intéressante et si chère, le désir qu'elle aura de le rendre heureux si touchant, qu'en lui persuadant qu'elle ne vit que pour lui, elle l'invite et l'engage lui-même à vivre uniquement pour elle.

Du côté du mari, avec moins de recherche et de délicatesse, les moyens sont les mêmes et bien plus faciles encore; car, s'il témoigne bien qu'il aime, il est presque sûr d'être aimé.

Si cependant l'époux est attaqué de jalousie, comment l'en guérir? Le remède est d'en faire cesser la cause; et, pour cela, fallût-il rompre les liens d'une société innocente, il n'y aurait point à balancer; car on se doit plus à soi-même et plus à son mari, qu'à aucune société. Il est injuste, oui, je le crois; mais, si votre époux est malade, ne renoncez-vous pas au monde pour le garder, pour le soigner? Eh bien! il est malade de jalousie, et n'a que vous pour le guérir : en négligeant de remédier au mal, craignez de l'empirer encore. L'inquiétude et le soupçon auxquels il est en proie, lui sont odieux à lui-même : trop heureux de s'en délivrer, il ne demande qu'à vous croire innocente. Mais si, au mépris de son estime et de son repos, vous refusez de lui prouver votre innocence, il vous croira coupable; il en aura le droit.

L'époux n'aura pas plus de peine à guérir un cœur tendre ou un esprit faible, si le soupçon n'est pas fondé; mais s'il se sent coupable, il n'en est pas de même. Il dédaigne le soin de se justifier. Sa parole doit lui suffire; il doit en être cru sur sa foi; l'on n'a pris sur sa fidélité que de vaines alarmes; en se défendant, il s'accuse, et cependant sa malheureuse épouse est réduite au silence. Il faut qu'elle dévore son injure et ses larmes; sa plainte serait indécente, son dépit serait ridicule : la seule vengeance digne d'elle, si elle est honnête, c'est de l'être encore plus, et d'opposer à la conduite licencieuse de son époux une conduite modeste et sage. Mais alors, et sur-tout si la beauté, la jeunesse, les grâces, rehaussent en elle le mérite de la sagesse, son malheur est peut-être ce qu'il y a de plus honorable et de plus intéressant. Elle est sûre d'être un objet de vénération pour tous les gens de bien. Son mari ne pourrait lui-même, sans se rendre odieux, lui refuser l'hommage de la plus haute estime. Il est vrai qu'il jouit de son impunité; l'exemple, l'usage est pour lui; mais ce qu'il y a de plus honnête, de plus vertueux dans le monde, sera pour elle, c'est assez; et le conseil que je donne à la femme, je le donnerais au mari dans une situation pareille.

En effet, quelque fondée que fût la plainte d'un époux fidèle, estimable, le silence est encore pour lui ce qu'il y a de plus décent. On n'insulte pas au chagrin que lui causent les torts d'une femme infidèle; mais tant que ces torts sont voilés de quelque bienséance, on croit qu'il est de la sagesse et de la dignité d'un père de famille de n'en pas donner inutilement le scandale au public et à ses enfants. Et quel serait le père, homme de bien, qui voudrait faire rejaillir sur ses enfants la honte de leur mère? Il laissera donc croire ou qu'il ignore son injure, ou du moins qu'il peut l'ignorer.

Cependant jugez, mes enfants, de la situation de deux époux à toute heure ensemble, et souvent tête-à-tête, dont l'un, dans les regards et dans le silence de l'autre, lit sa conviction, sa honte et son arrêt. Sans doute un éternel mépris est un supplice insupportable; et c'est le moment ou jamais de demander ou le divorce, ou la séparation; mais ici le divorce serait la récompense, non la peine du vice; et il est indigne des lois de s'en rendre les complaisantes. Ce n'est déja qu'un trop grand mal que la nécessité de permettre qu'on se sépare.

Revenons aux devoirs des époux vertueux, et qui, d'intelligence, ne demandent qu'à les remplir. Au mari appartiennent les soins et les travaux pénibles, l'autorité, la surveillance, le régime au-dehors; au-dedans, l'administration, l'économie domestique, le maintien de l'ordre et de la règle, et, sans affectation, la maîtrise et l'empire. Quant aux vertus qui lui sont propres, ce sont les vertus de la force; la modération, l'indulgence; une raison solide et ferme, mais doucement persuasive; une volonté tempérée de complaisance et de bonté; toujours avec sa femme l'air de l'estime et de la bienveillance; et une honnêteté de mœurs qui, dans son état, lui fasse à lui-même et à sa famille cette renommée honorable qui, après la vertu, est le plus grand des biens.

La femme réunit à ses devoirs de bonne mère et d'épouse fidèle et tendre, ceux de directrice soigneuse et diligente de l'intérieur de la maison, dont le détail lui est réservé. La douceur et la modestie, la décence et le goût de l'occupation, sont ses vertus particulières : c'est par un caractère élevé sans orgueil, doux et facile sans faiblesse, qu'en se faisant aimer, elle se fera obéir. Mais ce qu'il y a pour elle de plus recommandable, c'est une dignité, une égalité de conduite, qui ne laisse jamais s'altérer le respect que lui doivent ses domestiques, ses enfants, son époux lui-même. Sa considération est comme un vêtement qu'elle doit conserver sans tache depuis l'autel jusqu'au tombeau.

Vous trouverez cette morale répandue dans

mes écrits. Je m'y suis singulièrement occupé des devoirs des époux, et plus d'une fois j'ai tâché d'en mettre en action les maximes et les exemples. Je me dispense donc de répéter ici, en froids préceptes, ce que j'en ai un peu plus vivement exprimé dans les *Contes moraux*.

Je n'ajouterai plus que ce qu'en dit Montaigne : « Un bon mariage, s'il en est, est une douce so-« ciété de vie pleine de constance, de fiance, et « d'un nombre infini d'utilités, de solides offices « et obligations mutuelles. » Seulement je ne dirai pas, comme Montaigne, s'il en est; je sais qu'il n'en est point assez; mais j'en ai vu de dignes de vénération et d'envie. Nos temps, quoique bien malheureux, n'ont pas exilé de la terre la pudeur et la bonne foi.

LEÇON NEUVIÈME.

Des devoirs envers la patrie.

Qu'est-ce que la patrie ? C'est, dans le sens le plus vulgaire et le plus naturel, le lieu où l'on a pris naissance ; où l'on a commencé à jouir de la vie, à respirer, à voir la lumière du jour ; où l'on a reçu les premiers soins, les premières caresses d'un père et d'une mère ; où l'on a senti se développer ses premières affections ; où l'on a fait l'essai de son intelligence et de sa sensibilité ; où l'on s'est attaché par ses premières habitudes. Cette existence, dont le souvenir est si cher, parce qu'elle a été la plus sensible et la plus douce, nous rend passionnés pour tout ce qui nous la rappelle. Les sentiments et les inclinations de notre plus tendre jeunesse se réveillent au souvenir, au seul nom du pays natal. Jusque-là cependant cet amour du pays ne serait qu'un penchant et non pas un devoir.

Mais c'est encore là que réside tout ce que la nature et la religion nous ont le plus recommandé, nos parents, nos enfants, nos femmes, nos amis, les tombeaux de nos pères, et ce que les anciens appelaient leurs *dieux domestiques*. Ainsi se moralise et devient un devoir cet amour du pays natal; et c'est alors qu'il agit sur l'ame avec toute la force de l'imagination et du sentiment réunis.

Mais c'est l'ensemble de nos premières affections morales, c'est l'amour paternel, c'est l'amour conjugal, c'est la piété filiale, c'est l'amitié, c'est le respect pour la cendre des morts, ce sont les foyers, les autels, c'est tout ce qu'il y a de plus intéressant pour l'homme qui se présente à lui sous le nom de *patrie*, dans les murs d'une ville, dans l'enceinte d'un camp. Aussi, chez les anciens, dès le moment que la sûreté, le repos, le salut de la république était en péril, la harangue à ses défenseurs était toujours : « Pensez
« à vos ancêtres et à votre postérité : souvenez-
« vous de vos enfants et de vos femmes, des
« autels de vos dieux, des tombeaux de vos
« pères. »

A ces grands intérêts se joint encore la liberté et la sûreté personnelle, la défense des propriétés, celle de la chose publique, et singulièrement la garde et le maintien des lois sur qui reposent tous ces biens.

Ainsi, quelle que soit la forme du gouvernement, malgré ses abus passagers et ses erreurs accidentelles, nonobstant même quelques vices dans les hommes et dans les lois, tant que l'état présentera ce point de ralliement à tous les intérêts et à toutes les volontés, ce centre d'action à la force publique, il y aura une patrie. Rome en fut le modèle sous ses premiers consuls. Le peuple était mécontent du sénat ; d'impatience et de colère, il se retirait sur le mont sacré ; mais, à l'approche de l'ennemi, dès que Rome était menacée, il descendait, il courait aux armes, et, réconcilié avec le sénat, il ne songeait qu'au salut commun. Les lois de Solon, dans Athènes, n'avaient pas d'autre but que de donner à la république cet ensemble et cette unité. Et lors même que l'aréopage commettait le crime de condamner Socrate, Socrate avait raison de dire à ses disciples, que « la patrie était plus digne « de respect et de vénération qu'un père, qu'une « mère, et que tous les parents ensemble, » puisqu'elle embrasse tout ce que la nature a de plus cher et de plus saint (1).

Mais ce n'est pas toujours ainsi qu'on entend le mot de patrie. Il en est de ce mot comme de tous ces noms abstraits de *justice*, d'*honneur*, de *gloire*, de *liberté*, d'*égalité*, etc., dont les passions humaines abusent si souvent pour s'en faire des titres. Ce que la politique entend par la patrie, est une puissance idéale et indéfinie, au nom de laquelle on dispose de la force, de la fortune et de la volonté publique ; espèce de *palladium*

---

(1) *Cari sunt parentes, cari liberi, propinqui, familiares ; sed omnes omnium caritates patria una complexa est : pro quâ quis bonus dubitet mortem oppetere, si ei sit profuturus ?* (Cic. de Off.)

que les factions se disputent, et qui, dans les guerres civiles, passe et repasse tour-à-tour du parti des vaincus au parti des vainqueurs : tels furent à Rome ces temps,

> Où les meilleurs soldats et les chefs les plus braves
> Mettaient toute leur gloire à devenir esclaves;
> Où, pour mieux assurer la honte de leurs fers,
> Tous voulaient à leur chaîne attacher l'univers;
> Et l'exécrable honneur de lui donner un maître
> Faisant aimer à tous l'infâme nom de traître,
> Romains contre Romains, parents contre parents,
> Combattaient seulement pour le choix des tyrans.
>   (CORNEILLE.)

Tels et plus horribles encore furent ces temps de proscriptions où l'on vit

> Rome entière noyée au sang de ses enfants,
> Les uns assassinés dans les places publiques,
> Les autres dans le sein de leurs dieux domestiques,
> Le méchant par le prix au crime encouragé,
> Le mari par sa femme en son lit égorgé,
> Le fils, tout dégouttant du meurtre de son père,
> Et, sa tête à la main, demandant son salaire.
>   (CORNEILLE.)

Tels ont été par-tout les abominables effets des divisions intestines; tels nous les avons vus nous-mêmes sous le plus sanguinaire et le plus absolu des tyrans. Eh bien! le parti de Marius, le parti de Sylla, celui des triumvirs, celui de Robespierre s'appelait la patrie; c'était au nom de la patrie que s'exécutaient ces massacres qui nous faisaient frémir, lorsque, dans les récits des révolutions

romaines, nous lisions : « Le glaive destructeur
« vole au hasard et frappe sans choix; le sang
« ruisselle dans les temples; les pavés des voies
« publiques en sont inondés et glissants. Nulle
« pitié, nul égard pour l'âge : on n'a pas honte
« de hâter la mort des vieillards courbés sous le
« poids des ans, etc. » (Lucain.)

Et ces horreurs que nous croyions si loin de
nous et de nos mœurs, nous venons de les voir
se renouveler parmi nous, toujours au nom de
la patrie, qu'on sauvait, disait-on, en égorgeant
ce qu'il y avait de plus innocent et de plus vertueux.

Ce qu'on appelle la patrie en est donc bien
souvent l'ennemi le plus barbare; et ce n'est pas
seulement dans les violentes convulsions d'un
état que le corps politique se brise et se disjoint
comme un vaisseau battu et fracassé par la tem-
pête; plus souvent il ressemble à un arbre robuste et vigoureux en apparence, et qu'un vice
caché consume et dissout dans le cœur.

Ce vice, presque inévitable chez les nations
florissantes, est un levain de haine, d'envie et
de discorde, qui prend sa source dans l'inégalité
des conditions et des fortunes.

Si la somme des biens qui forment la chose
publique était possédée en commun ou également
partagée, les nœuds du corps social seraient indissolubles; car tous les autres intérêts de la nature sont les mêmes pour tous : les autels, les

tombeaux, les foyers, les familles, sont également chers à leurs défenseurs. Mais il est impossible que, dans de grands états, l'inégalité des talents, de l'industrie et du travail, la différence des succès dans les professions diverses, et singulièrement l'ordre des successions, n'amène pas une très-grande inégalité de fortunes. Il n'y a qu'une horde de Tartares ou qu'une petite république toute guerrière, comme Lacédémone, où tous les biens puissent être en commun.

Il y aura donc toujours dans les grandes sociétés une classe opulente, une classe moins fortunée, mais contente d'une paisible et sûre médiocrité, et une classe qui, tourmentée entre le besoin du travail et l'attrait de la fainéantise, regardera d'un œil avide et envieux les possessions des deux autres.

Vous sentez, mes enfants, que cette classe, ennemie de l'ordre qui maintient les propriétés, et indignée au fond du cœur d'une prospérité qui n'est jamais la sienne, est par-tout facile à corrompre, à émouvoir, à soulever; elle est nombreuse, elle est hardie. Ayant, comme elle dit, tout à gagner, et n'ayant rien à perdre au changement, elle en est avide; et si des chefs ambitieux savent employer avec elle les largesses et les promesses, la louange et la flatterie, les marques de faveur et de protection, s'ils lui montrent dans l'avenir un bouleversement d'états et de fortunes qui la mette à la place de ceux dont le bonheur l'irrite, ils sont sûrs de trouver en elle du courage et du dévouement.

Sous un gouvernement juste et ferme, la police et les lois contiennent cette multitude inquiète; mais ses passions réprimées, semblables aux feux endormis dans des monceaux de soufre et de salpêtre, n'attendent qu'une étincelle qui les fasse éclater. Et combien l'explosion n'en est-elle pas violente et rapide, lorsqu'aux lois tutélaires de l'ordre et du repos, à ces lois qui compriment l'envie et la cupidité, on fait succéder l'anarchie, la licence et le brigandage; et qu'à ce peuple armé et par-tout répandu, le ravage, les incendies, le pillage, le meurtre, l'assassinat, le viol, tous les crimes, même les plus impies, les plus lâches, les plus atroces, sont permis et recommandés : c'est là, dans tous les temps, le magasin de la discorde, le foyer des séditions.

C'est en précipitant ce peuple dans un abyme de forfaits qu'il devra croire irrémissibles, qu'on se l'attache et qu'on le lie ensemble des nœuds indissolubles d'une immense complicité. Sans espérance de pardon, sans moyen de salut, s'il retourne en arrière, plus il sera coupable, et plus on sera sûr de lui. Son désespoir fera sa force, et la peur du supplice qu'il aura mérité lui fera braver tout le reste. Voilà pourquoi d'abord on l'enivre de sang, et du sang le plus innocent. Des crimes dont l'énormité semblerait même impolitique, paraîtront nécessaires pour l'endurcir au point d'être impénétrable au remords.

Cependant que deviennent les deux premières classes? L'une, trop faible et poursuivie par des cohortes d'assassins, cherche son salut dans la fuite; les bois, les antres, les tombeaux seraient pour elle des asyles mal assurés; les autels même qu'elle irait embrasser seraient arrosés de son sang. Elle n'a pour refuge que des bords étrangers; et, fugitive, elle est proscrite. L'autre, accoutumée au repos et naturellement timide, épouvantée du carnage qu'elle a vu régner autour d'elle, et préférant l'état de frayeur et d'oppression où elle gémit aux maux encore plus grands de la guerre civile, se tient immobile et muette; de celle-ci même un grand nombre se range ou feint de se ranger du parti oppresseur; et, forcé à le suivre, en devient le complice pour n'en pas être la victime.

Ainsi d'abord par la terreur, et successivement par la corruption et par la force de l'exemple, ce parti se grossit et devient tous les jours plus puissant et plus redoutable.

Alors du sein de l'anarchie s'élève une tyrannie organisée qui s'appelle la nation, la république, la patrie; et c'est là le moment critique et décisif d'une révolution; car une puissance usurpée peut se légitimer, en renonçant aux moyens violents et tyranniques qui l'ont servie, pour assurer au peuple qu'elle a soumis un état plus doux, des lois plus justes et plus sages, un sort meilleur et plus heureux, au moins en lui laissant, de sa fortune et de sa situation passée, ce qui lui en était le plus cher. C'est ainsi que plus d'un vainqueur ont justifié leur victoire. Les Tartares eux-mêmes, conquérants de la Chine, lui ont laissé ses lois et ses mœurs. A Rome, une longue suite d'empereurs, comme Nerva, Trajan, les Antonins, et même comme Auguste, aurait fait oublier les crimes de Marius, de Sylla et des triumvirs; ils auraient fait pardonner à César la guerre civile et Pharsale; et c'est dans ce sens qu'on peut dire :

>................Pour être conquérants,
> Tous les usurpateurs ne sont pas des tyrans.
> (Corneille.)

Cromwell sera compté parmi les illustres coupables; mais la mémoire de Cromwell n'est point odieuse aux Anglais.

Le problème à résoudre après une révolution est donc de savoir si ce qui va la suivre est le retour de la patrie renaissante de ses débris, ou un système de tyrannie et d'oppression permanente. Or, cela dépend du régime et des lois qu'on va se donner. Si la modération, l'équité, la clémence, le respect pour les libertés, pour les propriétés, pour tous les droits de la nature; en deux mots, si la justice et l'humanité succèdent aux abus de la force et de la licence; si les armes du crime sont brisées dans les mains des coupables, et si une crainte réprimante fait tout rentrer dans l'ordre et dans le devoir, comme après ses ravages un fleuve débordé retombe dans son lit et reconnaît ses bords, il sera possible et permis à l'homme honnête de retrouver une patrie dans un nouveau systême de domination ; car, sans examiner quel est le souverain, si l'usage de son pouvoir est éclairé par la prudence, réglé par la justice, tempéré par l'humanité, et si, tout dévoué à la chose publique, il veut le bien, et ne veut que le bien, toutes les formes de gouvernement, depuis l'absolu despotisme jusqu'à la pure démocratie, sont susceptibles de bonté.

Mais, si les usurpateurs du pouvoir ne pensent qu'à le rendre effrayant, oppressif, inattaquable dans leurs mains; et si, dans leur inquiétude, ils n'osent rendre à la nation un liberté légitime, une pleine sécurité; si, toujours attachés à la faction sanguinaire, ils s'en tiennent, pour tout le reste, à la maxime d'Atrée, *qu'il nous haïssent, pourvu qu'ils nous craignent;* si, dans toute l'étendue de leur domination, une autorité menaçante, confiée à leurs satellites, continue à répandre une sourde épouvante; s'ils ne veulent pour magistrats que des brigands et des esclaves; si les tribunaux ont pour surveillants des hommes diffamés, corrompus et pervers; si les gens de bien sont par-tout environnés d'espions et de délateurs; enfin, si la puissance dominante ne croit pouvoir se soutenir à moins que, par ses lois, les nœuds de la nature ne soient relâchés ou dissous; que l'autorité paternelle, la fidélité conjugale, la légitimité des naissances, l'ordre des successions, la foi publique des contrats, tous les articles du pacte social ne soient anéantis; que les temples ne soient déserts et leurs ministres dispersés; qu'enfin les mœurs publiques et privées ne soient profondément et radicalement corrompues et dépravées : quel homme de bien peut reconnaître une patrie dans cette oppression prolongée et dans cette subversion de tous les fondements de la société?

Pour comble de malheur, qu'une telle puissance conçoive l'orgueil insensé d'être dominante au-dehors, de changer la face du monde, et de faire subir aux nations les lois qu'il lui plaira de leur dicter les armes à la main, dans cette ambition plus pernicieuse encore au-dedans qu'au-dehors, où est la cause de la patrie? Est-ce pour sa défense, pour son salut, pour son repos, que ses enfants seront forcés d'aller dans les combats prodiguer leur sang et leur vie? A quel épuisement la victoire elle-même ne l'aura-t-elle pas réduite? Quelle fausse et funeste gloire résultera de la ruine de ses villes, de ses campagnes? Quel intérêt et quel besoin avait Rome asservie, que le Dace ou le Mède subît le même joug, et que l'on envoyât ses légions périr chez le Parthe ou en Germanie? La victoire n'est profitable à la patrie qu'autant qu'elle lui assure plus de prospérité.

Cependant quelle route périlleuse, incertaine et longue, prend l'usurpation, pour se garantir du naufrage, tandis qu'il y en aurait une si facile et si sûre pour trouver un port assuré? qu'elle soit juste et bienfaisante dans l'usage de son pouvoir, on finira par le croire innocent. Mais Montaigne a eu raison de dire, « ce de quoi j'ai le « plus de peur, c'est la peur : » car elle aveugle et précipite au-devant du péril dont on est effrayé. Et cette erreur n'est pas seulement celle des esprits légers et timides. Voyez le plus rusé, le plus cauteleux des tyrans, Tibère, enfermé et tremblant dans son infâme *Caprée*, il ne savait, disait-il, que prescrire à ce sénat dont l'obéissance le fatiguait, et qui, en se rendant plus vil et plus coupable tous les jours, le rendait tous les jours plus odieux lui-même.

Que servait donc à ce tyran farouche, retiré comme dans son antre, et n'osant approcher de Rome, que lui servait l'état d'abjection où il avait mis sa patrie, la prostitution du sénat, la corruption des armées, la consternation de tous les gens de bien, et ses accusateurs à gages, et ses lâches empoisonneurs? que n'osait-il, quand il fut délivré de son détestable ministre, las d'être détesté lui-même, que n'osait-il changer, et finir comme Auguste, après avoir commencé comme lui? on lui aurait pardonné peut-être, en attribuant tout le passé aux mauvais conseils de Séjan : au moins ne serait-il pas mort comme ceux qu'on étouffe dans l'accès de leur rage. Mais, dominé par son mauvais génie, et incapable d'aucun retour, il ne fit que s'enfoncer de plus en plus dans la débauche et dans le crime.

Il n'y a rien de plus insensé que de prétendre dominer un peuple libre par la crainte (1). Il faut sans cesse craindre soi-même ceux dont on veut être craint. Et, par ce moyen d'opprimer, il n'y a point de domination qui puisse être durable (2).

J'en reviens à ma conclusion, que les devoirs envers la patrie ne sont qu'un résultat des devoirs auxquels nous obligent la nature et la société, et que les premiers ne subsistent qu'autant qu'un lien de concorde et de communauté réunit pour chacun les intérêts de tous.

Mais lors même que tous ces liens sont rompus, que les plus saintes lois sont abolies, ou impunément violées; que la sûreté, la liberté, la propriété, tous les droits et de l'homme et du citoyen, sont le jouet d'un pouvoir despotique; enfin, que la patrie n'est plus qu'une ombre désolée et sanglante (3): alors même cette image

---

(1) *Qui verò in liberâ civitate itâ se instruunt, ut metuantur, his nihil esse potest dementius.* (Cic. de Off.)

(2) *Etenim qui se metui volent, à quibus metuuntur, eosdem metuant ipsi, necesse est..... Nec verò ulla vis imperii tanta est, quæ, premente metu, possit esse diuturna.* (Cic. de Off.)

(3)   *Turrigero canos effundens vertice crines*
      Cæsarie lacerâ, nudisque cruenta lacertis. (Lucan.)

sacrée reste vivante au fond du cœur de l'homme vertueux et du fidèle citoyen. Il cède à la force, il subit la loi de la nécessité. Mais par aucune lâcheté il n'avilit son caractère; et prudent sans bassesse, ou il se tait devant la hache des licteurs; ou, s'il parle, il exprimera les vrais sentiments de son ame, l'amour de la justice et de l'humanité, l'horreur de l'oppression et de la tyrannie (1).

Quant à ses devoirs, il emploie tout ce que le malheur des temps et sa situation privée lui laissent de moyens d'être officieux, bienfaisant, secourable envers ses pareils. Sa patrie est détruite; mais il en reste des débris. C'est à ces débris qu'il s'attache; et si jamais elle se relève et sort de ses ruines, alors il sentira se ranimer pour elle son amour et son dévouement.

Considérons-la, mes enfants, dans cet état de paix, d'union, de concorde, où, du centre aux extrémités, tous les intérêts, tous les vœux tendent au même but de la prospérité commune; où tous les pouvoirs renfermés, chacun dans leurs limites, se concertent pour l'opérer; où les lois ne sont toutes que l'expression des droits, leur garantie sociale, et leur sauve-garde commune; où la nation, après s'être donné ces lois

---

(1) *Nemo enim justus esse potest, qui mortem, qui dolorem, qui exilium, qui egestatem timet, aut qui ea quæ sunt his contraria æquitati anteponit.* (Cic. de Off.)

sages, ces lois salutaires et protectrices, ne les voit point impunément insulter et fouler aux pieds par un impudent despotisme ; dans cet heureux état de choses, qui doute qu'on ne doive à la patrie une équitable contribution de ses talents, de ses lumières, des fruits de son travail et de son industrie, du produit des biens qu'on possède, et, si son danger le demande, de son courage et de son sang ?

Je dis une *équitable* contribution ; et cette équité a pour règle, d'un côté, les besoins publics, de l'autre, la mesure des facultés privées.

Comme on ne fait jamais à la société que le sacrifice d'une partie de sa liberté, on ne lui doit de même que le tribut d'une partie de ses propriétés. Car l'usage qu'on fait de soi et de son bien est essentiellement réglé et distribué par la nature. Nous ne naissons pas seulement pour nous-mêmes ; et la patrie et nos amis ont des droits à notre naissance (1). Bien entendu qu'au nombre de nos amis sont compris, et en première ligne, ceux que le sang et la nature nous ont spécialement ordonné de chérir.

Dans ce partage de nos affections et de nos bons offices, entre aussi la considération du plus ou moins d'instance et d'importance du besoin que l'on a de nous. Le fils unique d'un laboureur

---

(1) *Non nobis solùm nati sumus : ortúsque nostri partem patria vindicat, partem amici.* (PLAT. ap. CIC.)

qui abandonne son père accablé de vieillesse pour aller dans un temps de paix, ou dans une guerre éloignée, porter les armes pour la patrie, fait un acte d'impiété, et la loi qui l'y oblige est impie elle-même. Mais dans un moment où le danger de la patrie est pressant, où il y va réellement du sort de la chose publique, tout citoyen devient soldat; et celui qui se laisse retenir, désarmer, ou par une mère timide, ou par une épouse tremblante, est un pusillanime et lâche déserteur. Ce sont les guerres de conquête dont Horace a eu raison de dire :

Bella matribus detestata.

Mais dans celles où il s'agit véritablement du salut de la patrie, grande et magnanime est la femme qui a le courage de dire à son fils, en lui donnant un bouclier : « Rapportez-le, ou qu'il « vous rapporte. »

Hors de ce cas extrême, il n'est pas vrai de dire que l'homme appartienne à l'état. Car l'homme libre n'appartient qu'à lui-même.

Au reste, il y a une grande différence des devoirs de l'homme public, aux devoirs de l'homme privé.

L'homme public est celui qui, appelé par la patrie à des fonctions d'où dépendent l'ordre, la sûreté, la défense, le salut de la chose publique, s'y engage volontairement. Son premier devoir, avant de s'y engager, est de se consulter sérieusement soi-même, pour savoir s'il en a la force, les talents, les lumières et les vertus. Les plus dangereux ennemis de ce devoir sont l'orgueil, la vanité, l'ambition et l'avarice : l'orgueil, qui enfle la bonne opinion qu'on a de soi : la vanité, qui se complaît dans des distinctions honorables, et qui les fait briguer d'autant plus ardemment qu'on les mérite moins : l'ambition, qui, comme la flamme, tente sans cesse de s'élever et de s'étendre à travers des ruines : l'avarice, qui, dans les places et les emplois, ne calcule que les moyens d'acquérir et d'accumuler ; et plus souvent une autre espèce de cupidité, non moins vorace, la convoitise, qui, pour nourrir un luxe dévorant, ou pour alimenter une faction mercenaire, cherche tous les moyens possibles de suffire aux profusions d'un avide dissipateur (1). Vous sentez, mes enfants, qu'avec une seule de ces passions on ne consulte guère ce qu'exige le bien public. La modestie est rare, et mille fois plus rare encore est le désintéressement.

Ce qu'il y a de moins à redouter dans l'homme en place, c'est la présomption et l'incapacité, parce que les faits la trahissent, et l'humiliation la punit. Ce qui au contraire est le plus à craindre, c'est l'habileté malhonnête ; car, sous des

---

(1) *Existunt in republicâ plerumque largitores et factiosi; ut opes quàm maximas consequantur, et sint vi potiùs superiores, quàm justitiâ pares.* (Cic. de Off.)

dehors imposants, elle dissimule ou décore l'iniquité, la mauvaise foi, la rapine, l'intérêt personnel, source de tous les vices. Ne prenez donc pas, mes enfants, ce que je vais vous dire pour une vaine déclamation : l'homme public ne doit sans doute à la patrie rien d'injuste, rien d'inhumain, rien de honteux, rien de perfide; mais il lui doit ce qu'il lui a promis d'impartialité, de droiture, de courage et de fermeté; et si, en entrant en place, il ne dépouille pas toutes les passions personnelles, contraires au bien général, il s'annonce pour être un mauvais citoyen.

Un écueil dangereux pour la vertu, dans les ames fortes et élevées, c'est l'amour de la gloire, passion noble et juste, lorsqu'elle dévoue au bien public celui qui aspire à une haute estime et à une renommée éclatante; mais passion trop souvent funeste, lorsque, pour exciter l'étonnement et l'admiration, elle ne considère dans les actions pénibles et périlleuses qu'elle fait entreprendre, que le caractère d'audace et d'intrépidité, de force et de grandeur qu'elles peuvent avoir (1). Ici c'est la morale de Platon que Cicéron professe. Avec les stoïciens, il définit la force d'ame *une vertu qui combat pour l'équité* (2). Ainsi, dit-il, avec

---

(1) *Sed ea animi elatio quæ cernitur in periculis et laboribus, si justitiá vacat, pugnatque, non pro salute communi, sed pro suis commodis, in vitio est.* (Cic. de Off.)

(2) *Virtutem pro æquitate pugnantem.* (Cic. de Off.)

Platon, le courage qui affronte les dangers est de l'audace et non de la valeur, s'il est poussé par l'ambition personnelle, non par l'utilité commune (1). C'est pourquoi les hommes magnanimes doivent être aussi des hommes bons et simples (2). L'antiquité en eut de grands exemples ; nous en avons eu quelques-uns, comme Turenne et Catinat.

Le mépris de la vie et de la mort est commun aux scélérats et aux héros. Ce n'est donc pas ce genre de courage qui les distingue ; et, quoique le vulgaire, dans son admiration, confonde bien souvent le juste avec l'injuste, il n'en est pas moins vrai que, sans cette distinction entre un brigand déterminé et un citoyen magnanime, les flibustiers, par exemple, seraient au nombre des grands hommes. Malheureusement il est rare de voir ensemble l'ambition et l'équité. Car celui qui veut dominer souffre rarement qu'on lui oppose le droit public et la justice (3) ; et c'est pour

---

(1) *Animus paratus ad periculum, si suâ cupiditate, non utilitate communi, impellitur, audaciæ potiùs nomen habet quàm fortitudinis.* (Cic. de Off.)

(2) *Itaque viros fortes et magnanimos, eosdem bonos et simplices... esse volumus.* (Cic. de Off.)

(3) *Facillimè autem ad res injustas impellitur ut quisque est altissimo animo et gloriæ cupidiore : qui locus est sanè lubricus.* (Cic. de Off.)

la vertu le pas le plus glissant. Mais plus cela est difficile, ajoute Cicéron, plus cela est beau (1).

Ce n'est pas seulement dans le métier des armes que la grandeur d'ame se montre. La vérité, l'inflexible droiture, l'amour de la justice, le dévouement au bien public, ont aussi leurs épreuves dans des temps orageux. Il y va bien souvent pour l'homme vertueux, de son repos, de sa fortune, de sa liberté, de sa vie. Ce ne fut pas sans péril que Cicéron se déclara l'ennemi de Clodius, de Catilina et d'Antoine. Or ce courage que la patrie n'a pas droit d'exiger d'un homme privé comme Atticus, est un devoir de poste que s'impose l'homme public, en acceptant l'emploi qui lui est confié; et peut-être cette constance froide et tranquille que rien n'ébranle, ne le cède-t-elle en mérite à aucune autre espèce de valeur et de fermeté (2).

Celui qui n'en est point capable doit se tenir chez soi dans les temps difficiles. L'obéissance aux lois, le respect dû aux bonnes mœurs, à la décence, à l'ordre et au repos public, l'attention à ne rien faire, à ne rien dire de nuisible au bien commun de la société, sont les seuls devoirs de rigueur que lui impose la patrie. Mais la vertu

---

(1) *Sed quò difficilius hoc præclarius.* (Cic. de Off.)

(2) *Non civium ardor prava jubentium,*
Non vultus instantis tyranni....
Mente quatit solidâ. (Horat.)

s'étend au-delà du devoir, et celle-ci consiste à diriger, chacun, ses talents, ses travaux, ses études et ses lumières au bien de la chose publique; et à concilier autant qu'il est possible, dans sa condition privée, l'utilité commune avec l'intérêt personnel. C'est ce qui distingue singulièrement les nations où domine l'esprit public et le sincère amour de la patrie. De là les grandes spéculations de l'agriculture, du commerce et de l'industrie; de là les belles entreprises, les tentatives périlleuses, les grands frais et les grands travaux hasardés pour de grands succès; les méditations du génie appliquées à de grandes choses dans tous les genres, la philosophie désabusée de ses vaines subtilités, et ramenée enfin à des objets solides; la littérature elle-même cherchant à réunir l'utile à l'agréable, et tournant au profit des mœurs les amusements de l'esprit.

Au contraire, un signe certain de la dissolution de la patrie, c'est la langueur où tombe l'émulation du bien public, et la contraction qu'éprouvent les intérêts particuliers, retirés chacun en lui-même. Alors deux passions occupent et partagent tous les esprits. Les uns saisis et glacés de frayeur, ne pensent qu'à leur sûreté personnelle; et, pour l'acheter, ils s'imposent une patience d'esclaves. Les autres, affamés de gain ou de rapine, tout occupés à profiter de la calamité commune, sont comme ces déprédateurs qu'on voit à travers les ruines d'une ville embrasée, faire un riche butin des restes que les flammes ont épargnés.

Par-tout, dans tous les temps, un égoïsme solitaire a été la suite et souvent la cause du renversement des états.

LEÇON DIXIÈME.

Des devoirs de l'amitié.

« Heureux celui qui, dans sa vie, peut trouver « l'ombre d'un ami ! » disait, dans l'une des comédies de Ménandre, un jeune homme qui n'osait croire à la réalité d'un bien si précieux. Et, en effet, d'après l'idée qu'on se formait d'une amitié parfaite, à peine toute l'antiquité en offrait-elle cinq ou six exemples, dont encore la moitié n'était que fabuleux. Chez un peuple où l'imagination exaltée dominait la raison jusque dans les écoles de la philosophie, le beau idéal était toujours l'objet qu'on voulait concevoir, et qu'on cherchait à définir. La vertu, la sagesse, l'amitié, n'était pas celle qui se trouvait dans la nature, et dont l'homme était susceptible, mais celle dont l'esprit humain pouvait se figurer l'ensemble et la perfection. Les philosophes imaginaient un sage comme les sculpteurs et les peintres imaginaient un Apollon ; et leur modèle de l'amitié était aussi fictif que leur modèle de Vénus.

J'aime à croire que l'amitié d'Épaminondas et de Pélopidas, que celle même de Scipion et de Lélius était conforme, autant qu'il est possible, à cette haute idée que l'on avait conçue d'une parfaite union de deux ames. Je ne révoque point en doute ce que nous dit Montaigne, de cette heureuse sympathie, dont son ami La Boëtie et lui avaient été pris l'un pour l'autre : la vive et touchante peinture qu'il en a faite, serait seule digne de foi.

Mais, quoi qu'il en soit de ces exemples, il est vrai du moins qu'une amitié comme on la définit, une conformité parfaite des volontés, des affections, des goûts, des inclinations, des mœurs, des caractères; enfin l'union de deux ames qui se confondent en toute égalité, sans différence aucune, sans aucune réserve d'intérêt personnel; il est vrai, dis-je, que c'est un phénomène infiniment rare dans la nature.

Ce n'est donc pas de cette amitié que nous avons à tracer les devoirs : car ce n'est point au merveilleux que nous aspirons dans nos mœurs.

Mais en nous rapprochant de la réalité, nous trouverons, parmi les hommes, des amitiés plus ou moins ressemblantes à ce modèle intellectuel; et celle peut-être qui s'en éloigne le moins est celle qui se forme dans l'innocence du premier âge. Elle est naïve, elle est sans réserve, elle ne connaît point les inégalités des conditions et des fortunes; elle naît de l'accord des inclinations et de la communauté habituelle des exercices, des études, des amusements, des plaisirs; elle est vive et sensible, souvent unique, intime, égale et réciproque; nul autre intérêt ne s'y mêle; et, libre dans son choix, elle ne suit que son penchant. Que lui manque-t-il donc pour être une amitié parfaite? Il ne lui manque rien que d'être solide et constante. Mais, dans ce premier âge, rien n'est formé, rien n'est durable. Les affections, les sentiments, les goûts, qui d'abord se ressemblent, viennent bientôt à varier diversement des deux côtés; et, à mesure que les années et de nouvelles relations, ou de nouvelles habitudes, modifient les caractères, et changent les goûts et les mœurs, il se retrouve que l'un et l'autre ou n'a plus les mêmes penchants, ou n'aime plus les mêmes choses. Dès-lors plus d'harmonie entre ces jeunes ames qui s'accordaient si bien (1). On croit s'aimer, on s'aime encore de souvenir; on est bien aise de se revoir, de se retrouver dans le monde; mais ce reste de sentiment n'a plus de consistance et de stabilité. Cependant, toute jeune et fragile qu'elle est, cette amitié a ses devoirs.

Les premières lueurs de la raison dans l'homme sont des rayons, même assez purs, de justice et de vérité. L'enfant, dès qu'il commence à être raisonnable, doit donc être sincère et juste. Mais il est encore plus étroitement obligé de l'être envers son ami, qui lui a donné sa confiance, et qui attend de lui justice et vérité.

---

(1) *Dispares enim mores disparia studia sequuntur quorum dissimilitudo dissociat amicitias.* (Cic. de Amic.)

D'un âge à l'autre, les objets diffèrent et ont plus ou moins d'importance; mais les principes ne changent point. La fidélité, la discrétion, la sûreté dans le commerce, la bonne foi, l'exactitude à garder sa parole, à taire un secret confié, sont les mêmes qualités sociales dans les enfants que dans les hommes. L'enfant qui s'habituerait à être infidèle et trompeur, non-seulement avec ses pareils, mais avec ses amis, ferait mal augurer de sa droiture et de sa probité pour tout le reste de sa vie.

La cupidité envieuse, la vanité jalouse ne sont pas moins incompatibles dans les enfants que dans les hommes, avec cette cordialité et ces communes jouissances de plaisirs, de succès, de gloire qui sont inséparables d'une bonne et simple amitié. L'enfant avare ne peut être un ami libéral et désintéressé.

La prudence du premier âge ne peut pas être sûre de donner de sages conseils et de solides remontrances. Mais, dans ce qui lui semble utile et profitable à son ami, l'ami doit l'avertir et même le reprendre avec cette liberté douce que tempère aisément la familiarité. Heureux âge, où, dans l'intimité et la confidence amicale, toute vérité est bonne à dire, et facile à entendre.

Vient le temps où l'homme formé se répand dans le monde, préoccupé par ses passions et dissipé par ses plaisirs. C'est alors que l'amitié individuelle devient plus rare, et les amitiés collectives et sociales plus étendues et plus communes.

L'homme a besoin de l'homme : c'est un principe universel. Mais les hommes n'ont pas seulement le besoin physique de s'assister les uns les autres; ils ont encore le besoin moral de se communiquer leurs sentiments et leurs pensées, de se soulager dans leurs peines, et de partager leurs plaisirs. Aussi le même qui disait, *mes amis, il n'y a point d'amis*, Aristote ne laissait pas de convenir qu'*il fallait être un dieu ou une bête brute pour se passer de société.*

« Que quelqu'un de nous, dit Cicéron, fût
« placé par un dieu dans une solitude où toutes
« les commodités, tous les biens de la vie lui se-
« raient fournis en abondance, mais où il lui serait
« interdit de voir jamais aucun de ses semblables;
« quelle serait l'ame de fer qui supporterait cette
« vie, et à qui la solitude n'ôterait pas le goût
« de toute espèce de volupté (1)? »

Cette société si nécessaire aux hommes, cette communication mutuelle de sentiments et de pensées, ne laisse donc pas d'avoir ses douceurs et ses jouissances, sans être encore de l'amitié. « *L'amitié*, dit Plutarque, *est bien, pour ainsi dire, bête de compagnie, mais non pas de troupe.* »

---

(1) *Quis tam esset ferreus, qui eam vitam ferre posset, cuique non auferret fructum omnium voluptatum solitudo?* (Cic. de Amic.)

Dans le monde, les liaisons les plus légères, même avec leur diversité de goûts, d'opinions, de sentiments, ont leur attrait; et, pourvu que les contrariétés n'en soient pas assez dures pour aliéner les esprits, elle donnent à leur commerce plus de variété, de vivacité, d'agrément.

Comme dans ces sociétés mobiles, dont la variété fait le charme, on cherche bien plus à se plaire mutuellement qu'à se fixer, et que, sans prétendre être aimé, on n'y veut que paraître aimable; un peu de bienveillance, mêlée à de l'aménité, suffit pour faire dire qu'on est amis. Aussi ces relations n'imposent-elles pas tous les devoirs de l'amitié. C'est assez d'y apporter des mœurs et des qualités sociales, le goût du vrai, du juste et de l'honnête, une sincérité prudente et réservée, sans autre dissimulation que celle du silence, quand les convenances l'exigent, et une humeur facile et douce, sans aucune des complaisances qui blesseraient la délicatesse et la fierté d'une ame honnête. On y demande aussi de la bonté, de l'indulgence, au moins l'air de la modestie, le soin des bienséances, et les ménagements qu'on doit à la pudeur (1).

J'ai long-temps vécu, mes enfants, dans ces sociétés intéressantes : mes mémoires sont pleins des souvenirs qu'elles m'ont laissés. Je crois pou-

---

(1) *Nam maximum ornamentum amicitiæ tollit, qui ex eâ tollit verecundiam.* (Cic. de Amic.)

voir vous dire, en confidence, que j'y ai été chéri; et j'en suis redevable au caractère uni, facile et simple que m'avait donné la nature, et que j'ai pris grand soin de ne gâter par aucune affectation.

Les prétentions de la vanité sont ridicules, lorsqu'elles sont manquées; offensantes, lorsqu'elles sont l'abus de quelque avantage réel. Un moyen sûr de faire dépriser ce qu'on vaut, c'est de trop se faire valoir. Je ne dis pas qu'il faille négliger ce que peut donner d'agrément à l'esprit, au langage, aux mœurs, le désir de se rendre aimable. Mais tout cela doit être naturel, sans apprêts, sans empressement. L'envie de plaire a ses excès, dont il faut savoir se défendre; car c'est elle qui fait les flatteurs et les plaisants de profession.

Vous allez bientôt voir combien le personnage de flatteur est vil et méprisable. Celui de plaisant prend sa source dans la même bassesse d'ame, et dégrade, aux yeux même de ceux qu'il réjouit, le complaisant qui les amuse.

Que chacun à son tour, dans la société, et plus souvent encore celui qui a de la gaieté dans l'esprit, de la vivacité dans l'imagination, du sel dans l'enjouement, en laisse échapper les saillies, et mêle aux entretiens le ton du badinage; il n'en sera que plus aimable, sans en être moins estimé, pourvu que sa gaieté soit douce et innocente; car un homme vraiment honnête ne se permet jamais, dans ses plaisanteries, rien d'amer, rien de satirique. La personnalité offensante est d'un lâche, lorsqu'elle attaque celui qui ne peut s'en venger; et, lors même qu'elle est hardie et téméraire, elle a encore un caractère de bassesse; car elle veut complaire à la malignité d'autrui; et, en général, rien de plus vil que d'être le complaisant du vice.

Un bon plaisant, s'il en est parmi ceux qui font profession de l'être, réussit dans la société comme un bouffon sur le théâtre. J'en ai vu d'applaudis, je n'en ai pas vu d'estimés. Molière, celui de tous les hommes qui savait le mieux faire rire, et qui mêlait à son comique les plus sérieuses leçons, n'était rien moins qu'un plaisant de société; et cependant il eut besoin de toute la gravité de sa philosophie et de toute la sévérité de ses mœurs pour se faire considérer personnellement dans le monde; tant nous sommes portés à faire peu de cas du talent de nous divertir. Ne vous refusez pas à l'à-propos d'un trait de gaieté, de plaisanterie, et riez avec ceux qu'amuse celui qui veut bien faire le rôle de plaisant; mais ne le lui enviez jamais.

Si la raillerie est amère, y sourire, c'est l'applaudir. Ou ne l'écoutez pas, ou laissez-la tomber avec un dédaigneux silence. Si c'est à vous qu'elle s'adresse, n'y opposez qu'une froide et modeste fierté. Témoignez tout au plus, pour le mauvais railleur, un mépris tranquille et sévère.

Mais, par un léger badinage, ne vous tenez point offensés. Un amour-propre pointilleux, une vanité ombrageuse, rendent insupportable dans la société un homme fait d'ailleurs pour y être estimé. J'en ai connu plus d'un exemple.

Le beau parleur annonce un désir de briller qui rarement échappe à la malignité de ceux qu'il réduit au silence. On pardonne encore moins au babillard infatigable l'ennui de l'avoir entendu. Rien n'est plus importun qu'un parleur éternel, si ce n'est l'homme taciturne qui semble n'être au milieu de vous que comme un censeur aposté, ou comme un spectateur qui semble avoir payé sa place, et le droit de juger la pièce et les acteurs. *Parle, si tu veux que je te connaisse*, disait un ancien. J'en dis autant dans ma pensée à cet auditeur grave, immobile et muet, dont le froid silence me glace. Souvenez-vous donc bien qu'une société amicale est une communication réciproque de sentiments et de pensées, et que celui qui se dispense d'y contribuer à son tour n'a pas droit d'y participer. L'envie de parler est d'une vanité plus sociale que le silence : celle-là ne décèle que de la vanité; celui-ci tient quelquefois de l'orgueil, et fait soupçonner le mépris.

A mesure que, par des relations particulières, les hommes se rapprochent, la fréquentation, la familiarité, l'habitude, forment entre eux des liaisons plus étroites. Les rapports d'âges, d'inclinations, de caractère, font désirer à ceux qui se ressemblent, de se voir plus assiduement. Bientôt, quelquefois même dès les premiers abords, l'attrait de l'amitié se fait sentir entre les gens de bien; car il n'y a rien de plus doux pour eux que de s'associer et que de vivre ensemble (1).

Cette amitié n'est pas unique, individuelle, exclusive; elle n'est pas l'accord parfait, la conformité absolue des pensées, des sentiments, des opinions, des volontés. Mais elle tient à des rapports de convenance assez sensibles, assez constants, pour établir une liaison durable entre les esprits et les ames. Les caractères sont divers; mais ils s'accommodent ensemble. Les intérêts particuliers ne se confondent pas; mais ils sont tous liés d'une affection mutuelle : les opinions diffèrent quelquefois; mais les goûts se ressemblent; enfin la confiance, la liberté, la sûreté, les effusions de cœur se réunissent là de tous les points du cercle comme dans un centre commun. Heureux au milieu du tumulte d'une société mobile et inconstante, heureux les mortels assez sages, assez favorisés du ciel, qui, dans un cercle rétréci et soigneusement composé, peuvent déposer en commun et confier en sûreté tout ce qui les affecte de joie ou de tristesse. L'effet inestimable de cette communication est de diminuer les peines et de redoubler les plaisirs.

---

(1) *Nihil est amabilius nec copulatius, quàm morum similitudo bonorum.* (Cic. de Off.)

C'est ici, mes enfants, que l'on commence à voir distinctement quels sont les devoirs de l'amitié, et quels en sont les caractères.

Comme, dans cette liaison, tout a été volontaire et libre, tout y doit être vrai, sans feinte et sans déguisement (1). Ainsi d'abord pleine confiance, parfaite sûreté, fidélité inviolable au secret déposé au sein de la société (2).

A la sincérité doivent se joindre encore l'égalité de caractère et la facilité de mœurs : car, sans l'égalité, il ne peut y avoir de liaison fixe et durable; le caractère qui change d'un jour à l'autre, par caprice ou légèreté, n'inspire et ne mérite aucune confiance. De même, sans la facilité dans le commerce des esprits et des ames, les nœuds et les ressorts de la société n'auraient aucun liant; et, dans leur froissement, chaque jour affaiblis, ils finiraient par se briser. En quoi, j'oserais comparer l'amitié à ces machines délicates dont tous les mouvements doivent se lier l'un à l'autre, et dont toutes les pièces, également polies, doivent doucement s'engrener.

Si, par accident, il y arrive quelque dérangement, ce sera dans son sein que la société, si l'esprit en est bon, trouvera le remède à ces légères

---

(1) *In amicitiâ nihil fictum, nihil simulatum; et quidquid in eâ est, id est verum et voluntarium.* (Cic. de Amic.)

(2) *Quid dulcius quàm habere quicum omnia audeas sic loqui ut tecum.* (Cic. de Amic.)

inconvenances; car l'amitié n'est pas seulement conciliatrice de l'amitié, elle en est réconciliatrice.

Trois causes peuvent altérer l'intelligence qui en fait le charme.

1° La négligence dans les égards qu'on se doit mutuellement; car la familiarité même doit être réservée et attentive à ne pas blesser l'amour-propre qui se glisse par-tout, même dans l'amitié (1).

2° L'humeur inquiète et soupçonneuse; car elle fait imaginer de la malice et de la malveillance où il n'y a rien que d'innocent.

3° Trop peu de mesure et de discrétion dans ce que l'on croit avoir droit d'attendre et d'exiger de ses amis.

Sans doute, quoiqu'en se formant, les véritables amitiés soient désintéressées, l'utilité qui n'en a pas été le but, ne laisse pas dans l'occasion de devoir en être le fruit. Il n'est rien d'honnête et de juste qu'un ami n'ait droit d'attendre de ses amis. Il y a même des choses qu'il est honnête de faire pour ses amis, qu'il serait moins décent de faire pour soi-même (2), par la raison

---

(1) *Accedat suavitas quædam sermonum atque morum, haudquaquàm mediocre condimentum amicitiæ. Tristitia et in omni re severitas, habet illa quidem gravitatem. Sed amicitia remissior esse debet, et liberior, et dulcior, et ad omnem comitatem facilitatemque proclivior.* (Cic. de Amic.)

(2) *Quæ nostris in rebus non satis honestè, in amicorum fiunt honestissimè.* (Cic. de Amic.)

que l'intérêt de l'amitié est noble et généreux, et que l'intérêt personnel ne l'est pas. Faites donc pour votre ami tout ce qu'il vous demande ; demandez-lui tout ce que vous voulez, pourvu qu'il n'y ait rien de vicieux, de honteux, ni d'injuste, *si nihil habet res vitii*. Mais arrêtez-vous là ; et c'est ainsi que doit s'entendre la maxime, *ami jusqu'aux autels* (1).

Enfin nous arrivons à l'amitié individuelle. Il est dans la nature d'un cœur sensible d'avoir besoin de trouver son semblable, qu'il aime, et dont il soit aimé uniquement. Mais est-ce bien un ami que l'on cherche? Les méchants veulent des complices; les hommes faibles et vains veulent des complaisants et des flatteurs; les riches, des valets; les puissants, des esclaves. L'homme de bien peut seul espérer d'avoir un ami, et ne l'aura jamais que dans l'homme de bien (2).

Facilement chacun se flatte d'être digne de le trouver ; mais, avant d'y prétendre, il est bon, il est juste d'examiner si on le mérite ; et l'amitié suppose des cœurs mis à l'épreuve des qualités qu'elle demande. Or, cette épreuve d'initiation

---

(1) *Prima lex amicitiæ sanciatur, ut ab amicis honesta petamus, amicorum causâ honesta faciamus : ut neque rogemus res turpes neque faciamus rogati.* (Cic. de Amic.)

(2) *Virtutum amicitia adjutrix à naturâ data est; non vitiorum comes.* (Cic. de Amic.)

qu'il faut avoir subie pour entrer dans son temple, est difficile à soutenir. A-t-on gardé dans l'une et dans l'autre fortune cette égalité d'ame qui ne s'enfle dans les succès, ni ne s'abat dans les disgrâces? A-t-on résisté constamment aux séductions de la faveur, aux menaces de la puissance, aux attraits de l'ambition, aux attaques de la malignité, de l'envie et de la calomnie? car c'est la trempe que doit avoir le caractère d'un ami véritable; et celui qui n'a pas eu pour soi toutes ces sortes de courage, ne peut répondre de les avoir pour être fidèle à son ami.

Quand l'amitié, de part et d'autre, a passé par l'épreuve de ces temps difficiles dont parle Ennius dans ce vers :

Amicus certus in re incertâ cernitur;

il n'y a plus qu'à se livrer sans défiance et sans réserve; sans même examiner si dans tous ses rapports de naturel, de caractère, la convenance en est parfaite : car la nature ne fait pas plus deux hommes pareils au moral, que deux arbres pareils au physique. L'essentiel est que les principes, les sentiments, l'amour du vrai, du juste et de l'honnête, soient les mêmes; et alors peu importe le plus ou le moins d'utilité dont on peut être l'un à l'autre. Il y aurait de la bassesse à réduire au calcul et à peser dans la balance les services qu'on rend à son ami, et ceux qu'on en reçoit (1). Heureux celui qui dans cet échange a l'avantage, et qui l'oublie! il y aurait une personnalité injuste à exiger de son ami toute espèce de préférence. Ce qu'on doit éviter avec le plus de soin, ce n'est pas de lui refuser les préférences qui lui sont dues; mais de lui accorder celles que souvent on ne lui doit pas. Car les devoirs que nous nous sommes faits par inclination, ne viennent qu'après les devoirs que nous ont imposé la nature et notre naissance, la justice et l'humanité. Il n'y a que notre intérêt propre qui puisse être, sans restriction, oublié, et sacrifié pour l'intérêt de notre ami.

Une disposition essentielle à deux amis, est de savoir, réciproquement, se dire la vérité, et l'entendre (2). Il faut donc non-seulement oser dire la vérité à son ami, mais la souffrir, mais l'accueillir, lors même qu'elle est affligeante, mais l'encourager, la rassurer, lorsqu'elle est timide, et ne la rebuter jamais.

Cependant, nous ont dit les sages : « La liberté
« de reprendre son ami doit être tempérée d'une
« affection amiable, et accompagnée d'une dis-
« crétion qui retranche tout ce qu'il y aurait de

---

(1) *Non nimis exiguè et exiliter ad calculos vocare amicitiam ut par sit ratio acceptorum et datorum.* (Cicero, de Amic.)

(2) *Monere et moneri proprium est veræ amicitiæ.* (Cic. de Amic.)

« trop dur et de trop amer (1). La répréhension
« d'un ami étant pure et nette de toute passion
« particulière, se fait révérer. La douceur et bien-
« veillance de celui qui reprend fortifie l'austé-
« rité de la répréhension. Que cette remontrance
« soit toute sérieuse, et que par son poids elle
« émeuve celui à qui elle s'adressera. Il faut, pour
« cela, qu'on s'y abstienne de toutes paroles in-
« jurieuses, de toute moquerie, et de toute plai-
« santerie. Pour peu qu'il y ait d'insolence et
« d'aigreur piquante, elle perd toute son auto-
« rité. Qui loue volontiers, blâme à regret. Celui
« qui sent qu'on lui pardonne de légères fautes,
« endure patiemment que son ami prenne la li-
« berté de le reprendre des fautes graves. Mais
« contre les passions violentes il faut être véhé-
« ment, assidu, inexorable, et ne rien pardon-
« ner. C'est là que se doit montrer l'amitié non
« feinte dans sa véritable franchise. Plusieurs
« n'osent reprendre leurs amis en prospérité, et
« leur courent sus en un changement de fortune.
« C'est au contraire à ceux qui ont la fortune à
« commandement que les vrais amis sont néces-
« saires. » Telles sont les maximes de Plutarque,
dans le Traité où il enseigne à distinguer le flatteur de l'ami.

Le flatteur, mes enfants! c'est la peste de l'a-

---

(1) *Monitio acerbitate, objurgatio contumeliâ careat.* (Cic. de Amic.)

mitié. Et c'est encore ici qu'il faut écouter l'homme sage qui le démasque.

« Le louer quelquefois en temps et lieu, dit-il,
« ne convient pas moins à l'amitié que le re-
« prendre ; et il fait voir comment le flatteur se
« donne un faux air d'amitié, non-seulement
« dans la louange, mais dans ce qui ressemble
« à la répréhension. »

Il le peint souple, adroit, assidu, attentif à saisir toute occasion de se montrer plus officieux, moins négligent que l'ami lui-même, observant tous les endroits faibles du caractère de celui qu'il veut captiver.

« Il est, dit-il, toujours rangé *au long* de quel-
« que vice ou maladie de l'ame. Êtes-vous en
« courroux contre quelqu'un ; *punissez*, dira-t-il.
« Convoitez-vous ; *jouissez*. Avez-vous peur ;
« *fuyons-nous-en*.

« Il n'adresse point de louange de droit fil ;
« mais il vient de loin, tournant alentour, et
« faisant ses approches, pas à pas et sans bruit,
« tant qu'il vient à manier son homme, comme
« l'on fait une bête sauvage qu'on veut appri-
« voiser.

« Souvent en se blâmant lui-même, il *se coule*
« *à louer* autrui. En blâmant les choses contraires
« aux excès de celui qu'il flatte, il loue tacite-
« ment ses vices, et en les louant il les nourrit.
« Il facilite son penchant à la volupté, il en-
« flamme en lui une humeur follement conçue,

« il irrite dans son ame le venin de l'envie; ou
« il le remplit d'une vaine et odieuse présomp-
« tion, lui inspire sa malignité, ou une injuste
« méfiance, ou une timidité servile. Dans le refus
« d'une action honnête, et lorsqu'il le voit en
« balance, c'est toujours du côté du mal qu'il le
« fait pencher.

« Lorsqu'il se donne le ton du blâme et de la
« correction, cette fausse liberté de parler, pleine
« de vent, s'élève et s'enfle d'une enflure vaine
« et trompeuse. Il blâme en vous un excès de
« bonté, de générosité, de modération, d'indul-
« gence, d'application à des devoirs pénibles, de
« dévouement au bien public, de désintéresse-
« ment et d'oubli de vous-même : selon l'état,
« le goût, les inclinations de celui auquel il veut
« plaire, il ne lui dit jamais que ce qu'il lui est
« doux d'entendre. »

C'est ce naturel variable et divers que les La-
tins appelaient *versipellis*, *versicolor* : Peuple ca-
méléon, peuple singe, a dit La Fontaine. C'est
là sur-tout ce qui décèle le flatteur.

L'un des traits de son caractère, nous dit encore Plutarque, « est de redouter la présence de
« ceux qu'il sait être plus gens de bien que lui : »
soit que devant eux il ait honte de jouer son vil
personnage; soit qu'il ait peur que sa bassesse
n'impatiente leur franchise, et que quelqu'un
d'eux ne lui dise, comme Alceste à Philinte :

Eh quoi ! vil complaisant, vous louez des sottises !

soit que dans ses tours de souplesse il appréhende des témoins trop éclairés et trop sincères, qui le dénoncent comme un fourbe à ceux qui s'y laissent tromper. S'il se rencontre en face d'un honnête homme qui lui impose, il le ménage, il le prévient par un langage plein d'estime; il fait semblant de l'honorer, de l'admirer; il le caresse par d'humbles adulations; mais en arrière, et dès qu'il en est délivré, il sème adroitement contre lui des soupçons et des calomnies. Par-tout où la vérité et la vertu se montrent, il est contraint, muet, il sent qu'il n'est point à sa place. Partout où le vice opulent veut être abreuvé de louanges, le flatteur accourt, et s'empresse de lui en verser le poison : aussi Bias interrogé, quelle était la plus mauvaise bête? répondit : *Des sauvages, c'est le tyran; des privées, c'est le flatteur :*

> Serpent contagieux, qui des sources publiques
> Empoisonne les eaux. (J. B. Rousseau.)

Mais des flatteurs le plus à craindre, celui qui le premier nous séduit et nous trompe, celui qui concilie aux autres la confiance et la faveur, celui qui nous dispose à les écouter, à les croire, celui qui leur ménage de secrètes intelligences avec nos passions, nos faiblesses, nos vices, c'est l'amour-propre, qui dans l'homme est tantôt de l'orgueil, et tantôt de la vanité : de l'orgueil, dans la haute estime que l'on veut avoir de soi-même; de la vanité, dans la haute opinion que l'on veut en donner aux autres, et dans le plaisir que l'on prend à s'entendre louer, non-seulement par où l'on est louable, mais par où même on ne l'est pas.

Le mal en serait sans remède : l'amitié n'aurait plus aucun crédit sur nous, ni aucun accès dans notre ame; et l'illusion, le mensonge, tous les vices qu'engendrent l'amour-propre et la flatterie, nous envelopperaient comme dans leurs filets, si la nature n'avait pris soin de mettre en nous un censeur vigilant, un juge incorruptible, pour démentir, humilier, châtier l'amour-propre, et avec lui convaincre de mensonge les louanges de nos flatteurs. C'est à ce tribunal qu'il faut les appeler pour les confondre; c'est là qu'il faut les confronter avec l'ami sincère, qui blâme ce qu'ils applaudissent. Oui, mes enfants, c'est en réalité le miroir merveilleux que vous avez vu, dans le poëme du *Tasse*, présenté aux yeux de Renaud. Car la flatterie a pour nous des charmes aussi séduisants que ceux d'Armide; et la conscience est le miroir qui détruit ces enchantements. Malheur à l'homme en qui ce sens intime, ce sens moral serait éteint. Malheur à l'homme en qui l'amour-propre, sans pudeur comme sans remède, chérirait la louange, non parce qu'elle serait juste, mais parce qu'elle serait basse, et qui se complairait à voir son flatteur, son esclave, se porter devant lui à cet excès d'abjection, que de rendre hommage à ses vices, et de les encenser comme autant de vertus. C'est le dernier période de l'orgueil lorsqu'il est incurable, et tel qu'il est communément au comble des prospérités.

Heureusement vous êtes loin d'avoir à craindre cette ivresse insensée. De bonne heure vous avez su combien faible et fragile est votre complexion morale; et combien une conscience correctrice de l'amour-propre est nécessaire à l'homme naturellement vain, misérable et présomptueux. Vous savez aussi que la vérité, la candeur, la sincérité, sont les caractères de cette liberté que l'homme a reçue de la nature, et sans laquelle il n'y a plus pour lui ni noblesse ni dignité. Loin de vous plaire à voir votre semblable se dégrader et s'avilir pour vous flatter, vous rougiriez et pour vous et pour lui de cette infâme complaisance. Vous mépriseriez cet esclave, vous haïriez ce corrupteur qui aurait voulu vous prostituer son ame, et y assimiler la vôtre; vous repousseriez comme un outrage ces louanges fausses et viles dont on vous aurait cru flatté; enfin, vous vous croiriez comptables envers le Dieu de vérité de la dépravation d'un homme, son image, si, pour vous plaire, il avait pris le caractère de l'esprit de mensonge, et si vous y aviez consenti.

L'amitié pure, l'amitié sainte, ne trouvera

donc jamais en vous qu'un cœur reconnaissant, docile, ingénuement ouvert à ses salutaires leçons. Mais, comme vous aimerez en elle la vérité, vous souhaiterez aussi qu'on l'aime en vous, et pour cela vous l'accompagnerez de douceur et de grâce. Sévères envers vous-mêmes, indulgents pour les autres dans les devoirs de l'amitié, vous n'exigerez pas qu'elle soit plus parfaite que ne le permet la nature. Car n'y vouloir admettre que ce qu'il y a de plus excellent, de plus accompli, de plus rare, ce serait presque y renoncer : et ce n'est certainement pas d'une amitié dont on voit à peine un exemple en mille ans, que Cicéron a dit : Ceux qui retranchent l'amitié de la vie, semblent ôter le soleil au monde (1).

Mais si dans le choix d'un ami l'erreur a été telle que l'on n'y trouve pas la réciprocité à laquelle on a dû s'attendre ; ou, ce qui est pis encore, s'il arrive que, dans les mœurs de l'un des deux amis et dans celles de l'autre, dans leurs inclinations, dans leurs façons de vivre, il survienne la même incompatibilité qu'entre le vice et la vertu, ne faut-il pas renoncer à une liaison imprudemment formée ? Oui, sans doute, il le faut. Mais à moins d'une nécessité soudaine, indispensable, de rompre tout-à-coup, on devra

---

(1) *Solem enim è mundo tollere videntur, qui amicitiam è vitâ tollunt.* (De Amic.)

ce respect à l'amitié de la dénouer doucement, sans plainte, sans éclat, sans rien d'injurieux pour elle. Celui qui a trompé votre attente en est assez puni s'il perd un ami véritable; et votre erreur sera pour vous la peine qu'aura méritée l'imprudence d'un mauvais choix.

LEÇON ONZIÈME.

Des devoirs généraux de l'homme dans l'état de société.

Ne pas se nuire les uns aux autres est un devoir qui embrasse toute l'espèce humaine. Jusque-là cependant l'homme n'est pas meilleur que les bêtes féroces. Et combien n'est-il pas plus féroce lui-même, lorsqu'il se dénature, au point d'être envers ses semblables le plus cruel des animaux! « Il a péri plus d'hommes de la main « des hommes, que par aucun fléau, ni que par « tous les fléaux ensemble (1), » disait Cicéron dans son temps; et dans les temps modernes, on les compte par millions.

Il n'en est pas moins vrai que la nature a mis dans le cœur de l'homme un principe de bienveillance, de compassion, d'humanité, qui, parmi les sauvages, et sur-tout parmi les sauvages, fait voir évidemment que l'homme est né pour être bon. Comment donc est-il arrivé que, dans les

---

(1) *Collectis cæteris causis, eluvionis, pestilentiæ, vastitatis, belluarum etiam repentinæ multitudinis, quantò plures deleti sint homines hominum impetu, id est, bellis aut seditionibus, quàm omni reliquâ calamitate.* (Cic. de Off.)

nations policées, cet instinct de bonté se soit si monstrueusement dépravé ? c'est que, dans la fermentation des intérêts divers que les sociétés renferment, les passions s'irritent et s'exaspèrent davantage. C'est là que la cupidité, l'envie, l'ambition, allument et attisent les feux de la discorde; c'est là que la discorde enfante tous les crimes.

Pour rendre l'homme à la nature, il faut commencer par le ramener à lui-même; le montrer à ses propres yeux tel que la nature l'a fait, nécessiteux et secourable; descendre avec lui dans son cœur; lui demander s'il ne trouve pas juste que ses semblables ne lui fassent jamais ce qu'ils ne voudraient pas qu'on leur fît à eux-mêmes. Sa réponse n'est pas douteuse : voilà donc le premier principe de la morale universelle unanimement reconnu.

Socrate disait que son génie, son démon familier, ne lui commandait jamais rien, et ne faisait que le retenir et le détourner du mal qu'il allait faire. C'est ainsi que le plus grand nombre des préceptes de la sagesse ne sont que négatifs. S'abstenir de mal faire est le premier principe de la morale humaine.

Le second est de faire aux autres ce que chacun voudrait qu'on lui fît à lui-même. Celui-ci est plus vague, il veut être bien entendu.

Sans doute, puisque l'homme doit à l'homme sa bienveillance, il lui doit son appui, ses secours, tous ses bons offices. Mais il les doit selon que ses moyens peuvent s'étendre ; et ses moyens sont si bornés, qu'il est réduit par sa faiblesse à choisir dans le bien qu'il y aurait à faire, ce qui le touche de plus près. Ainsi la bienveillance a ses degrés ; la bienfaisance a ses mesures.

Rien de l'humanité n'est étranger à l'homme (1).

Je le sais, je révère ce mot du Chrémès de Térence. Mais il faut prendre garde que cet intérêt universel ne serve de prétexte au refroidissement des affections les plus intimes, et que tel homme qui se vante d'être cosmopolite, ne se dispense d'être bon père, bon époux, bon ami, ou bon citoyen.

Une bonté trop expansive s'affaiblirait dans ses effusions, comme le son et la lumière. La bienfaisance doit donc savoir se contenir et se restreindre. Car en se répandant avec excès elle s'épuise ; et bien souvent la source en est tarie par une prodigalité indiscrète et démesurée, lorsqu'on aurait à faire de ces biens un plus juste et plus digne usage.

La bienfaisance aura donc son discernement, sa prévoyance, sa justice distributive. Tous les indigents ne sont pas également dignes de nos

---

(1) *Homo sum : humani nihil à me alienum puto.*

secours (1). Par exemple, il faut prendre garde de ne pas donner à la fainéantise ce que l'on doit à l'infirmité, à la vieillesse, à l'infortune obscure où gémit l'innocence, où souffre et languit la vertu.

La libéralité est louable tant qu'elle ne prend rien que sur les jouissances de celui qui l'exerce. *L'économie en est la mère*, disait une femme très-bienfaisante ; et elle observait sa maxime.

Lorsque la libéralité n'est que l'envie de se montrer libéral, ou de se délivrer d'une compassion importune, elle manque le plus souvent au devoir qu'elle croit remplir.

L'homme, je le répète, tient naturellement à tous les hommes; mais de plus près à sa famille, à ses amis, à ses alliés, à ses concitoyens, à ceux à qui ses relations, ses liaisons donnent un droit particulier de compter sur sa bienfaisance ; et, si, par sa faiblesse ou ses profusions, il s'est mis hors d'état de les assister au besoin, c'est un larcin qu'il leur a fait.

Le degré du besoin que l'on a de notre assistance, met encore entre nos devoirs une différence essentielle (2). Car il ne s'agit pas de savoir seulement lequel nous touche de plus près, mais

---

(1) *Propensior benignitas in calamitosos, ni fortè erunt digni calamitate.* (Cic. de Off.)

(2) *Videndum est quid cuique maximè necesse est.* (Cic. de Off.)

encore quel est celui que le malheur, le péril, le besoin presse davantage. A l'égard des devoirs communs et réciproques, ils consistent dans un échange perpétuel de bons offices, en travail et en industrie, en talents et en facultés ou personnelles ou réelles (1), sans s'y permettre jamais rien de contraire à la bonne foi.

Au nombre des devoirs les plus indispensables, il faut compter celui de la reconnaissance. Car si l'on doit vouloir du bien à tous les hommes, et leur en faire autant qu'il est en soi, à plus forte raison doit-on en faire, ou du moins en vouloir, à celui qui nous en a fait. Rien ne semble plus naturel : cependant rien dans le monde n'est plus rare qu'une sincère reconnaissance; et rien même n'est plus commun qu'une odieuse ingratitude. Quelle est la source de ce vice? l'orgueil humilié, l'orgueil envieux et jaloux de l'avantage que donne au bienfaiteur le bienfait qu'on reçoit de lui. Il a beau l'oublier lui-même, on s'en souvient; et ce souvenir fait le supplice de l'ingrat, sur-tout lorsqu'il n'est pas en situation de s'acquitter (2). C'est peu d'éviter la présence du bien-

---

(1) *Communes utilitates in medium afferre : mutatione officiorum, dando, accipiendo, tùm artibus, tùm operâ, tùm facultatibus, devincire hominum inter homines societatem.* (Cic. de Off.)

(2) *Nam beneficia eò usque læta sunt, dùm videantur exsolvi posse. Ubi multùm antevenére, pro gratiâ odium redditur.* (Tac. Ann.)

faiteur comme un reproche, c'est peu de rougir à son nom, c'est peu même de le haïr; on lui cherche des torts; et par la calomnie on tâche de s'affranchir de toute obligation envers lui.

Ce vice monstrueux est sur-tout celui de ces esprits atrabilaires pour qui toute inégalité, qui n'est pas à leur avantage, est une injure de la fortune, ou un vice odieux de la société.

Si l'ingrat voulait bien n'être pas insolvable, il trouverait communément à s'acquitter par un échange de bons offices. Et à l'égard des bienfaits qu'on reçoit et qu'on ne peut rendre, le seul retour indispensable que la nature en exige de nous, c'est le plaisir d'être obligé à ceux dont on les a reçus. Assurément rien n'est plus juste; et ceux à qui répugne cette espèce de redevance, ne méritent de vivre que dans les bois, parmi les ours.

Je sais que l'homme qui est bienfaisant par bonté, par humanité, trouve sa récompense dans la douceur de suivre son inclination, et n'attend rien, ne demande rien en échange de ses bienfaits (1). Mais il n'en est que plus aimable, et l'ingrat envers lui n'en est que plus dénaturé.

Je sais aussi que la bienfaisance n'est pas toujours un sentiment pur. Mais celui qui, dans le bienfait qu'il a reçu, cherche une intention vi-

---

(1) *Qui dat beneficiá, deos imitatur; qui repetit, famulatur.* (SENECA.)

cieuse, commence par en être indigne; et, quand même l'intention du bienfaiteur serait l'espérance qu'on lui suppose d'un échange de bons offices, ou d'un retour de bienveillance, ce motif n'est pas généreux, mais il est juste et naturel. Exiger dans la bienfaisance un désintéressement absolu, c'est la morale des ingrats.

Je conviens cependant que plus d'un bienfaiteur, soit en exagérant le prix de ses bienfaits, soit en exigeant de celui qui les a reçus une servile dépendance, lui en fait souvent une si lourde chaîne, qu'il le dispense de la chérir. Je conçois même que, pour un cœur noble et sensible, le seul reproche du bienfait en rende le poids accablant (1): heureux s'il peut s'en délivrer en s'acquittant, et le plutôt possible ! mais quand même il n'est pas en son pouvoir de s'acquitter, il lui reste encore dans sa dure position un moyen de remplir avec bienséance le devoir qu'il s'est imposé : c'est de se tenir dans les bornes d'une réserve sage et modeste, sans froideur, sans éloignement, attentif à ne laisser échapper rien d'humiliant pour l'homme vain qui abuse de l'avantage; et de marquer, par une conduite mesurée et décente, qu'il lui est redevable, mais qu'il ne lui est pas vendu. C'est ainsi qu'il conciliera ce qu'il doit à son bienfaiteur, et ce qu'il

---

(1) *Odiosum sanè genus hominum officia exprobrantium.* (Cic. de Off.)

se doit à lui-même; et que, dans sa conduite et dans ses sentiments, le juste et l'honnête seront d'accord. Car ces deux qualités morales, qui dans nos actions devraient toujours aller ensemble et se trouver d'accord, ne le sont pas toujours, et les concilier fut, dans les anciennes écoles, l'un des points les plus délicats. Vous avez vu que dans leur sens, *honnête* et *louable* étaient synonymes et dépendaient de l'opinion. Le *juste* n'en dépend pas de même : il peut donc arriver que l'*honnête* et le *juste* ne soient pas d'un parfait accord.

Par exemple, s'il était vrai que Milon eût prémédité la mort de Clodius, et que Cicéron le sût bien, devait-il employer toute son éloquence à prouver que Clodius avait été l'aggresseur? Clodius était un homme détestable et chargé de crimes; Milon était un honnête homme, ami de Cicéron. Celui-ci, en plaidant pour sauver son ami, faisait sans doute une chose honnête. Mais faisait-il une chose juste? et la différence qu'il met entre le juge et l'avocat est-elle bien conforme à l'exacte droiture (1)? On peut dire que l'avocat tient la place de son client. Or, n'est-il pas permis à chacun de défendre sa propre vie, son honneur ou sa liberté, en s'efforçant de pa-

---

(1) *Judicis est semper in causis verum sequi; patroni nonnunquàm veri simile, etiamsi minus sit verum, defendere.* (De Off.)

raître innocent, quand même il se croirait coupable? L'avocat de Milon pouvait donc le défendre comme l'on se défend soi-même. Mais distinguons, dans le droit de la défense personnelle, ce qui n'est nuisible à personne, de ce qu'on ne ferait qu'au détriment d'autrui.

Cicéron, en sauvant Milon de l'exil, n'eût fait que conserver à Rome un citoyen recommandable; il l'aurait donc servi honnêtement dans sa défense, s'il avait pu le faire sans préjudice pour autrui. Car telle est la règle du juste (1).

Mais, quelque scélérat qu'eût été d'ailleurs Clodius, pouvait-il le calomnier avec connaissance de cause? pouvait-il imputer au mort le crime du vivant qu'il voulait sauver? Je ne le pense pas.

Un homme accusé devant ses juges d'avoir usurpé le bien d'autrui, peut-il employer la dissimulation, l'artifice, l'éloquence, à leur en imposer, et à retenir le larcin dont il est coupable? peut-il en accuser un autre? non sans doute, et son avocat serait lui-même complice s'il l'avait défendu par ces moyens avec connaissance de cause.

Notez encore que, si dans une cause capitale, le meurtrier était un méchant homme, un scélérat de profession, son avocat, en le sauvant, se

---

(1) *Ut non liceat, sui commodi causâ, nocere alteri.* (De Off.)

rendrait responsable du criminel usage qu'il ferait de sa vie et de sa liberté.

Vous voyez, mes enfants, que les règles mêmes du juste semblent être quelquefois incertaines et variables, sur-tout en législation. Mais au moral, il est bien rare qu'elles le soient au jugement d'une conscience droite et sincère. Car la loi naturelle est là pour rectifier les erreurs de l'opinion, ou celles de nos lois humaines.

C'est ainsi qu'en morale il se présente des problèmes dont la solution n'est pas toujours simple et facile, comme sur le mensonge et le manque de foi.

Le mensonge est en général une chose odieuse, avilissante et malhonnête, mais la vérité ne serait-elle pas souvent un plus grand mal que le mensonge?

Dans le commerce de la vie, la vérité est comme une monnaie qu'il n'est pas permis d'altérer. La nature a voulu que la parole fût l'image de la pensée; et dans l'ordre social on y attache l'idée de la sincérité. Celui qui imprime le symbole de la vérité au mensonge, est donc un falsificateur qui abuse de la foi publique; et sous ce rapport général le menteur est un homme infâme.

Mais sous un autre point de vue, la pensée dont la parole est l'expression, n'est pas, comme le feu et l'eau, un bien commun que nous devions, sans réserve, à qui le demande. Il lui appartient, s'il l'intéresse, et s'il n'intéresse que lui; mais ce n'est qu'à ces conditions qu'il a droit de le demander.

Dire la vérité, ou parler selon sa pensée, est donc à-la-fois un droit de l'homme libre et un devoir de l'homme social; mais ce droit comme ce devoir a pour exception le droit d'autrui, et bien souvent aussi le préjudice qu'il en peut résulter pour soi-même (1).

Tant qu'il n'y a de risque ou de dommage ni pour autrui, ni pour soi-même, à dire ce qu'on pense, il sera honnête, ou plutôt il sera de l'essence de l'honnête homme de n'avoir pas d'autre langage. Il est encore plus généreux de conserver cette franchise à son propre désavantage, et même à ses périls, s'il y va d'un grand intérêt pour d'autres que pour soi; car, soit au bien public, soit au simple devoir d'être juste, soit au seul plaisir d'être sincère et vrai, tant qu'on ne sacrifie que son intérêt personnel, ce courage est toujours louable, et, dans les grandes choses, il est une vertu.

Mais si la vérité, si la sincérité est ou nuisible ou dangereuse pour d'autres que pour nous, est-elle encore un bien dont la jouissance nous appartienne? Est-ce aux périls ou aux dépens d'autrui que nous devons être vrais et sincères? C'est ici la difficulté.

---

(1) *Primùm ut ne cui noceatur; deindè ut communi utilitati serviatur.* (De Off.)

Les moralistes rigoureux ne permettent que le silence pour toute dissimulation. Mais combien de fois le silence ne serait-il pas un aveu? Mon ami est, chez moi, caché : si on le découvre, il est perdu. On me demande s'il est chez moi? si je ne sais pas où il est? s'il n'a pas laissé dans mes mains un dépôt d'où dépend sa fortune et sa vie? Est-ce assez de me taire, ou de répondre vaguement à des gens dont les yeux m'observent, et qui vont me lire au fond de l'ame? Que le ciel me préserve de paraître interdit ou vacillant dans ma réponse. Je n'hésiterai point, et, entre le mensonge et le danger de laisser pénétrer un secret de cette importance, je prendrai le parti le plus sûr, comme le plus juste. La vérité n'est point à moi dans ce moment; elle est à mon ami; et non-seulement je n'ai pas le droit de la dire, je n'ai pas même le droit d'en laisser le soupçon.

Un mari jaloux, et que je connais violent, m'interroge et me presse de lui dire ce que je sais de l'objet de sa jalousie. Lui dirai-je ce que j'ai vu, si ce que j'ai vu doit le rendre furieux, capable d'un crime? Me ferai-je même un scrupule de l'adoucir, de le calmer en parlant contre ma pensée? Certainement je sauverai, aux dépens de la vérité, l'honneur à une femme, comme je sauverai la vie à mon ami.

Mes enfants, ne mentons jamais que lorsqu'il s'agira du salut de l'homme innocent, de la sûreté d'un ami, ou du repos d'une famille, et nous serons encore les plus véridiques des hommes.

Quant à l'espèce de réticence ou de dissimulation que, pour son intérêt, on peut se permettre à soi-même, les circonstances en décident ; et, pour une ame délicate, les règles de l'*honnête* sont ici plus sévères que les règles du *juste* (1). En voici un exemple que j'emprunte de Cicéron.

L'île de Rhodes est dans la disette : il lui arrive d'Égypte un navire chargé de blés. Il n'est pas douteux que le maître du navire aurait le droit de les tenir au prix de la cherté, et qu'il ne serait ni injuste, ni malhonnête, en profitant de l'avantage que la rareté lui procure, s'il était dans la bonne foi. Mais cette rareté n'est que momentanée ; il le sait. Sur sa route il vient de voir arriver après lui d'autres navires chargés de blés comme le sien : est-il obligé d'en avertir les Rhodiens, et de faire tomber lui-même ses blés au prix de l'abondance ? Oui, s'il veut être honnête ; mais je ne pense pas que le contraire fût injuste ; car supposez que les Rhodiens étant dans la disette, l'Égyptien, en arrivant seul, ignorât leur situation et le pressant besoin qu'ils auraient de ses blés, lui en feraient-ils confidence et y seraient-ils obligés ? La loi stricte doit être égale.

Dans le doute, abstiens-toi : c'est la maxime de Pythagore. Mais ce qui me semble plus sûr,

---

(1) *Angusta innocentia, ad legem bonam esse.* (SENECA.)

c'est, dans le doute à l'égard du juste, de voir ce qui est le plus honnête, et dans le doute à l'égard de l'honnête, de voir ce qui est le plus juste.

Ce principe sera le même à l'égard des engagements.

Les engagements sont-ils tous également irrévocables? C'est demander s'ils sont tous innocents, s'ils sont tous également justes, également honnêtes; car, si l'on a promis ce qu'on ne peut tenir sans crime, sans iniquité, sans honte pour soi-même, sans préjudice pour autrui, la première faute a été de le promettre; la seconde, plus grave, serait de l'accomplir.

Un honnête homme n'a que sa parole; un honnête homme en est esclave. Ces maximes du point d'honneur sont très-commodes pour des fripons qui ont pris des dupes à leurs piéges. Mais bien souvent la parole est surprise, précipitée et légèrement engagée; souvent même, en ne la donnant qu'avec réflexion, n'a-t-on pas su, n'a-t-on pas pu prévoir quelle en serait la conséquence. Et si l'alternative est telle qu'on soit obligé d'y manquer ou de faire ce qui serait plus malhonnête encore, faut-il se croire esclave de l'engagement qu'on a pris? Il faut modestement, mais courageusement subir l'humiliation d'y manquer. Il y aura quelque honte : eh bien! cette honte sera la peine d'un excès d'imprudence ou de légèreté, et celui qui l'aura subie, en sera moins facile, moins téméraire à s'engager.

Au reste, celui qui persiste à vouloir qu'on lui tienne une parole imprudemment donnée, fait assez voir qu'il l'a surprise. L'homme honnête qui l'a reçue de bonne foi la rend de même lorsqu'il y reconnaît de la témérité.

Cette triste nécessité où l'on s'est mis souvent de rétracter la parole donnée, doit vous avertir, mes enfants, de ne jamais donner la vôtre sans beaucoup de circonspection et sans une extrême réserve. Dans les engagements même les plus frivoles, la réputation de légèreté et d'inconstance s'étend comme une tache sur toute la vie d'un homme; et celui qui, dans sa jeunesse, s'en est attiré le reproche, aura dans la suite bien de la peine à faire croire à son exacte probité.

Mais il reste encore à examiner si l'engagement qu'on a pris, a été volontaire et libre. Il en est de forcés qu'on a mis cependant au nombre des choses sacrées, pour mieux les rendre indissolubles. C'est dans ceux-là que j'ose attaquer le moyen le plus tyrannique qu'une politique oppressive ait jamais inventé pour asservir le genre humain, la religion du serment.

Tout autre moyen d'oppression, la force avec toutes ses armes, la gêne et la contrainte avec toutes leurs lois, n'auraient atteint que l'action. La pensée et la volonté avaient au fond des ames un sanctuaire impénétrable, où du moins en silence on pouvait détester une usurpation criminelle, un joug de fer souillé de sang, faire des vœux au ciel, implorer sa justice, et solliciter sa vengeance. Cette liberté intérieure échappait à la vigilance des espions et des délateurs; et dans la foule de leurs esclaves, les tyrans ne savaient jamais s'ils n'y avaient pas quelque ennemi.

Ils ont imaginé de traîner l'homme au pied des autels; et là : *Jure-nous*, ont-ils dit, *une obéissance passive, un dévouement aveugle à nos volontés : jure-nous de verser ton sang pour cimenter notre puissance, de vivre et de mourir sous le joug que nous t'imposons.* Et c'est avec des tables de proscription dans les mains, c'est sous la hache de leurs licteurs qu'ils ont exigé ce serment. Ainsi l'homme tremblant se voyait comprimé entre la crainte du parjure et celle de la mort. S'il faisait le serment, et s'il le regardait comme un lien sacré, il était esclave dans l'ame; et s'il le refusait, il s'accusait lui-même, et il était proscrit.

Les gens de bien, persuadés qu'ils auraient menti à Dieu même, n'hésitaient point : ils préféraient l'exil, les fers, la mort, à cet acte d'impiété : tout le reste, pour se sauver, subissait la loi du serment et celle de la servitude.

Certes! cette manière de subjuguer le monde était trop facile et trop sûre. Il était par-là trop aisé à l'homme coupable et puissant de discerner ses ennemis et de signaler ses victimes. Le serment est une arme qu'il est temps de briser dans les mains des grands oppresseurs.

« Qui ne voit pas, dit Cicéron, qu'on n'est
« point engagé par des promesses qu'on a faites,
« ou forcé par la crainte, ou surpris par la
« fraude (1)? » C'est ce principe évident que j'oppose au respect superstitieux qu'on veut nous inspirer pour une injuste violence.

Le serment libre et volontaire est sans doute un lien sacré. Les fourbes, les impies, se font un jeu de le trahir. Mais pour l'homme de bien ce serment est inviolable. Qu'il le soit pour vous, mes enfants, et à l'égal des choses les plus saintes : car alors ce sera bien vous, qui, de plein gré, aurez pris le ciel à témoin de la sincérité de vos engagements et de la foi de vos promesses. Ne le prononcez donc jamais que lorsqu'il est indispensable ; mais aussi n'y manquez jamais.

A l'égard du serment qu'aura dicté la force, qu'aura commandé la menace, qu'aura prononcé la frayeur, je ne balance point à le regarder comme nul devant Dieu et devant les hommes.

Il sera beau sans doute, généreux, magnanime, de refuser à tous périls, de proférer du bout des lèvres un serment qui serait démenti dans le cœur. Mais cette force d'ame n'est pas donnée à tous les hommes. Le plus grand nombre se laisse aisément effrayer ; et la violence que fait la peur est pour les ames faibles un genre de torture à

---

(1) *Illis promissis standum non esse quis non videt, quæ coactus quis metu, quæ deceptus dolo promisit?* (**De Off.**)

laquelle aucune puissance n'a le droit de les condamner.

Enfin, les lois n'ont jamais reconnu que les engagements volontairement pris et libres de toute contrainte; et ce n'est pas en faveur des tyrans que la morale doit se rendre plus coactive que les lois.

Ce n'est point au crime qu'il faut laisser un gage de sécurité dont les autels soient les garants. Il faut qu'il apprenne lui-même que le ciel n'est point son complice; qu'il ne garantit rien qui ne soit légitime; qu'il ne reçoit ni vœu, ni promesse forcée; et qu'il laisse expirer sur des lèvres tremblantes les paroles vides et vaines que la peur leur fait prononcer. Il faut enfin que celui qui commande un serment qu'on ne lui doit pas, sache qu'en le forçant il l'annulle lui-même, et qu'en l'obtenant il n'a rien.

Mais quel autre moyen le pouvoir légitime aura-t-il de lier les hommes? celui de se lier lui-même envers eux par de bonnes lois. Car, si ces lois sont justes et sévères, et si lui-même il y est soumis, il se fera aimer des bons et craindre des méchants. C'est l'abrégé de l'art de gouverner le monde.

Oderunt peccare boni virtutis amore;
Oderunt peccare mali formidine pœnæ. (Horat.)

LEÇON DOUZIÈME.

De l'intérêt qu'ont tous les hommes, chacun dans leur état, à remplir leurs devoirs.

L'ART de bien vivre, la morale, vous ai-je dit, consiste à être bon pour être heureux. Le moyen vous en est connu ; et vous savez quelle est cette bonté dont le bonheur de l'homme doit être la fin et le prix. Mais le bonheur qui, au-delà de la vie, est destiné à l'homme juste, sera-t-il aussi dans la vie la récompense anticipée de la bonté, de la vertu ? oui, mes enfants, autant qu'un être faible et périssable, exposé par sa condition aux accidents de la nature, aux atteintes des éléments, et à ce qu'on appelle les coups de la fortune, peut être heureux dans cette vie, l'homme de bien doit l'être ; et ce bonheur, qui est le présage de celui qui l'attend, n'appartient qu'à lui seul, n'est accordé qu'à lui. Mais il le faut voir tel qu'il est.

L'école ancienne, en faisant abstraction des espérances de l'avenir, s'est fatiguée à chercher en vain quel pouvait être dans cette vie le bien suprême auquel devaient tendre comme à leur fin la conduite et les vœux de l'homme ; et au contraire quel était le mal qu'il fallait éviter comme le souverain des maux (1).

Sur ces deux points on a compté près de deux cents opinions. Je ne rappellerai que celles des trois écoles les plus célèbres.

L'une faisait consister le suprême bien dans les voluptés sensuelles, et la suprême volupté dans l'exemption de la douleur, que l'on regardait seule comme un mal véritable.

L'autre, au mépris de la douleur et de la volupté, ne reconnaissait de vrais biens que la sagesse et la vertu, et de vrais maux que le vice et la honte.

L'autre qui tenait le milieu entre ces deux extrêmes, composait le bonheur et le malheur, comme la nature avait composé l'homme, de qualités inhérentes à l'ame, et d'impressions accidentelles que l'ame recevait des sens.

La première de ces doctrines fut celle d'Aristippe et de la secte cyrénaïque : système d'une vie purement animale, qu'Épicure voulut ennoblir et moraliser, en donnant à la volupté les vertus pour compagnes, ou plutôt pour suivantes, occupées à la servir, à veiller pour elle, auprès

---

(1) *Quis sit finis, quid extremum, quid ultimum ; quò sint omnia benè vivendi rectèque faciendi consilia referenda ; quid sequatur natura, ut summum ex rebus expetendis ; quid fugiat ut extremum malorum.* (Cic. de Fin. Bon. et Mal.)

d'elle, à la préserver du tumulte des passions, des approches de la douleur. (1).

La seconde fut celle de Zénon et de la secte stoïcienne, n'admettant au nombre des biens, ni la santé du corps, ni les plaisirs des sens, ni l'exemption de douleur, ni rien qui dépendît des accidents de la nature, des caprices de la fortune, ni du pouvoir des hommes et de leur volonté; et soutenant que l'homme vertueux, le vrai sage, jouissait du bonheur suprême, dans l'exil, dans les fers, jusque dans les accès de la douleur la plus aiguë, dans les tourments, dans les tortures, dans le tonneau de Régulus, dans le taureau de Phalaris.

La troisième était celle d'Aristote et de l'académie, faisant de la vertu l'essence, l'excellence du bien suprême, mais y ajoutant pour complément, la jouissance modérée des premiers dons de la nature, avec exemption de douleur (2).

Vous concevez de combien de sophismes Épicure et Zénon avaient eu besoin : l'un pour donner une couleur d'honnêteté à cette volupté sensuelle, dont les vertus n'étaient que les ministres (3); l'autre pour rendre concevable, et sou-

---

(1) *Quas ratio rerum dominas* (lui disait-on), *tu voluptatum satellites et ministras esse voluisti.* (Cic. de Fin.)

(2) *Secundum naturam vivere, id est, virtute adhibitâ, frui primis à naturâ datis.* (Cic. de Fin.)

(3) *Quid enim necesse est, tanquàm meretricem in matro-*

tenir comme possible l'inaltérable bonheur du sage au milieu des adversités, au sein même de la douleur; et ne laisser entre l'*honnête* et le *honteux* nul autre bien à désirer pour l'homme, nul autre mal à redouter (1).

Le succès et la vogue qu'eurent ces deux systèmes peut s'expliquer par la faveur que celui d'Épicure donnait à la licence, à la dissolution des mœurs; par l'énergie et la vigueur que celui de Zénon ajoutait à des ames naturellement fortes; et par l'orgueil dont il enflait celles qu'une humeur âpre et sombre portait à la tristesse et à l'austérité.

Observons encore, mes enfants, qu'il est des circonstances, des situations dans la vie, où, tandis que les ames faibles cherchent à se plonger, à s'endormir dans la mollesse, à s'enivrer, à s'abrutir de débauche et de volupté, d'autres ames plus vigoureuses tâchent de se roidir contre les maux qui les menacent, en s'armant de mépris contre l'exil, les fers, la douleur et la mort. Il n'est pas étonnant que, sous un Néron, par exemple, il y eût des Sénèques, des Thraséas, des Séranus, et qu'il y eût des Tigellius, des Sénécions, des Pétrones. Ceux-ci se jetaient de

---

narum cœtum, sic voluptatem in virtutum concilium adducere? (Cic. de Fin.)

(1) *Nullum aliud bonum quàm honestum, nec aliud malum quàm turpe.* (Seneca.)

frayeur, ou de mollesse et d'indolence, dans les bras de la volupté; ceux-là se refugiaient au sein de la vertu, avec une mâle constance. On voit distinctement, et par les écrits de Sénèque, et par le langage qu'il tint à ses amis au moment de sa mort, qu'il avait sans cesse devant les yeux la coupe de Socrate, et qu'il se préparait à mourir comme lui (1).

Quoi qu'il en soit des causes qui firent si long-temps fleurir ces deux sectes rivales, il est certain que des trois systèmes que je viens de vous exposer, celui de l'académie est le seul qui soutienne l'épreuve de l'analyse et l'examen de la raison.

En effet, consulter et suivre la nature, et jouir de ses premiers dons, en prenant pour modérateur la vertu, c'est-à-dire, la sagesse, la force, la tempérance, la justice; éviter tout ce qui peut nuire à la santé du corps, comme à celle de l'ame; regarder la douleur comme un mal véritable, le vice comme un plus grand mal, la vertu comme un bien infiniment supérieur à tous les autres biens ensemble (2); mais ceux-ci comme l'acces-

---

(1) *Simul lacrymas eorum, modò sermone, modò intentior, in modum coërcentis, ad firmitudinem revocat, rogitans: Ubi præcepta sapientiæ? Ubi tot per annos meditata ratio adversùs imminentia? Cui enim ignaram fuisse sævitiam Neronis.* (Tac. Ann. 15.)

(2) *Itá enim parvæ et exiguæ sunt istæ accessiones bono-*

soire et le complément du bonheur, voilà ce qu'on pouvait raisonnablement proposer comme l'art de bien vivre. Mais cela même ne faisait pas un bonheur au-delà duquel il n'y eût aucun autre bien ; et le vice de ce système, ainsi que des deux autres, était de supposer que le but vers lequel tous les vœux de l'homme devraient se diriger et tendre, le vrai bonheur, le bien suprême, peut exister dans cette vie. « L'homme de bien doit être « heureux. » (Comme un poëte anglais le fait dire à Caton) « Mais où ? et quand? » C'était là le problême, et il n'était pas résolu.

Je ne dis pourtant pas, comme le Caton d'Adisson, que « le monde est fait pour César; » car il entend par là, *pour le crime puissant*; et le crime n'y est point heureux. L'ambition n'y fait que des tyrans et des esclaves, et cause à ceux qu'elle possède, autant de maux réels qu'elle leur promet de faux biens. Il en est de même de la soif des richesses, et de toutes nos plus ardentes et plus insatiables cupidités.

Épicure était insensé de se croire sage, en faisant dépendre le vrai bonheur des voluptés des sens : son disciple le plus illustre, Lucrèce, reconnaît lui-même qu'il n'y en a aucune qui ne soit mêlée d'amertune, et qui ne cache quelque épine déchirante parmi les fleurs :

---

rum, ut quemadmodùm stellæ in radio solis, sic istæ in virtutum splendore ne cernantur quidem. (Cɪᴄ. de Fin.)

................*Medio de fonte leporum*
Surgit amari aliquid quod in ipsis floribus angit.
(Lucr. de Rer. Nat. c. 1.)

L'inquiétude qui les précède, le trouble qui les accompagne, l'instant rapide et fugitif de leur plus vive jouissance, la satiété, la tristesse, l'ennui, la langueur qui les suit, le contraste perpétuel de la faiblesse de nos organes avec l'ardeur de nos désirs, et bientôt le dégoût dédaigneux et fantasque des biens que nous avons le plus impatiemment souhaités; est-ce là le parfait bonheur? regardez au sortir de table ce glouton sensuel, qui n'a pu engloutir qu'une faible partie des mets qu'il dévorait des yeux : avec quelle morne stupidité il succombe sous le fardeau dont l'a chargé son intempérance, et par quelle fatigue étouffante il en est puni!

Je vous épargne dans d'autres genres de sensualité des tableaux non moins dégoûtants.

On sait bien qu'Épicure voulait que la raison, la tempérance, la sagesse, nous préservât des excès. Mais quelle tempérance aura la convoitise de celui qui met son bonheur et son unique bien dans les plaisirs des sens?

Il est donc vrai que la sagesse, que la vertu, rend l'homme plus heureux que la volupté; plus heureux mille fois sans doute; mais non pas pleinement heureux, non pas d'un bonheur pur, égal, et sans mélange; ni d'un bonheur inaccessible, inaltérable à la douleur. Sénèque a beau exalter l'ame de Régulus, il ne peut pas dire qu'elle soit insensible au long supplice qu'il éprouve (1), et ce calme paisible dont il le fait jouir, passe les forces de la nature. Régulus ne se repent point de ce qu'il a fait, je le crois; il le ferait encore au même prix, je n'en fais aucun doute : et dans ce tonneau hérissé de pointes de fer déchirantes, où il ne peut avoir un moment de sommeil, où son corps ne peut s'appuyer que sur de nouvelles blessures, il ne changerait pas son sort contre celui d'un voluptueux épicurien (2). Mais n'est-ce plus souffrir, que de souffrir avec constance? vraiment, si l'on compare un homme vertueux à des gens vicieux et lâches, quel que soit son malheur, il le préférera à leurs infâmes prospérités. Mais qu'on lui oppose un homme vertueux comme lui : que l'on compare, comme a fait Cicéron, à Régulus dans son tonneau, Metellus après son exil, honoré dans Rome, entouré d'une famille florissante ; et qu'on ose dire que l'un n'était pas plus heureux que l'autre. Que l'on com-

---

(1) *Non dico, non sentit illa, sed vincit; et alioquin quietus placidusque contra incurrentia attollitur.* (SENECA.)

(2) *Figunt cutem clavi, et quocumque fatigatum corpus reclinavit vulneri incumbit; et in perpetuam vigiliam suspensa sunt lumina. Quantò plus tormenti, tantò plus erit gloriæ. Vis scire quem non pœniteat hoc pretio æstimavisse virtutem? Refice tu illum, et mitte in senatum; eamdem sententiam dicet.* (SENECA.)

pare Régulus à lui-même; qu'on le suppose renvoyé à Rome par les Carthaginois après son dévouement, et qu'on dise si Régulus rendu à sa patrie, à sa famille, à ses amis, n'aurait pas été plus heureux. « Plus il endure de tourment, « nous dit-on, plus il aura de gloire. » Ah! ce n'est donc plus la vertu, c'est la gloire, ou du moins la gloire acquise à la vertu qui console et soutient le sage? ici Sénèque se dément; et comme lui sa secte se contredit sans cesse (1). Laissons-la, mes enfants, se débattre dans ses sophismes; et reconnaissons avec l'académie qu'il est d'autres maux que le vice et la honte, comme il est d'autres biens que la gloire et que la vertu.

Or, c'est de ces biens, de ces maux, que se compose la vie humaine; et ce mélange est lui-même un bien dans l'ordre de la Providence. Car les stoïciens avaient raison de dire qu'il fallait à l'homme des peines, des adversités, des épreuves, soit contre l'infortune, soit contre la douleur, pour y exercer ses forces, sa vigueur, sa constance. Ils prétendaient que les ames robustes, comme les vigoureux athlètes, demandaient de forts adversaires; que Dieu mesurait les épreuves à la force des ames; qu'en père tendre, mais

---

(1) *Dicunt illi asperum esse dolere, molestum, odiosum, contra naturam. Sed quia nulla sit in dolore nec fraus, nec improbitas, nec malitia, nec culpa, nec turpitudo, non esse illud malum.* (Cic. de Fin.)

sévère, il élevait durement ses enfants chéris; qu'il se plaisait à voir les grands hommes aux prises avec l'adversité, et qu'il n'y avait point de spectacle plus digne de fixer ses regards sur son propre ouvrage, que Caton, après les défaites de son parti, seul debout au milieu des ruines de sa patrie. Sénèque est éloquent en professant cette doctrine; et c'était bien là véritablement la morale des grandes ames (1).

Mais aux épreuves de la vertu, à ses combats, à ses victoires, les stoïciens ne proposaient pour objet que l'*honnête* : c'étaient la gloire, la louange, les vœux de la patrie et sa reconnaissance, l'estime et les éloges de la postérité; et, au défaut de tout cela, le contentement de soi-même dans l'homme vertueux pour le plaisir de l'être, et par le seul et pur amour de la vertu.

---

(1) *Patrium habet Deus adversùs viros bonos animum, et illos fortiter amat... Virtutem, non levis exactor, sicut severi patres, durius educat... Marcet sine adversario virtus... Miraris tu si Deus ille bonorum amantissimus, qui illos quàm optimos atque excellentissimos esse vult, fortunam illis, cum quâ exerceantur, assignat. Ego verò non miror si quandò impetum capit spectandi magnos viros colluctantes cum aliquâ calamitate... Ecce spectaculum magnum, ad quod respiciat intentus operi suo Deus, ecce par Deo dignum vir fortis cum malâ fortunâ compositus... Non video, inquam, quid habeat in terris Jupiter pulchrius quàm ut spectet Catonem, jàm partibus, non semel fractis, stantem nihilominùs inter ruinas publicas rectum.* (SEN. de Prov.)

Il n'est pas douteux, mes enfants, que ces motifs ont fait faire de grandes choses. Il est des situations où l'ame exaltée, et remplie de l'objet qui l'anime, se détache de tous les intérêts humains. Et alors, sans examiner si elle jouira de sa gloire, si elle entendra les louanges qu'elle va mériter, et si la vertu qu'elle embrasse n'est pas une ombre fugitive; elle ne voit dans son enthousiasme qu'une belle action à faire, et la fait pour jouir, ne fût-ce qu'un instant, de la beauté de sa résolution, de la grandeur de son courage. Les passions ont bien souvent aussi un intérêt plus puissant et plus cher que celui de la vie. Un fils s'oubliera pour son père, une mère pour son enfant, un époux pour sauver sa femme; un ami, sans délibérer, se dévouera pour son ami (1). Quand le sentiment qui domine est au plus haut degré de véhémence et de chaleur, nulle autre affection ne l'arrête.

Mais ni cet enthousiasme qui anime les héros, et qui, par impulsion, peut se communiquer à une armée, à tout un peuple, ni ces beaux mouvements de la nature, de l'amour et de l'amitié, ne peuvent être le principe d'une morale universelle. Celle-ci doit dire habituellement, et à toute heure, à tous les hommes : Soyez bons, vous serez heureux : non pas d'un bonheur dont le terme et le comble soit dans la vie; mais d'un

---

(1) *Me, me adsum qui feci; in me convertite ferrum.* (Virg.)

bonheur qui dans la vie sera le plus paisible, le moins altéré, le plus doux que l'aura permis la nature, et qui au-delà sera pur et durable, et inaltérable à jamais.

Vous voyez, mes enfants, que ma doctrine ne s'éloigne de la doctrine des stoïciens, qu'en ce que la leur supposait le bonheur où il n'était pas; et qu'elle ne diffère de celle d'Aristote et de ses disciples, qu'en ce que je porte mes vues au-delà de la vie, et en ce que les leurs se bornaient en-deçà. Mais cette différence ne laisse pas d'être infinie.

Je ne délivrerai point l'homme, comme faisait Épicure, de la crainte d'un avenir; mais, à côté de cette crainte salutaire, j'en ferai luire l'espérance. Pour rassurer le vice, la mollesse, la volupté, Épicure, au bord de la vie, creusait l'abyme du néant : effroyable sécurité! pour encourager la vertu, et pour soutenir sa constance durant le travail de la vie, j'ouvre pour elle, et devant elle, les portes de l'éternité : vérité terrible aux méchants, mais consolante pour les bons et secourable pour les faibles.

Oui, la nature, oui, Dieu lui-même nous destine un bonheur au-delà duquel il n'y aura plus rien à désirer. Mais ce bonheur il ne l'a point mis dans les misérables voluptés d'Épicure, dans l'impassible sagesse de Zénon, dans la frugalité et dans la tempérance où le plaçait l'académie. La vertu même la plus haute, la plus ferme, la plus constante, en est la route, mais n'en est pas le terme ; et ceux qui l'y ont attaché ont pris le moyen pour la fin.

L'homme qui est vertueux uniquement pour l'être, est généreux sans doute et digne de louange; la gloire qu'il ne cherche point, le cherchera ; et si elle lui manque, il aura l'approbation de sa conscience, le plus précieux des suffrages. C'est beaucoup, c'est assez pour des épreuves passagères. Mais s'il se voit abandonné, souffrant, sans espérance, sans remède, il gémira comme Philoctète : la douleur qu'il aura méprisée, lui arrachera des cris : la vertu pour laquelle il aura tout fait, ne lui semblera plus qu'une vaine et trompeuse idée. Il cherchera un consolateur plus réel, plus puissant : il levera les yeux au ciel; il en verra descendre dans son cœur l'espérance; et, regardant ses maux comme un assaut cruel, mais comme une dernière épreuve, il tendra des mains suppliantes, vers la mort son libérateur. Or, ici comparez l'homme qui espère une autre vie, avec l'homme qui, devant lui, au bout de ses souffrances, ne voit que le néant.

Vous avez vu ces mêmes hommes dont on admire la constance, Socrate, et Sénèque, et Caton, au moment de leur mort, élever, attacher leur ame à cette sublime pensée de l'immortalité, dont ils n'avaient pas même l'infaillible croyance : tant leur faiblesse avait besoin d'un Dieu qui les soutînt, et qui les rassurât contre les horreurs du néant.

Un courage emporté, aveugle, brave la mort sans réfléchir à ce qui peut être au-delà. Mais, pour une mort préméditée, il n'y a de force que dans la vue d'un avenir, où l'on va se survivre.

L'épicurien mourait peut-être avec la stupide imprévoyance de l'animal auquel il était comparé. Mais l'animal lui-même, plein d'effroi pour la mort, frémit sous la main qui l'égorge, et ne perd son sang et la vie qu'avec de profonds hurlements. Contre cette horreur naturelle et commune à tout ce qui respire, quel pouvait être le soutien de celui qui n'avait cru vivre que pour se rassasier des voluptés des sens?

Mais, sans supposer l'homme dans les angoisses de la mort, sans le considérer dans la situation de Régulus, de Caton, de Sénèque, exposons-le tout simplement aux affections, aux infirmités, aux chagrins, aux douleurs, dont la vie humaine est semée. Combien de fois abattu, accablé de peines, découragé de lutter en vain contre l'adversité, trahi dans sa confiance, rebuté dans ses plaintes, délaissé, solitaire, au milieu des tombeaux de ses amis, de ses enfants, combien de fois ne sent-il pas son ame chercher un refuge, un appui, hors d'une vie où tout lui manque, et qui elle-même va lui échapper.

Les anciens, sans oser concevoir une ferme espérance d'une vie à venir, la pressentaient, s'en flattaient même, en se livrant à ce qu'ils appelaient la nature, la destinée, la fortune. Eh bien! mes enfants, nous l'avons cette espérance, ferme, assurée, infaillible; et, au lieu d'une nature indéfinie et indéfinissable, au lieu d'une fantasque destinée, au lieu d'une fortune aveugle, nous avons un Dieu juste et bon, qui nous appelle à lui, qui nous trace la route de la vertu et du bonheur, et, sans gêner notre liberté, la conduit et l'éclaire à la lumière de sa loi.

La suivre, cette route, et en voir devant soi le terme, est donc pour l'homme de bien, dans la vie, un motif d'espérance et de tranquillité qui n'est donné qu'à lui. Le méchant, l'homme injuste, l'homme dénaturé, l'homme dissolu ne l'a point. Et c'est là, mes enfants, la base du bonheur dont ici-bas l'on peut jouir. Pour des ames plongées dans le vice, ou souillées d'iniquités, l'immortalité est encore plus effrayante que le néant. Il est impossible que le crime repose en paix, s'il voit suspendu sur sa tête le glaive menaçant d'une justice inévitable; il faut qu'il commence par endormir sa prévoyance et ses remords, et ce n'est qu'au bord du néant qu'il peut lui-même s'assoupir. Le coupable, au milieu des richesses, des prospérités, des grandeurs, n'a point d'autre sommeil :

Districtus ensis cui super impiâ
Cervice pendet, non siculæ dapes
Dulcem elaborabunt saporem;
Non avium citharæque cantus
Somnum reducent. (Hor. Carm. l. 3. od 1.)

Quel sera donc pour lui le soulagement du travail de la vie, des tourments de l'ambition, des frayeurs, et des noirs soucis qui sans cesse voltigent, comme une foule d'oiseaux funèbres, sous ses rideaux de pourpre, sous ses lambris dorés? il cherche en vain ce soulagement, dans son luxe, à sa table, dans sa fastueuse opulence, dans sa misérable splendeur:

> *Non enim gazæ, neque consularis*
> *Summovet lictor miseros tumultus*
> *Mentis, et curas laqueata circùm*
> *Tecta volantes.* (Hor. l. 1. od. 16.)

Mais l'homme de bien, pieux et juste, n'a-t-il pas aussi dans la vie ses peines, ses chagrins, ses inquiétudes? oui, mes enfants, Horace a beau dire que le sommeil du laboureur est doux

> *Somnus agrestium lenis virorum.* (Hor.)

Il n'en est pas moins vrai qu'après bien des travaux pénibles :

> Sa fortune dépend d'un soir ou d'un matin,
> Qu'il voit au gré des vents errer ses espérances.

Il n'y a donc pas même pour la vertu de parfait bonheur sur la terre. Mais pour elle d'abord elle a cette perspective certaine d'une félicité pure comme sa source, et qui, émanée du sein d'un Dieu, est immortelle comme lui. Or, mes enfants, quels maux, quelles calamités, quelles douleurs n'adoucirait pas cette vue!

C'est ici qu'en fait de courage tout est croyable, tout est possible à des cœurs animés d'une foi vive, et soutenus d'une ferme espérance! les Régulus et les Catons n'avaient que des forces humaines. Ils avaient besoin de penser à leur renommée, à leur gloire, à la dignité de leur vie, et au bruit que ferait leur mort. Sur leur destinée à venir, leur espoir était chancelant. Celui des Machabées, celui de nos martyrs ne l'était pas. Il avait son appui dans une foi inébranlable. Ils ne mouraient pas pour eux-mêmes, pour honorer leur vie et leur mémoire, pour emporter avec eux l'estime et les regrets de leur patrie, les éloges de l'avenir : ils mouraient pour leur Dieu; et, en voyant les cieux ouverts, ils se détachaient de la terre. Il n'est donc pas inconcevable qu'au milieu même des supplices, ils eussent le pressentiment, la jouissance anticipée du bonheur qui les attendait.

Bien plus facilement encore, dans les communes afflictions de la vie, l'homme, en les recevant avec une humble résignation, peut-il déja se croire heureux, puisque c'est un moyen pour lui de mériter de l'être, et de l'être éternellement.

Dans ce livre que Fontenelle regardait comme le meilleur qui fût sorti de la main des hommes, *puisque l'Évangile*, disait-il, *n'en est pas*, vous verrez quelle source intarissable de douceur et de consolation le christianisme a ouverte aux hommes dans la pratique de sa loi, dans l'imitation de son Dieu.

Mais, sans compter cet avantage de la morale religieuse, je vous répète que le peu de bonheur qu'il peut y avoir dans la vie, est réservé à l'homme juste, à l'homme de bien, à l'homme modéré, bienfaisant. Car, de quoi s'agit-il, pour être humainement heureux? de vivre en paix avec soi-même et avec ses semblables, d'être à leurs yeux et aux siens exempt de blâme et de reproche (1); de mériter l'estime et l'amitié de ceux dont on sera le mieux connu, et la bienveillance du reste. Or, dans ce monde, tout corrompu qu'il est, ce n'est qu'à l'indulgente et modeste vertu que ce partage est accordé.

Tandis que toutes les vertus sont amies, les vices entre eux se méprisent, se redoutent et se haïssent; les passions entre elles sont en état de guerre; l'homme avide déteste l'avare; l'avare a peur de l'avide; l'ambitieux pâlit à la rencontre de l'ambitieux son rival; la vanité blesse l'orgueil; l'orgueil irrite la vanité; le fourbe et le perfide sont en garde l'un contre l'autre, et, en tendant leurs piéges, ils tremblent d'y être pris; le flatteur voit avec ombrage le flatteur plus adroit et plus souple que lui; l'homme voluptueux craint les yeux de l'envie; l'envieux sèche de dépit des plaisirs du voluptueux. Je n'ai pas

---

(1) *Nil conscire sibi, nullâ pallescere culpâ.* (HORAT.)

besoin de vous dire quelles haines cruelles produit l'amour jaloux, et par quelles vengeances l'injure est poursuivie : les théâtres en retentissent.

Mais non-seulement au-dehors, au-dedans même du cœur humain, les passions se font la guerre des vautours, et, en se disputant leur proie, elles la déchirent. Ce n'est donc ni par elles, ni avec elles que l'on peut vivre en paix; et sans la paix, nulle ombre de bonheur dans la vie.

Le grand ennemi de la paix entre les hommes, c'est l'amour-propre. C'est cet amour excessif de soi-même, qui veut tout ramener et tout soumettre à soi; qui ne veut rien céder, qui veut que tout lui cède; et qui dans chacun se soulève contre l'amour-propre d'autrui; c'est ce principe de dissensions, d'animosités, de discordes qu'il s'agit de détruire en soi et de tempérer dans les autres. Or, à qui cela peut-il être moins difficile qu'à celui qui sous le ciel ne voit rien qui mérite d'être vivement disputé; qui, loin de contester à personne aucun avantage, se voit lui-même tel qu'il est, faible, calamiteux, indigent, périssable, misérable en un mot sous tous les rapports de la condition mortelle.

Qu'est-ce en effet qui émeut en nous l'amour-propre, l'esprit de domination et d'orgueil? n'est-ce pas l'importance qu'on attache à la vie, et aux prospérités dont on y peut jouir? Et qu'est-ce que la vie et ses prospérités, aux yeux de l'homme tout occupé de son éternel avenir ? « A « quelle effroyable petitesse cette vue réduit la « vie, et tous les objets de l'ambition et de la « vanité. » (Nicole.)

Cependant, ne vous y trompez pas, l'humilité de l'homme que cette vue accable, n'est rien moins que de l'abattement. Il est humble à l'égard de sa condition présente. Mais dans ses espérances, il est plus élevé que le plus fol ambitieux. Il n'est point fier de ses lumières, de ses talents, de son génie, dont il connaît les bornes, dont il sent la faiblesse; il n'est point fier de sa fortune, qui est le plus fragile des biens; il ne l'est point de son pouvoir, qui tout au plus consiste, selon l'expression de Montaigne, à remuer une fourmilière; il ne l'est point de sa renommée, eût-elle l'éclat de la gloire; car il sait bien que ce n'est qu'un peu de bruit et de fumée, ou qu'une brillante vapeur; et fût-il le maître du monde, il se verrait encore comme un atôme sur un grain de poussière, et comme un point imperceptible, soit dans l'éternité, soit dans l'immensité. Mais il est fier de sa destinée et de son privilége à l'immortalité : sentiment que tous ses semblables peuvent partager avec lui.

Or, dans cette haute pensée, voyez combien il lui est aisé d'être indulgent, traitable et pacifique avec ceux qu'intéressent des biens qui ne le touchent pas.

Ce n'est pas qu'il soit insensible aux besoins, aux commodités, aux plaisirs mêmes de la vie : il jouit de ses sens et des facultés de son ame, mais il en jouit modestement, modérément, sans avidité, sans ivresse, sans même voir avec envie les biens dont il ne jouit pas. Il ne brigue, il n'usurpe rien; il ne dispute rien aux passions humaines. Il laisse à l'orgueil son enflure, à la vanité ses folies, à l'ambition ses chimères, à la cupidité son or, son luxe, ses besoins. Il vit content de peu, il ne tient dans le monde que la place de ses devoirs; et, s'il y occupe un rang, il n'y porte aucun faste, ne donnant à la dignité de son état que ce qu'il ne lui est pas permis de refuser aux bienséances. Quels seraient donc ses ennemis? et parmi les méchants, qui le serait assez pour vouloir troubler son repos? dans la guerre des passions, je crois avoir assez constamment remarqué que l'humble vertu est épargnée, comme entre deux camps ennemis la chaumière du laboureur. L'homme sur-tout qu'on voit marcher paisiblement dans la route du ciel, est rarement heurté sur son passage : parce qu'il n'est sur le chemin d'aucune ambition mondaine.

Cependant il est homme : il doit à la commune loi son tribut de douleur. Je vous l'ai dit : il a ses afflictions domestiques; il se ressent des malheurs publics. Il voit souffrir, il voit mourir ce qu'il a de plus cher; il n'est exempt d'aucun des accidents de la nature; et, pour ne rien dissimuler, il peut se voir en butte aux traits de la malice et de l'envie. Y èst-il insensible? non. Il s'en afflige, il en gémit ; il connaît la tristesse et la mélancolie; il connaît la plainte et les larmes. Mais, lorsque son ame est flétrie, il tombe du ciel une rosée qui la ranime! et c'est à cette douce et divine influence que la vertu doit le peu de bonheur dont elle jouit sur la terre.

Je parle ici sur-tout du chrétien vertueux. Car, mes enfants, le christianisme est singulièrement la religion des affligés. Il est aussi la religion des pacifiques. Ainsi, en même temps qu'il offre le baume le plus doux aux peines de la vie, il nous enseigne le moyen d'en éviter une partie, et d'y mêler au moins les douceurs de la paix.

« La sagesse qui nous vient d'en-haut, dit
« saint Paul, est pacifique, modeste, docile à la
« persuasion, disposée à la déférence, pleine
« de commisération, abondante en excellents
« fruits (1). »

Salomon nous la peint de même, cette sagesse aimable. « Une parole douce, nous dit-il, mul-
« tiplie les amis et appaise les ennemis. Le gra-
« cieux langage coule des lèvres de l'homme de
« bien. Une réponse conciliante brise la colère.

---

(1) *Quæ desursùm est sapientia, pacifica est, modesta, suadibilis, seu facilè obsequens, plena misericordiâ et fructibus bonis*. (Paul. ad Rom.)

« Le cœur du sage instruit sa bouche à bien par-
« ler (1).

C'est aussi ce que dans le monde on appelle aménité de caractère, civilité dans les mœurs : elle consiste à marquer de l'estime, des égards, de la bienveillance; et que peut-il y avoir en cela de pénible à celui qui n'a pour les hommes que des sentiments doux, et rien à démêler avec leurs passions? « Il doit s'attendre à trouver des hu-
« meurs fâcheuses, des gens qui se mettent en
« colère sans sujet, qui prendront les choses de
« travers; qui raisonneront mal; qui auront un
« ascendant plein de fierté, ou une complaisance
« basse et désagréable. » (Nicole.) Il s'y attend; et il passe, sans offenser personne, sans s'offenser de rien.

Mais, pour se soutenir dans cette égalité de caractère et de conduite, il faut avoir sans cesse, comme le bon pilote, le gouvernail en main et sa route devant les yeux : car, dans ce détroit de la vie, il y a des courants invisibles, qui, pour peu qu'on s'y laisse aller, vous entraînent sur des écueils.

L'homme sage n'oubliera point que l'amour-propre est en lui le principe inné de toutes les passions humaines; que son inclination le porte

---

(1) *Verbum dulce multiplicat amicos, et mitigat inimicos. Lingua eucharis in bono homine abundat. Responsio mollis frangit iras. Cor sapientis erudit os ejus.* (Sap.)

à aimer tout ce qu'il méprise ; et qu'il n'aurait qu'à suivre sa pente naturelle, pour retomber dans un abyme de misère et de vanité.

Le sentiment de l'immortalité, la pensée d'un avenir, sont pour l'ame comme deux ailes qui s'élèvent, qui la soutiennent. Mais ces ailes (s'il m'est permis de suivre cette image) ne sont pas toujours déployées : elles fléchissent, elles s'affaissent ; et alors l'ame est comme appesantie par les affections qui lui viennent des sens. Les grands objets de l'avenir s'affaiblissent dans le lointain ; le présent qui avait disparu, se reproduit et reprend tous ses charmes. L'homme que l'amour de son Dieu, le désir de lui plaire, l'espérance d'être avec lui, ravissait et rendait presque égal aux esprits célestes, redevient homme, j'entends esclave et jouet de ses passions. L'intérêt personnel, la vanité, l'orgueil, la sensualité, le rendent susceptible de tous ces mouvements impétueux et déréglés que réprimait en lui la présence d'un Dieu et l'aspect d'une éternité. Il ne voit plus que ce qui le touche ; il perd de vue ce qui l'attend. Qui lui rendra cette élévation de sentiments qu'il a perdue ? les mêmes causes qui la lui avaient donnée, et une forte méditation sur ce qui l'en a fait déchoir.

Le roi Philippe de Macédoine avait, dit-on, chargé un esclave de lui dire à toute heure : *Philippe, tu es homme.* Mais ou ce n'était là qu'une scène jouée, ou Philippe avouait lui-même qu'il était ivre de vanité. Car, sans l'avis de son esclave, la nature ne manquait pas de l'avertir qu'il était homme. Son sommeil, son réveil, ses besoins, sa faiblesse, toutes les misères de la vie, lui donnaient la même leçon.

Ce que l'homme a besoin qu'on lui dise, ou plutôt ce qu'il a besoin de se dire à lui-même, à toute heure, c'est qu'*il a une ame immortelle*. Car c'est de cette haute et profonde pensée que tout conspire à le distraire; et de là néanmoins dépend tout le système de sa conduite. Dans cet édifice moral, la pierre de l'angle, ou plutôt la clef de la voûte, c'est l'immortalité de l'ame.

Vivre pour le présent, est le partage de la brute. Vivre pour l'avenir, est le destin de l'homme, et c'est là ce qui le distingue le plus éminemment de tous les autres animaux.

S'il devait mourir tout entier, il n'aurait plus comme eux, qu'à veiller au soin de sa vie, à s'occuper de ses besoins, à contenter ses appétits. Sa raison même ne serait qu'un calcul d'intérêts, de risques, de perte ou de gain dans le commerce de la vie.

Mais s'il doit se survivre; et si ce qui l'attend est hors de toute proportion avec les biens, avec les maux qu'il rencontre sur son passage; s'il est vrai, comme a dit un sage moraliste, Pascal, que « l'éternité rompt toute mesure et « anéantit toute comparaison ; » il est évident que pour l'homme le présent n'est rien, et que l'avenir seul est tout.

Mais quel est donc cet avenir, cette félicité future, cette immortalité, qui doit anéantir tous les intérêts de la vie?

Question absolument oiseuse, soit parce qu'elle est résolue autant qu'elle peut l'être, soit parce qu'il est inutile de vouloir expliquer ce que l'on ne peut concevoir. Car de quoi s'agit-il? de confirmer par la raison ce que nous enseigne la foi : que celui qui a créé le monde, et les ames comme les corps, a pu vouloir créer des ames immortelles; que l'ame de l'homme a reçu de lui cette faveur singulière; qu'en même temps qu'il a voulu qu'elle fût immortelle, il a voulu qu'elle fût libre dans le choix du bien et du mal; que, juste et bon, il n'a pas voulu que le bien fût sans récompense, que le mal fût sans châtiment; que cette règle d'équité éternelle, *ut bono benè, ut malo malè sit*, ne s'observe pas dans ce monde; et que par conséquent c'est dans une autre vie que l'un et l'autre s'accomplira. L'ame du juste y sera donc heureuse, l'ame du méchant malheureuse : voilà ce qu'il importe à l'homme de savoir; et cela vous est démontré dans mes précédentes leçons.

Maintenant quel sera ce bonheur? ce malheur? c'est ce que, de tout temps, une imagination inquiète et une vaine curiosité ont inutilement voulu prévoir et pénétrer : elles n'y ont fait que des rêves.

L'homme ne connait que la vie; et dans la

vie les plaisirs et les peines ne lui viennent que par les sens. C'est d'après ce modèle unique qu'il a fallu se figurer et se peindre l'éternité.

Vous avez vu dans les poëtes l'effroyable Tartare, le tranquille Élysée. Il a été facile d'imaginer pour les coupables des feux, des fers, des fouets, des gênes, des supplices : encore a-t-il fallu supposer à ces ombres une espèce de corps, des organes, des sens. Il n'était pas aussi aisé d'inventer des plaisirs pour les ames des justes. Un calme heureux, et dans ce calme une image légère des plaisirs de la vie, c'est tout ce que le génie même de Virgile a pu imaginer pour elles.

Les philosophes dans leurs fictions n'ont guère été plus loin que les poëtes. Vous avez vu que Platon lui-même n'a su que faire nager les ames dans l'Éther, leur pur élément, où elles étaient, disait-il, incorruptibles, et hors d'atteinte, sans désirs, comme sans besoins. Au reste, ils leur donnaient, selon leur propre goût, tous les plaisirs de la pensée : la pleine jouissance de la vérité sans nuage; la révélation des mystères de la nature; la pénétration du secret des essences; la perpétuelle contemplation des merveilles de l'univers; une connaissance distincte des causes, des effets, de leur enchaînement; la lumière enfin répandue sur toutes les sciences dont ici-bas on n'avait vu que l'ombre; tel devait être l'aliment d'une éternelle félicité.

C'est ainsi que des hommes plus sensuels se l'imaginent comme une affluence de voluptés semblables à celles des sens, mais exquises, intarissables, et d'une éternelle durée.

Des esprits cependant plus élevés, comme saint Augustin, se sont formé une plus haute idée de cette joie inexprimable, *que l'œil n'a jamais vue, que l'oreille n'a jamais entendue et que l'esprit humain ne saurait concevoir* (1). Elle consiste, disent-ils, à voir Dieu, à le contempler, à l'aimer, à le louer incessamment; et cette joie est telle que l'ame qui en sera remplie deviendra divine elle-même (2). Cette théologie appartient à l'éloquence de la chaire; et ce n'est point à moi à la développer.

Mais ce qu'il m'est facile de vous faire comprendre, c'est ce que nous éprouvons tous de l'action qui produit en nous le sentiment et la pensée. Cette action n'est pas celle des sens: ils n'en sont que l'occasion; et bien réellement c'est l'action de Dieu même.

Eh bien! pourquoi dans l'autre vie, et sans sa cause occasionnelle, cette action d'une volonté absolue et indépendante ne s'exercerait-elle pas immédiatement sur des ames qui ne sont plus chargées des liens du corps et des sens?

---

(1) Paul. Corinth. 2.

(2) *Quùm accepta fuerit illa ineffabilis lætitia, perit quodam modo mens humana et fit divina.* (Aug.)

Il faut n'avoir jamais réfléchi sur soi-même pour croire que c'est dans les yeux que se forme le tableau que l'ame aperçoit, ou dans l'oreille que se compose le concert des sons qu'elle entend. Quelle ressemblance en effet ou quelle analogie y a-t-il entre l'ébranlement de quelques fibres, la vibration de quelques nerfs, et la sensation des sons, des couleurs ou de la lumière? il y en a si peu, que, par une autre loi, la couleur pouvait aussi bien nous venir de l'oreille, et le son nous venir des yeux. En unissant l'ame et le corps, Dieu les a mis en relation. Mais l'union détruite, la relation cesse : l'ame n'a plus besoin des sens pour être émue; et la cause immédiate de ses affections les produira seule à son gré. Y aura-t-il rien de semblable à nos sensations du son, des couleurs et de la lumière? C'est ce qu'il est également impossible et inutile de savoir. Mais il serait puéril de croire qu'au-delà des plaisirs des sens il n'y en eût pas de plus vifs et de plus ravissants pour l'ame.

D'abord la première ineptie serait de penser que les sens dont l'homme et un grand nombre d'animaux sont doués, fussent les seuls qui, dans la variété infinie de la création, eussent été donnés à des êtres vivants. Il nous est impossible d'en imaginer d'autres, comme il est impossible à un aveugle-né d'avoir l'idée de la lumière et de l'organe de la vue. Mais des bornes étroites de nos facultés faire les limites de la nature, et croire qu'elle n'a doué nul être vivant mieux que nous, ce serait la plus sotte des présomptions de l'orgueil. S'il peut donc y avoir dans la diversité des mondes et des êtres sensibles un nombre indéfini d'organes du plaisir et de la douleur, ne dépend-il pas de la cause universelle qui les produit, de les diversifier de même, lorsqu'immédiatement elle agit sur des ames? ne dépend-il pas même de cette cause toute-puissante de multiplier à l'infini les délices de l'autre vie; puisqu'elle est elle-même la source unique et intarissable de tous les biens. C'est cette action de Dieu sur les ames des justes que Santeuil a si bien exprimée :

> *Illabensque, sui prodigus, intimis*
> *Sese mentibus inserit.*

Mais une idée qui me frappe, et qui me ramènerait seule au sentiment de saint Augustin, c'est que pour l'ame, au-delà de la vie, il n'y a plus de succession. C'est le temps qui est mobile; mais l'éternité ne l'est pas : tout change dans le monde, mais dans le sein d'un Dieu rien ne doit plus changer; et une ame qui trouve en lui la plénitude de tous les biens dont elle peut jouir, s'en pénètre et devient comme lui immuable dans le délicieux repos d'une félicité sans fin.

Ce qui résulte, mes enfants, de ces opinions diverses, c'est que, sans en adopter aucune, il suffit à l'homme de bien de se dire à lui-même, que Dieu lui a promis le bonheur, s'il marche avec constance dans le sentier de la justice; et que, fidèle à sa parole, ce Dieu, dans les trésors de sa bonté toute-puissante, aura mille moyens de le rendre éternellement bienheureux.

FIN DE LA MORALE.

TABLE.

LEÇON PREMIÈRE.

Excellence de la morale, seule étude digne du sage............................Page 205
Son objet................................... 206
Sa définition................................ 209
Idée de la bonté morale. — En quoi elle diffère de la bonté physique........................... 210

LEÇON DEUXIÈME.

Dans quel sens la bonté de l'homme peut être en rapport avec Dieu et en rapport avec lui-même....... 216
Dans quel sens on peut dire que l'homme est né bon.. 218
Et s'il est né bon, qu'a-t-il besoin de morale pour l'être?...................................... 224

LEÇON TROISIÈME.

Des devoirs de l'homme envers Dieu.............. 233
En quoi consistent ces devoirs?................. 235
Sont-ils les mêmes pour tous les hommes?......... *ibid.*

LEÇON QUATRIÈME.

Morale évangélique............................ 255
Devoirs de l'homme envers un Dieu son rédempteur et son modèle.................................. 268

LEÇON CINQUIÈME.

Devoirs de l'homme envers l'homme.............. 276
Ordre de ces devoirs réglé par la nature, renversé par la politique, rétabli par la morale............. 279

LEÇON SIXIÈME.

Devoirs des pères et des mères envers leurs enfants. Page 292

LEÇON SEPTIÈME.

Des devoirs des enfants envers leurs pères et leurs mères.. 317
Principe de ces devoirs..................................... 318
Qu'ils sont d'institution divine, absolus et indispensables.. 321
Des devoirs fraternels....................................... 329

LEÇON HUITIÈME.

Des devoirs du mariage, dans le rapport des deux époux en société l'un avec l'autre................... 337

LEÇON NEUVIÈME.

Des devoirs envers la patrie................................ 359

LEÇON DIXIÈME.

Des devoirs de l'amitié..................................... 381

LEÇON ONZIÈME.

Des devoirs généraux de l'homme dans l'état de société. 404

LEÇON DOUZIÈME.

De l'intérêt qu'ont tous les hommes, chacun dans leur état, à remplir leurs devoirs........................ 422

FIN DE LA TABLE.

www.ingramcontent.com/pod-product-compliance
Lightning Source LLC
Chambersburg PA
CBHW070541230426
43665CB00014B/1766